本专著受到国家自然科学基金“‘农-宅’直销模式下基于时
化研究（71803084）”、教育部人文社会科学研究规划基金项
产品集采集配协同决策研究（22YJA630033）”、江苏省社会科
冷链物流高质量发展对策研究（21GLC003）”、江苏高校“青
代化发展研究院智库研究课题（YZKKT2021011）的资助

农产品物流系统优化

Agriproduct Logistics Systems Optimization

江亿平◎著

图书在版编目（CIP）数据

农产品物流系统优化/江亿平著．—北京：经济管理出版社，2022.8
ISBN 978-7-5096-8689-8

Ⅰ．①农…　Ⅱ．①江…　Ⅲ．①农产品—物流—研究—中国　Ⅳ．①F724.72

中国版本图书馆 CIP 数据核字(2022)第 156726 号

组稿编辑：张巧梅
责任编辑：杨国强
责任印制：黄章平
责任校对：张晓燕

出版发行：经济管理出版社
（北京市海淀区北蜂窝 8 号中雅大厦 A 座 11 层　100038）
网　址：www.E-mp.com.cn
电　话：（010）51915602
印　刷：唐山昊达印刷有限公司
经　销：新华书店
开　本：720mm×1000mm/16
印　张：15
字　数：286 千字
版　次：2022 年 11 月第 1 版　　2022 年 11 月第 1 次印刷
书　号：ISBN 978-7-5096-8689-8
定　价：88.00 元

序　言

我国作为一个农产品生产消费大国，农业在国民经济中的作用举足轻重，建立高质量农产品流通体系是我国从“农业大国”迈入“农业强国”的必然选择。随着物流技术的不断进步以及乡村振兴政策的持续推进，农产品物流业得到迅速发展。然而，由于农产品易变质、保鲜要求高等特性，农产品在流通过程中损耗大、成本高一直是物流行业的痛点问题。据中国食品工业协会资料显示，我国每年蔬菜、水果因损耗直接经济损失超 1000 亿元，这严重损害了农民的利益，也不符合我国农产品物流高质量发展的理念。由于居民生活水平的提高，人们的消费水平随之升级，更加关注农产品的时效性和新鲜度，对农产品物流也提出了更高的要求。因而，开展农产品物流系统优化研究，以实现农产品生产和消费的高质量对接，助力我国农产品物流高质量发展，具有重要的战略意义和现实意义。

学术研究的意义在于提高分析问题、解决问题的能力。本书立足于探索解决我国农产品物流发展之策，为促进农产品物流精益化、精细化和品质化管理，旨在以降低农产品损耗、提升农产品品质、促进消费转型升级为目标，综合考虑农产品生理变化特性与物流网络特征的交互影响作用，从多角度、多场景优化农产品物流系统。相比众多农产品物流方面的优秀专著，本书最突出的一个特色在于：不拘泥于描述农产品生理属性变化的普适化模型和通用研究，而是通过实验挖掘更符合流通情景的农产品生理属性变化规律，并据此结合采摘配送等物流环节进行农产品物流系统优化，从而提升了理论研究的意义和价值。

我国正处于农产品物流高质量发展的关键时刻，本书必将成为我国农产品物流系统优化的催化剂。首先，本书创新性地从农产品生理成熟属性着手，通过实验研究得到不同农产品的生理数据，提出匹配不同农产品生理成熟属性的成熟度量化方法和判别模型，实现农产品成熟度数值化描述，可以为我们量化物流过程中成熟度变化规律提供新的启发。其次，基于成熟度量化数据，考虑农产品物流过程中质量损失和消费者差异化产品需求等因素，优化农产品从产地到销地配送网络的动态调度决策，可以为成熟度动态变化和需求时空零散分布下农产品物流优化提供新的建模方法。最后，将视角拓展至供应链，运用供应链网络均衡理论探讨整个农产品供应链中各级主体的利益最大化问题，可以为我们深入研究农产品物流提供新的思路。从篇章脉络来看，农产品成熟度量化、农产品采摘与配送联合优化、农产品供应链网络均衡研究三个主体篇章层层深入、环环相扣，各章节内容丰满翔实，有效拓展了农产品物流系统优化的研究领域，为实现农产品物流系统优化提供新的思路和方法。

“梦想写一本书容易，动手写一本书难”，巴尔扎克的名言在写作本书中得到印证。本书不仅深入探讨采后生理学、运筹决策、农产品物流运营管理等理论方法，而且深入探索理论交叉融合、融入实践、解决现实问题的可行策略。本书结合农产品生理属性，系统全面地探索农产品物流系统优化方法，灵活运用多种不同领域理论解决多场景、多情景问题的策略等都值得读者细细品味。本书可以拓宽读者的知识面和研究视野，助力研究人员深耕农产品物流领域。

总之，本书在农产品物流系统优化理论、方法和建模上具有鲜明的特色和独特的创新之处，是我国较早结合农产品生理成熟属性研究农产品物流系统的专著，值得对农产品物流领域感兴趣的学者与学生阅读。农产品物流是一篇大文章，我希望这部优秀的著作能够推动理论界和实业界的研究与思考，更期待有更多更好的研究成果问世，以促进我国农产品物流高质量发展！

赵林度

东南大学首席教授、物流教指委副主任委员

2022 年 10 月

前　言

在新发展格局与消费水平升级共轭驱动下，农产品物流面临着高效化、品质化、协同化的迫切需求，推动农产品物流高质量发展成为促进经济内循环和全面推进乡村振兴的重要内容。近年来，“中央一号文件”将推动冷链物流服务网络向农村延伸，号召整县推进农产品产地仓储保鲜冷链物流设施建设，作为加快农业现代化发展的关键抓手。然而，农产品流通过程中高成本、高损耗、产销对接不畅等问题频发，成为制约现代农产品物流系统建设的关键“瓶颈”。因此，把握农产品生鲜属性与外部物流系统特征，着力突破流通环节“瓶颈”，创新农产品物流系统建模与优化方法，将对降低农产品流通损耗、延长农产品价值链、巩固拓展脱贫攻坚成果同乡村振兴有效衔接、深度融入双循环新发展格局具有重要意义。

农产品物流是贯穿农业生产与经济活动的重要支撑，本书聚焦农产品物流系统的优化问题，挖掘农产品物流过程中生鲜成熟属性的变化规律，以农产品生鲜成熟属性与物流决策有效集成为突破口，以降低农产品损腐率、提高农产品品质、满足消费转型升级需要为目标，揭示农产品生鲜状态演化与物流决策优化的内在耦合规则，融合采摘与配送、多级供应链网络等多场景特征，创新农产品物流建模与优化方法，推动农产品物流系统协同化升级，促进农业现代化高质量发展。

本书共 4 篇，10 个章节。基础篇简要阐述了农产品物流系统的相关概念与决策优化涉及的理论方法；成熟度量化研究篇以农产品重要品类鲜果为例，研究了鲜果生鲜成熟属性，提出了鲜果成熟度量化模型与方法，为农产品物流系统优化提供科学可靠的决策依据；采摘与配送联合优化篇针对农产品生鲜成熟属性动态演化特征与订单需求时空零散分布特点，提炼农产品物流关键的采摘与配送环节，提出了农产品采摘与配送联合优化方法，为农户提高物流配送效率与农产品品质提供决策指导；供应链网络均衡研究篇在生鲜成熟属性与物流决策优化研究的基础上，从宏观的供应链网络视角，研究农产品供应链多层级主体生产决策行为与交易关系，引入有机肥替代化肥，建立农产品供应链网络均衡模型，以及分析政府补贴、社会责任等因素对农户生产决策的影响，以此提升农产品供应链整体效益。在此基础上进一步研究种养结合农业模式，考虑农户有机肥自给对农产品供应链网络均衡的影响。

在本专著的写作过程中，感谢卞贝、陈思钒、李坤如、陈亮启等研究生在第三章至第十章内容中所做的合作研究工作，感谢徐悦、姬青青、程雅兰、宁峻晨、李嘉莉、钱辰等研究生对书稿的梳理和修改完善。同时，感谢经济管理出版社的各位领导和工作人员，特别感谢经济管理出版社的张巧梅编辑，为本专著的完成与出版提出很多建设性的意见和建议，并提供帮助与支持。本专著受到国家自然科学基金"'农-宅'直销模式下基于时空网络的鲜果采摘与配送协同优化研究（71803084）"、教育部人文社会科学研究规划基金项目"重大突发疫情下社区生鲜农产品集采集配协同决策研究（22YJA630033）"、江苏省社会科学基金"基于联动耦合的江苏冷链物流高质量发展对策研究（21GLC003）"、江苏高校"青蓝工程"项目、金善宝农业现代化发展研究院智库研究课题（YZKKT2021011）的资助，在此一并感谢！期望本专著能够为读者了解农产品物流系统优化提供一些帮助，为进一步研究提供参考。

由于水平有限，书中难免存在不妥及疏漏之处，欢迎各位专家和广大读者批评指正。

江亿平

2022 年 10 月

目　　录

基础篇

成熟度量化研究篇

供应链网络均衡研究篇

基础篇

第一章　导论

我国作为农业生产大国，农产品物流量巨大且供应相对分散，因而产生了较高的农产品物流成本。发展农产品物流，是有效解决“三农”问题、建设社会主义新农村的重要组成部分，对降低农产品流通过程中的物流成本、推动农业产业化、现代化进程意义重大。本章对农产品、农产品物流、农产品物流系统进行了相关概念介绍与内涵分析，并介绍了现阶段优化农产品物流系统的可行方法。

第一节　农产品与农产品物流

我国地域辽阔，不同地区之间农作物产出品类存在较大差异，由于农产品在不同市场之间存在固定的流通关系，农产品物流应运而生。农产品是农产品物流的服务对象，决定了当地农产品物流的规模，也决定了农产品物流产业结构等质量特征。农产品物流以农产品的生产加工为基础，农产品依托农产品物流实现价值增值。

一、农产品

根据《中华人民共和国农产品质量安全法》第二条的规定：农产品指来源于农业的初级产品，即在农业活动中获得的植物、动物、微生物及产品，包括在农业活动中直接获得的未经加工的以及经过分拣、去皮、剥壳、粉碎、清洗、切割、冷冻、打蜡、分级、包装等粗加工，但未改变其基本自然性状和化学性质的初加工产品[1]。狭义的农产品仅指农作物和畜产品，广义的农产品还包括农作物和畜产品以外的水产品及林产品[2]。根据品类的不同，农产品可以分为蔬菜、肉类、水果、禽蛋类、奶类和水产品等；根据来源的不同，农产品可以分为动物性农产品与植物性农产品[3]。

伴随居民生活水平的提高，食品消费转型升级加快，农产品的市场消费潜力被进一步释放。“要确保蔬菜、肉蛋奶、粮食等居民生活必需品供应，积极组织蔬菜等副食品生产，加强物资调配和市场供应”，充分体现了党中央对于农产品供应的重视，这是着眼人民对美好生活的向往，立足提高农业综合生产能力，对农业高质量发展做出的新部署。因此，把握农产品内涵与流通环节特征，建立高效协同的采摘配送与销售模式，着力突破农产品流通过程中关键环节“瓶颈”，创新农产品供应链模式是当前新发展格局下推动农业高质量发展的重要任务。

二、农产品物流

农产品物流是物流业的重要组成部分，中国物流与采购联合会在《中国物流发展报告（2008-2009）》中将农产品物流定义为农业销售物流，即农产品物流是由于农产品销售而引起的农产品在供方与需方之间的实体流动[4]。现代意义上的农产品物流广泛吸纳先进的物流理念与技术，包括农产品在生产者与消费者之间的实体、信息和货币流动，这个过程涉及农产品生产、运输、装卸、包装、配送、储存等一系列环节，可实现农产品的价值增值。

根据物流环节在供应链中的作用不同分类[5]，可以将农产品物流划分为农产品生产物流与农产品销售物流：

（1）农产品生产物流。农产品生产物流涵盖从农作物种植、田间管理至收获环节中所产生的物流活动，主要内容包括育苗、插秧、锄田、施肥、灌溉、收割、预冷、包装、入库、库存管理等作业。与其他产业相对比，自然条件对于农产品生产物流有很强的制约性，并且由于地理条件、设备工作条件等相关因素的限制，农产品生产物流的活动范围较小。

（2）农产品销售物流。农产品销售物流是农业供应链末端的环节，指为实现农产品所有权的变更、农产品价值增值，经过运输、储存、包装、拣选、配送、销售，最终到达消费者的实体流动过程。农产品销售物流是农产品从生产加工企业，经零售商至消费者手中产生的相关物流活动。与其他产业相对比，农产品销售物流对运输环境要求较高，具有周期短、范围广、频率高等特点。

根据物流环节运作条件的不同来分类[5]，农产品物流可划分为农产品常温链物流与农产品冷链物流：

（1）农产品常温链物流。农产品常温链物流是在正常的环境条件下，以对温度没有特殊条件的农产品为主体所进行的相关物流活动，多数非鲜活类农产品能够在常温条件下完成物流过程，如粮食、油料、纤维作物等。

（2）农产品冷链物流。农产品冷链物流涵盖从农产品生产端至消费端的各个物流环节，是指在一定的低温条件下，以保证农产品质量，减少损耗率为目标的物流活动。冷链物流主要适用于对温度要求较高的生鲜易腐农产品，包括蔬

菜、水果、花卉、肉类、禽蛋、水产品、食用菌等。

第二节 农产品物流系统

物流系统是指由两个或两个以上的物流功能单元构成，以完成物流服务为目的的有机集合体。农产品物流系统具有一般物流系统的特征，也有其自身的特殊性，通过对农产品物流系统结构和特征的了解，可以更好地为农产品系统的优化奠定基础。

一、农产品物流系统的内涵与结构

农产品物流系统是指由众多相互联系、相互制约的要素构成的有机整体[6]，即通过各主体间的交互，将农产品自生产端通过包装、运输、储存、配送等一系列环节转移至销售端的复杂系统。要素是组成农产品物流系统的基础，农产品物流系统一般构成要素可分为主体要素和支撑要素，其中，主体要素包括农产品物流服务需求者、农产品物流服务提供者以及农产品物流服务影响者；支撑要素包括政策法规、制度规范、信息平台、物流人才与高新技术[7]。具体构成如图 1-1 所示。

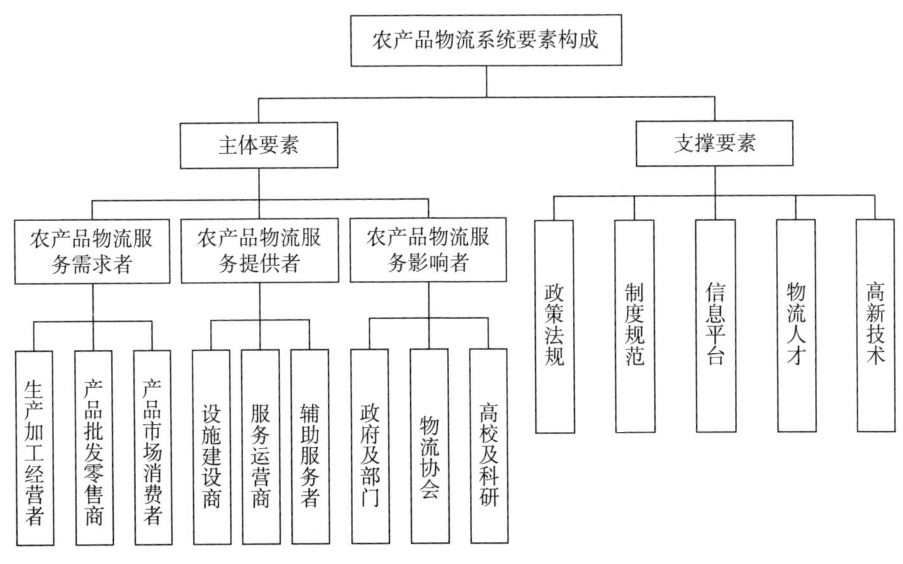

图 1-1 农产品物流系统主要构成要素

系统不同类型要素之间存在着复杂的供需、支撑、保障、制约等关系，系统结构与要素之间的关联方式相关。目前，农产品物流系统的要素信息多由农产品信息平台进行整合，其中包括农产品质量相关信息、农产品物流调度信息以及农产品交易信息，涉及种养端、流通端、售配端和消费端四个端点。其中，种养端涉及农产品生产者、农产品产地类型、农产品类型；流通端，涉及加工企业及仓储；售配端根据其消费渠道决定；消费端涉及农产品的各类消费者。具体的农产品物流系统运作结构如图 1-2 所示。

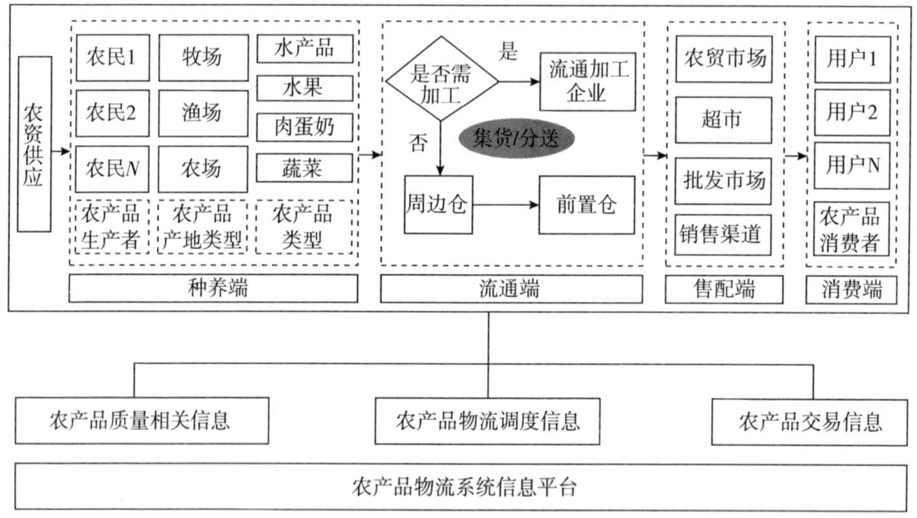

图 1-2　农产品物流系统运作结构

二、农产品物流系统的特征与功能

（一）农产品物流系统的特征

农产品物流系统具有与一般系统相同的一些特点，即整体性、层次性、相关性、目的性、环境适应性等，且由于农产品的特殊性，农产品物流系统还具有以下特征。

1. 动态性

农产品物流系统由众多的主体构成，各主体在交易过程中不断地进行动态博弈以追求自身利益最大化。而且，由于农产品产量受季节和天气等因素的影响，具有高度的不确定性，而其又是人们每天的必需品，因而农产品物流运输量和价格等都是动态变化的。

2. 复杂性

农产品的种类繁多，包括果蔬、肉类、禽蛋类、水产品等。由于各种农产品特性不同，在运输和存储时需要考虑到每种农产品的适宜环境，如温度、湿度等。在运输过程中，农产品的各种特殊要求也会增加农产品物流的复杂程度，如不同种类农产品需要的温湿度不一样；某些农产品会因为相互串味等原因不能在同一车厢内存放。

3. 矛盾性

物流运输时间最短、物流服务最佳、物流成本最低是农产品物流系统的优化目标。但显然很难同时实现所有目标，因为农产品物流系统存在“效益背反”现象。农产品物流数量大会引起库存增加，物流时间短会导致运输费用上升，提高物流服务水平要以增加物流成本为代价，存储成本的降低、包装的简化会导致仓储效率低、破损率高等相互矛盾的问题[8]。

（二）农产品物流系统的功能

农产品物流系统的功能是通过各个物流子系统的组织与运作以降低流通成本、提高流通效率、保障农产品质量[9]，将高质量的农产品以优质的服务提供给顾客，农产品物流系统中的各成员企业为实现既定目标彼此协调又相互竞争。除此以外，农产品物流系统具有某些特殊功能。

1. 创造时间效用

农产品的生产具有明显的周期性和季节性，而人们对农产品的需求是全年性的，农产品物流系统可以通过对产品添加保鲜包装、进行加工或低温储存等处理方式解决这一矛盾。同时，鲜活农产品的保鲜期较短，通过物流系统冷链运输、仓储等环节的协同运作能够延长其保质期，以及延长或者缩短农产品从田头到餐桌的时间，创造时间效用。

2. 创造空间效用

农产品的生产具有明显的地域性，某些农产品只在特定的环境和地区生长，不同地方的同种农产品可能具有不同的风味。但人们对农产品的需求遍布全国各地，因而农产品长期存在产销空间分隔的矛盾。尤其是随着人们生活水平的提高，对农产品高质量、高品质、多品种的需求，进一步加剧了供需矛盾。农产品物流系统可以通过运输、仓储、保鲜等物流作业有效地解决这一矛盾，将较远地区甚至国外的农产品安全保质地运输到消费市场，创造空间效用。

3. 创造社会效用

农产品跨区调运、跨区销售可以有效地缓解农产品供需矛盾，解决卖菜难、买菜贵的现实问题。利用市场合理地调节物价，避免发生农产品物价极端波动的现象，维护买卖主体利益，保障社会稳定。同时，通过时间效用和空间效用可以提高生产者、零售商、物流服务商等各方主体的利益，特别是激发生产者的生产积极性，使农产品得到安全有效供应，创造社会效用。

第三节　农产品物流系统建模与优化

农产品物流系统内部环节复杂，涉及主体广泛，物流系统模型提供了一种科学的方法，通过建立抽象的模型，充分还原实际系统中的主要特征，反映相关问题的共性，能够为决策者分析和评价物流系统提供可靠的依据，从而对系统现存问题进行优化改进。

一、农产品物流系统的建模

农产品物流系统建模是对农产品物流系统的内部相互关系与变化趋势的抽象描述。农产品物流系统模型反映了农产品物流系统的一些本质特征，用于描述在农产品物流过程中各要素间的相互关系、系统内部与外部环境的相互作用等[10]。其具体的步骤如图 1-3 所示[11]。

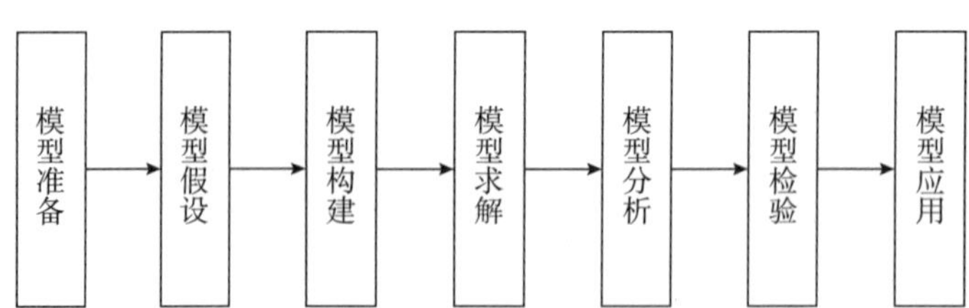

图 1-3　农产品物流系统建模步骤流程

按照农产品物流系统建模的方法可以划分为最优化模型、仿真模型与启发式模型；按照应用问题则可划分为产地设施选址模型、农产品库存模型和农产品配送路径优化模型、农业资源配置模型等[10]。常见的农产品物流系统模型包括以下几种：

1. 农产品配送车辆路径模型

该模型可以解决从一个或多个起点将农产品运至多个终点的车辆最优配置数量与最优行驶路径问题，以实现物流成本最小化、运输时间最小化、服务质量最优化等方面的目标。

2. 农产品网络物流模型

该模型可以解决在农产品物流网络中，网点的合理分布和分配货物的最佳路径问题。当农产品需要从供应点运往不同需求点，且不同需求点所需的农产品数量和品类均不相同时，可以通过“网络物流模型”来确定运输费用较小、运送时间较短等综合目标的最优路径。

3. 农业物流设施定位模型

该模型可以解决一个或多个农业物流设施的选址问题。根据某地农产品供需情况，在已经确定的空间场所内实现物流设施的最优布置，依托合理的物流配送中心、转运点、仓库获得最大经济效益。

二、农产品物流系统的优化

农产品物流系统优化是指通过使用线性规划、整数规划、非线性规划等相关数学规划模型，对农产品物流系统的环节及要素进行优化设计，从而使得农产品物流系统的运行效率最优。由于农产品物流系统内部环节庞大且复杂，对整个系统进行建模优化相对困难，而且使用计算机求解大型优化问题需要花费较长时间，因此在实践中常从物流系统的局部进行优化[12]，主要包括以下两个方面：

1. 农产品物流网络配送节点选址优化

配送节点选址优化通常以提高物流网络的经济效益和社会效益为目标，根据供货状况、需求分布、运输条件、自然环境等因素，用合适的方法，对配送节点的地理位置进行决策[13]。通过对农产品物流网络的配送节点进行合理选址，提高农产品的配送效率、稳定产销关系。学术界通常采用定性和定量或者两者结合的方法解决配送节点选址问题，定性分析法包括层次分析法（AHP）、德尔菲法（Delphi）等，定量分析法包括启发式算法、仿真算法以及神经网络算法等。

2. 农产品物流网络路径优化

农产品物流系统中的网络路径优化主要是解决车辆路径问题（VRP），这是一个 NP 难题。在解决 NP 难题时，学术界使用的方法有最近邻算法、插入法、模拟退火算法、遗传算法和神经网络算法等。通过对农产品物流网络路径进行优化设计，能够帮助相关物流企业提升作业效率，降低农产品运输损耗，从而为消费者提供满意的服务。

在对农产品物流系统进行优化时，需要明确并遵守的原则如下：

（1）所设目标的可行性。对农产品物流系统进行优化，首先需要确定优化目标，其设定的目标必须是可行的，不能制定过于理想而不符合实际的目标。

（2）模型的还原性。制定模型是为了将农产品物流系统中的实际问题情景还原出来，需要尽量反映真实、全面的物流过程。

（3）数据的准确性。要用真实、准确、全面的数据对模型进行优化，使最终的优化方案有现实可行性。

（4）时间的及时性。由于农产品自身的易腐性，使其对时间要求较高。

（5）算法的灵活性。农产品物流系统涉及要素众多、环节复杂，在优化的过程中，会涉及各种角度的建模，其算法必须能灵活地利用独特的问题结构，以简便准确地求解问题。

第四节　本书研究内容和结构安排

农产品物流作为贯穿农业生产与经济活动的重要支撑，本书聚焦农产品物流系统优化问题，挖掘农产品物流过程中生鲜成熟属性的变化规律，以农产品生鲜成熟属性与物流决策有效集成为突破口，以降低农产品损腐率、提高农产品品质、满足消费转型升级需要为目标，揭示农产品生鲜状态演化与物流决策优化的内在耦合规则，融合采摘配送、多级供应链网络等不同场景特征，创新农产品物流建模与优化方法，推动农产品物流系统协同化升级，促进农业现代化高质量发展。

本书共 4 篇，10 个章节，具体内容逻辑关系如图 1-4 所示。

第一章为导论，主要介绍了农产品与农产品物流、农产品物流系统、农产品物流系统建模与优化以及本书研究内容和结构安排。

第二章为相关理论基础，主要介绍了本书在成熟度量化、相关的农产品物流系统优化、农产品供应链网络均衡研究过程中涉及的建模方法及优化算法，包括回归分析方法、模糊分类方法、时空网络流方法、交替方向乘子法、投影收缩算法等。

第三章为基于 Logistic 回归的农产品成熟度拟合研究，以具有后熟特性的番茄为例，考虑到时间对番茄成熟度指标的影响，建立番茄果实成熟度内外理化指标与时间的拟合方程；同时进行影响指标的主成分分析，选择 Logistic 回归分析以两个主成分作为变量得到成熟度拟合模型；从曲线回归、主成分分析和多元 Logistic 回归分别对模型进行检验。

第四章为基于类别概率信息的农产品成熟度半监督判别研究，仍以具有后熟特性的番茄为例，利用已知标签样本的高光谱数据对未知标签样本进行稀疏编码，获得未知标签样本的类别概率向量，通过样本的类别概率信息构建类内图和类间图，提出一种基于光谱信息散度和拉普拉斯分值的半监督特征选择算法，以获取有效的特征波长子集，建立基于类别概率信息的稀疏表示模型，并结合标签

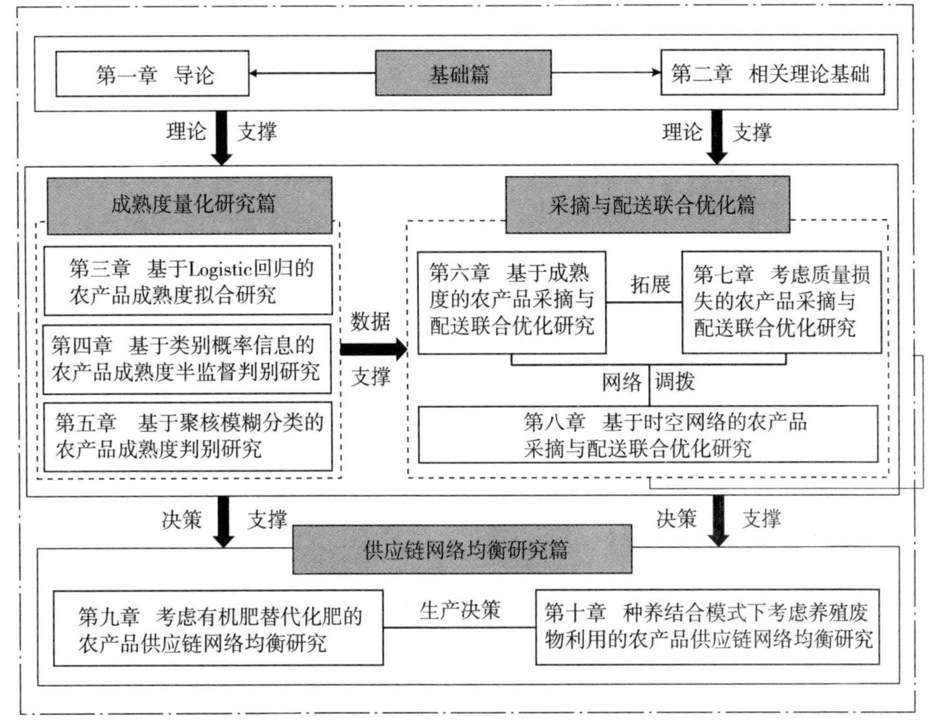

图 1-4 本书研究内容的逻辑框架

传播算法，实现鲜果成熟度精准判别。

第五章为基于聚核模糊分类的农产品成熟度判别研究，以具有后熟特性的水蜜桃为例，考虑水蜜桃各成熟阶段的高模糊性和区间性，融合评价水蜜桃成熟等级的多个指标信息，构建多维指标数据集，建立半梯半岭型水蜜桃成熟隶属度模型；引入模糊区间重叠度调整隶属度函数参数，提出聚核权向量组融合相邻成熟阶段重要信息，构建基于聚核模糊分类的多维指标水蜜桃成熟度判别模型；通过与常见的三角分布等隶属度函数的对比进行模型检验。

第六章为基于成熟度的农产品采摘与配送联合优化研究，在第四章的基础上，考虑到水蜜桃成熟度动态演化性和消费需求分布差异性，基于采摘配送决策考虑成熟度在时间维度上的状态变化及订单在空间维度的地理位移，引入成熟度偏差的决策目标与约束规则，建立基于成熟度的水蜜桃采摘与配送联合优化模型，设计交替方向乘子法对模型进行求解，得到采摘时间、采摘成熟度、配送时间与配送路线最优决策。

第七章为考虑质量损失的农产品采摘与配送联合优化研究，在前期研究基础上，构建更具普适性的农产品采摘与配送联合优化模型，根据农产品生鲜属性变化特征，采用二次函数形式构建质量损失函数，用于表征农产品成熟状态与新鲜品质，将其引入农产品采摘与配送联合优化的模型中，设计改进的自适应遗传算法对模型进行求解，得到最小化农户成本的最优车辆配送路线。

第八章为基于时空网络的农产品采摘与配送联合优化研究，基于第五章与第六章研究基础，研究三级农产品物流调度问题，利用时空网络流方法构建单层时空网络模型，从时间和空间双重维度刻画农产品在采摘基地、分销商和需求市场之间的物流配送作业，采用差分进化算法对模型进行求解，得到能使顾客满意度最高的分配调度规划。

第九章为考虑有机肥替代化肥的农产品供应链网络均衡研究，以鲜果供应链为研究对象，建立考虑有机肥替代化肥行为的鲜果供应链网络均衡模型，重点研究鲜果供应链中各主体最优决策问题。对鲜果供应链网络各主体目标进行分析，利用变分不等式理论转换与整合目标函数，建立鲜果供应链的网络均衡模型，结合鲜食葡萄供应链的数值案例分析验证模型的可行性与算法的有效性，并分析相关参数对供应链网络均衡状态以及各节点决策的影响。

第十章为种养结合模式下考虑养殖废物利用的农产品供应链网络均衡研究，本章在第九章的基础上，结合农业生产模式对鲜果供应链的影响，通过对种养关系、供应链网络各主体经营目标和确定性市场需求的分析，建立考虑养殖废物利用的鲜果供应链网络均衡模型，同时综合考虑种养协调性，分析了鲜果、肉鸡需求变动对于农户生产决策与供应链网络均衡状态的影响。

参考文献

[1] 贾玉娟，刘永强，孙向春．农产品质量安全［M］．重庆：重庆大学出版社，2017.

[2] 中国大百科全书总编辑委员会《农业》编辑委员会，中国大百科全书出版社编辑部．中国大百科全书农业 1～2［M］．北京：中国大百科全书出版社，1990.

[3] 冯力更．农产品质量管理［M］．北京：中央广播电视大学出版社，2009.

[4] 中国物流与采购联合会．中国物流发展报告（2008-2009）［M］．北京：中国物资出版社，2009.

[5] 段晓猛．农产品市场营销［M］．北京：中国建材工业出版社，2016.

［6］邬文兵，王俣含，王树祥，张明玉．我国农产品物流系统自组织演化研究——前提、诱因、动力和路径［J］．经济问题探索，2017（12）：42-49.

［7］王俣含．新型城镇化背景下我国农产品物流系统演化研究［D］．北京交通大学，2019.

［8］王振锋．农产品物流系统的结构优化及其运作模式研究［D］．河南农业大学，2007.

［9］舒辉，周登熙．基于集成视角的农产品物流系统协同机理［J］．中国流通经济，2013，27（8）：34-38.

［10］朱耀勤，贾俊龙，左丽丽．物流系统规划与设计［M］．北京：北京理工大学出版社，2017.

［11］柏宏斌，兰恒友，陈德勤．数学建模简明教程［M］．成都：西南交通大学出版社，2017.

［12］雷勋平，殷辉．现代物流管理学［M］．合肥：中国科学技术大学出版社，2016.

［13］中国物流与采购联合会，中国物流学会．中国物流重点课题报告 2011［M］．北京：中国物资出版社，2011.

第二章　相关理论基础

农产品物流系统的优化包括多个方面，本章介绍了成熟度量化、相关的农产品物流系统优化方法和供应链网络均衡方面的理论基础知识，为后续研究的具体工作提供理论依据和理论基础。

第一节　成熟度量化

鲜果农产品的后熟与质量损失特性，是影响供应链物流配送环节中生鲜品质与顾客满意度的重要因素。对鲜果成熟度的量化研究可以明晰成熟度的变化规律，从而更好地协调农产品物流系统的采摘、运输和配送等工作，将优质的农产品提供给消费者。本书的成熟度量化方法有回归分析方法和模糊分类方法等。

一、回归分析方法

回归分析是研究变量与变量之间或者一个或多个独立变量之间关系的一种方法。这需要对客观事物进行大量的实验和重复多次的观察，寻找在多变复杂的表象中隐藏的统计规律，然后转化成客观事物间的统计关系。回归分析的基本思想是通过各种途径和方法，寻找最能代表自变量与因变量关系的数学表达式[1]。以下主要介绍主成分分析和多项分类 Logistic 回归。

（一）主成分分析

主成分分析法是高维数据处理中常用的降维方法，在图像识别、数据压缩、消除冗余和数据噪声消除等领域都有广泛的应用。高维数据的不同维之间可能具有较强的相关性，这为数据降维提供了可能，即运用线性变换消除各个变量和原始指标的重叠信息，将原始指标从高维空间映射到低维空间，然后原始指标的信息用低维空间的综合指标线性组合反映[2]。下面对主成分分析的数学模型和步骤进行阐述，以方便直观地描述主成分分析的原理。

1. 主成分分析的数学模型[3,4]

对于含有 n 个样本 P 个指标的数据矩阵 X 进行主成分分析，设原始数据为：

$$X=\begin{bmatrix} x_{11} & x_{12} & \cdots & x_{1P} \\ x_{21} & x_{22} & \cdots & x_{2P} \\ \vdots & \vdots & \ddots & \vdots \\ x_{n1} & x_{n2} & \cdots & x_{nP} \end{bmatrix}=[x_1, x_2, \cdots, x_P] \tag{2-1}$$

式中，

$$x_i=\begin{bmatrix} x_{1i} \\ x_{2i} \\ \vdots \\ x_{ni} \end{bmatrix} \quad (i=1, 2, \cdots, P) \tag{2-2}$$

对原始矩阵 X 做旋转变换处理，因此得到新变量 f_i 为原始数据 x_i 的线性组合，即：

$$\begin{cases} f_1=u_{11}x_1+u_{21}x_2+\cdots+u_{P1}x_P=u_1^Tx \\ f_2=u_{12}x_1+u_{22}x_2+\cdots+u_{P2}x_P=u_2^Tx \\ \cdots \\ f_P=u_{1P}x_1+u_{2P}x_2+\cdots+u_{PP}x_P=u_P^Tx \end{cases} \tag{2-3}$$

通过简化，式（2-3）表达为：

$$f_i=u_{1i}x_1+u_{2i}x_2+\cdots+u_{Pi}x_P \quad (i=1, 2, \cdots, P) \tag{2-4}$$

那么，存在正交矩阵 U：

$$U=\begin{bmatrix} u_{11} & u_{12} & \cdots & u_{1P} \\ u_{21} & u_{22} & \cdots & u_{2P} \\ \vdots & \vdots & \ddots & \vdots \\ u_{P1} & u_{P2} & \cdots & u_{PP} \end{bmatrix}=[u_1, u_2, \cdots, u_P] \tag{2-5}$$

通过简化，新变量转化为原始变量的线性组合，如式（2-6）所示：

$$f=(f_1, f_2, \cdots, f_P)=U^TX \tag{2-6}$$

则新变量的方差为式（2-7）：

$$\mathrm{Var}(f_i)=u_i^T\sum u_i \quad (i=1, 2, \cdots, P) \tag{2-7}$$

协方差为式（2-8）：

$$\mathrm{Cov}(f_i, f_j)=u_i^T\sum u_j \quad (i, j=1, 2, \cdots, P) \tag{2-8}$$

该模型要满足的三个条件为[5]：

第一，$u_i^T u_i = 1$（$i=1, 2, \cdots, P$）。

第二，各主成分彼此无关联性：$\mathrm{Cov}(f_i, f_j)=0(i \neq j, i, j=1, 2, \cdots, P)$。

第三，各主成分方差依次递减：$\mathrm{Var}(f_1) \geqslant \mathrm{Var}(f_2) \geqslant \cdots \geqslant \mathrm{Var}(f_r)$。

综合以上论述，主成分分析的原理就是寻找一个正交矩阵，并将原始矩阵按照正交矩阵发生变换得到综合变量，该综合变量也称为主成分。由于每个主成分经过了变换，因此不具有相关性，且方差依次递减。

2. 主成分分析的基本步骤[6,7]

首先，对原数据进行处理。原始数据会有不同的量纲，导致数据在数量级上会有较大的差距，需要对数据进行标准化处理，常用方法有：min-max 法、z-score 法、比例法等。

其次，计算协方差矩阵。如式（2-9）所示：

$$\sum = \frac{1}{n}\hat{x}\hat{x}^T = \begin{bmatrix} z_{11} & z_{12} & \cdots & z_{1P} \\ z_{21} & z_{22} & \cdots & z_{2P} \\ \vdots & \vdots & \ddots & \vdots \\ z_{P1} & z_{P2} & \cdots & z_{PP} \end{bmatrix} = \begin{bmatrix} 1 & z_{12} & \cdots & z_{1P} \\ z_{21} & 1 & \cdots & z_{2P} \\ \vdots & \vdots & \ddots & \vdots \\ z_{P1} & z_{P2} & \cdots & 1 \end{bmatrix} \tag{2-9}$$

再次，计算该协方差的特征值和特征向量。

最后，计算主成分方差贡献率并确定合适的主成分。

主成分 f_i 的贡献率为：

$$\varpi_i = \frac{\lambda_i}{\sum_{i=1}^{P}\lambda_i} \tag{2-10}$$

主成分分析法的目的是降维，被采用的主成分个数 m 通常会小于原始数据 P，最终由确定的主成分个数的累计贡献率决定。用前 m 个主成分方差和与总方差的比值量化，如式（2-11）所示：

$$\omega_m = \frac{\sum_{i=1}^{m}\lambda_i}{\sum_{i=1}^{P}\lambda_i} \tag{2-11}$$

在实际运用中，主成分的累计贡献率超过 85%以上的个数，采用前 m 个主成分取代原始样本进行分析，以达到降维的目的。

（二）多项分类 Logistic 回归

1. 多项分类 Logistic 回归模型[8]

多项分类 Logistic 回归模型的因变量 $y_i(i=1, 2, \cdots, k)$ 有 k 种情况，也可以看成有 $k-1$ 个二项分类 Logistic 回归模型的新的模型。Logistic 回归模型在现实生活中也经常用到，如判断番茄成熟度。在多种情况下表示 y_i 发生的可能性，如式（2-12）所示：

$$P(y_i=i \mid X(t))=\frac{\exp(\beta_{i,0}+\beta_{i,1}x_1(t)+\cdots+\beta_{i,n}x_n(t))}{1+\exp(\beta_{i,0}+\beta_{i,1}x_1(t)+\cdots+\beta_{i,n}x_n(t))} \tag{2-12}$$

式中，$\beta_{i,0}$，$\beta_{i,1}$，$\beta_{i,k}$ 为 $y_i=\{0, i\}$ 的二项分类模型系数。可靠度的函数表达式如式（2-13）所示：

$$R(t \mid X(t))=\frac{\exp(\beta_{i,0}+\beta_{i,1}x_1(t)+\cdots+\beta_{i,n}x_n(t))}{1+\exp(\beta_{i,0}+\beta_{i,1}x_1(t)+\cdots+\beta_{i,n}x_n(t))} \tag{2-13}$$

式中，$\beta_{k-1}=\{\beta_{k-1,0}, \beta_{k-1,1}, \cdots, \beta_{k-1,k}\}$，并且式（2-13）是式（2-12）$y_i=\{0, k-1\}$的二项分类问题。

2. 多项分类 Logistic 回归模型评价[9]

χ^2 统计量是描述模型拟合度的重要指标，数值越小代表观测值与预测值之间的显著性差距越小，说明效果越好；如果 χ^2 统计量越大，统计检验就越显著，效果就越不好。当拟合效果不好时，可以用残差或者其他诊断测量说明每个案例对模型拟合的影响，以便寻找模型不合理的地方。χ^2 是拟合度检验的常用方法：

$$\chi^2 = \sum_{j=1}^{J} \frac{(Q_j - E_j)^2}{E_j} \tag{2-14}$$

3. Logistic 回归的基本思路[10,11]

Step 1：构建单个样本的概率预测函数：

$$h_\theta(x)=g(\theta^T x)=\frac{1}{1+e^{-\theta^T x}} \tag{2-15}$$

Step 2：确定 $\theta^T x$ 的有效公式：

$$\theta^T x=\theta_0+\theta_1 x_1+\theta_2 x_2+\cdots+\theta_n x_n \tag{2-16}$$

式中，θ_0 是预估向量的常数项系数，θ_i 是对应 x_i 的参数系数。

Step 3：对于 $h_\theta(x)$，函数的值给出以下定义：它表示变量 y 为 1 的概率。因此，对于输出变元向量，x 结果为 1 级或 0 级的概率：

$$p(y=1/x;\ \theta)=h_\theta(x) \tag{2-17}$$

$$p(y=0/x;\ \theta)=1-h_\theta(x) \tag{2-18}$$

Step 4：构造 m 个样本的概率密度似然函数：

$$L(\theta)=\prod_{i=1}^{m} p(y_i \mid x_i;\ \theta)=\prod_{i=1}^{m}((h_\theta(x_i))^{y_i}(1-h_\theta(x_i))^{1-y})) \tag{2-19}$$

其对数似然函数如式（2-20）和式（2-21）所示：

$$\ln(L(\theta)) = \sum_{i=1}^{m}(y_i \ln(h_\theta x_i)) + (1 - y_i)\ln(1 - h_\theta x_i) \tag{2-20}$$

$$h_\theta=\frac{1}{1+e^{-\theta^{Tx}}} \tag{2-21}$$

通过估计 m 个测试样本的 x 和 y 值，计算出最大化函数的系数向量的估计值

$\hat{\theta}$，通过 Step 4，推算出样本 y 为 1 的概率估计，其中，x 是样本 y 的独立变量向量。

二、模糊分类方法

模糊分类（Fuzzy Classification）是一种以模糊集合理论为基础的数据挖掘方法，将研究对象定义为模糊集合，并建立相适配的隶属度函数（Membership Function），通过运算和交换模糊集合进行分析[12]。模糊分类方法步骤如下[13]：

首先确定论域 X，则分类类别 $A=\{x\}$ 是属于论域为 X 的模糊集合，并建立任意形式的隶属度函数，通过将具体元素映射到所对应的隶属度函数中，计算得出隶属度 $\mu_A \in [0, 1]$ 用于表示其特征集合。若 μ_A 接近于 1，则 X 属于 A 的可能性较高；若 μ_A 接近于 0，则 X 不属于 A 的可能性较高。同时，结合模糊推理规则实现元素与分类类别的近似推理，通过模糊逻辑的形式演绎，建立严格模糊推理逻辑。其典型的 IF-THEN 模糊推理规则为[14]：

If x is A_1 and y is B_1 Then $z_1=f_1(x, y)$

If x is A_2 and y is B_2 Then $z_2=f_2(x, y)$

对于隶属度函数确立，以往研究大多根据问题属性的实际经验或大量样本统计结果，并结合对模糊概念的普遍认识来选择适合的隶属度函数形式[15]。通过对比不同形式的隶属度函数，选择最佳的隶属度函数描述有共识的客观模糊现象。隶属度描述某一元素映射到该模糊集合的隶属关系，由于隶属关系的不明确性，采用区间［0，1］表示元素属于该模糊集合的可能性大小。常用的隶属度函数形式包含偏小型、中间型和偏大型，以梯形函数形式为例，偏小型隶属度函数为式（2-22）、中间型隶属度函数为式（2-23）、偏大型隶属度函数为式（2-24）（$a<b<c<d$）[16]。

$$A(x)=\begin{cases}1, & x<a\\ \dfrac{b-x}{b-a}, & a\leqslant x\leqslant b\\ 0, & b<x\end{cases} \tag{2-22}$$

$$A(x)=\begin{cases}\dfrac{x-a}{b-a}, & a\leqslant x<b\\ 1, & b\leqslant x<c\\ \dfrac{d-x}{d-c}, & c\leqslant x\leqslant d\\ 0, & d<x\end{cases} \tag{2-23}$$

$$A(x)=\begin{cases}0, & x<a\\ \dfrac{x-a}{b-a}, & a\leqslant x\leqslant b\\ 1, & b<x\end{cases} \tag{2-24}$$

因此，模糊分类采用模糊推理实现输入变量模糊化、模糊推理和反模糊化过程，并基于研究问题实际需求来确定模糊类别所对应的隶属度函数，根据隶属度值大小对其进行分类，以增加分类模型的可读性和可靠性。

第二节　相关的农产品物流系统优化方法

农产品物流系统是一个多主体参与的系统，因而对农产品物流系统的优化通常是对多环节、多主体的联合优化。时空的协同、决策间的耦合关系以及求解的方法是在进行优化时需要重点关注的问题，本节介绍在对农产品物流系统进行优化时所用到的一些方法。

一、时空网络流方法

时空网络流是描述和刻画离散跨时域的动态网络理论方法[17]，该方法被广泛运用于研究飞机排班、列车调度和网络容量分配等问题。该方法的实质是将物理上的点随着时间的增加而延展，从而形成时间和空间的二维网络，对于研究的问题可以根据一个节点进行两个维度的刻画。

假设给定一个有向网络，则时空网络流问题可以记为 $SP=\{V,\ \varepsilon,\ T,\ \Delta,\ \varphi\}$，其中，$V$ 是节点集，ε 是有向边集，T 是时间周期，Δ 是各节点之间的到达时间，φ 是边容量。在时空网络 SP 中，有向网络的物理节点是随着时间延续和扩展的，给定物理节点集合 V 和时间周期 T，则其扩展的节点集为 V'，并且 $V'=\{j(t)\mid j\in V;\ t\in[0,\ 1,\ \cdots,\ T]\}$；并且对于 $\forall j,\ k\in V$，可得到有向边集 ε'，并且 $\varepsilon'=\{j(t),\ k(t+\Delta_{jk})\mid \Delta_{jk}\geqslant 0;\ j,\ k\in V;\ t\in[0,\ 1,\ \cdots,\ T]\}$。因此，由时空网络的定义和集合可以看出，时空网络方法的实质是将时间加入物理的网络节点中，构建一个随时间拓展的动态网络。

在实际运用中，对于给定的时间周期 T，可根据研究问题的实际背景划分时间周期的单位间隔。图 2-1 是时空网络流方法的建模原理与图解。在图 2-1 中，假设以 1 个时间单位作为时间间隔流，可看出物理网络上的节点集随着时间点而不断往下延伸，且节点之间流动的网络流量根据 Δ 的值来跨域响应表的时域。

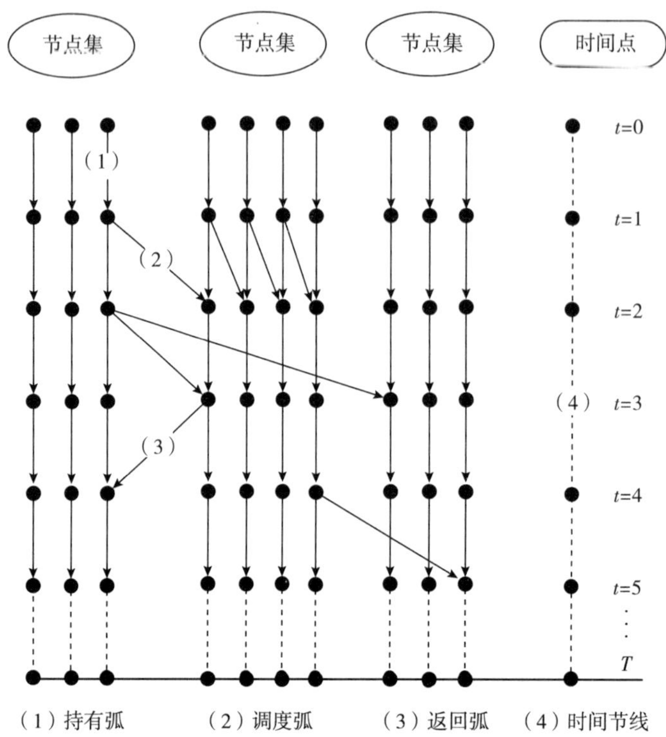

图 2-1　时空网络流方法的建模原理与图解

二、交替方向乘子法

交替方向乘子法（Alternating Direction Method of Multipliers，ADMM）是用于求解分布式凸优化问题的有效计算框架，最初由 Gabay 和 Mercier[18] 提出，并被 Boyd 等[19] 证明其在大规模分布式问题中的适用性与可行性。ADMM 通过结合增广拉格朗日松弛和对偶分解，采用分解—协调策略，针对大多数 NP 难问题的多变量耦合，利用乘子将复杂约束添加到目标函数中，将复杂的全局性原问题分解为多个较小且容易求解的局部子问题，通过协调子问题的解得出原问题最优解。

ADMM 整合了对偶上升法的可分解性与乘子法的较强收敛性，主要解决具有以下形式的优化问题[19]，见式（2-25）和式（2-26）：

$$\min f(x)+g(z) \tag{2-25}$$

$$\text{s.t. } Ax+Bz=c \tag{2-26}$$

式中，x 和 z 为优化变量，$x\in R^n$，$z\in R^m$；$f(x)+g(z)$ 为最小化优化目标函

数，$f(x)$ 和 $g(z)$ 均为凸函数；$Ax+Bz=c$ 是 p 个等式约束条件，$A\in R^{p\times n}$，$B\in R^{p\times m}$，$c\in R^{p}$。不同于线性等式约束问题，考虑到目标函数（2-25）的可分离性，变量 x 被分为两部分，分别定义为 x 和 z。式（2-25）与式（2-26）的最优值为式（2-27）：

$$p^{*}=\inf\{f(x)+g(z)\mid Ax+Bz=c\} \tag{2-27}$$

引入拉格朗日乘子或对偶变量 y，将式（2-27）转化为增广拉格朗日函数式（2-28）：

$$L_{p}(x,\ z,\ y)=f(x)+g(z)+y^{T}(Ax+Bz-c)+(\rho/2)\|Ax+Bz-c\|_{2}^{2} \tag{2-28}$$

式中，$\rho>0$ 是惩罚参数，$(\rho/2)\|Ax+Bz-c\|_{2}^{2}$ 为二次惩罚项。

ADMM 交替体现为 x 和 z 变量交替优化，最终优化对偶变量，具体交替优化迭代步骤如下[19,20]：

步骤 1：求解令 $L_{p}(x,\ z^{k},\ y^{k})$ 最小化的 x 值，更新变量 x，见式（2-29）：

$$x^{k+1}:=\underset{x}{\operatorname{argmin}}L_{p}(x,\ z^{k},\ y^{k}) \tag{2-29}$$

步骤 2：求解令 $L_{p}(x^{k+1},\ z,\ y^{k})$ 最小化的 z 值，更新变量 z，见式（2-30）：

$$z^{k+1}:=\underset{z}{\operatorname{argmin}}L_{p}(x^{k+1},\ z,\ y^{k}) \tag{2-30}$$

步骤 3：更新对偶变量 y，见式（2-31）：

$$y^{k+1}:=y^{k}+\rho(Ax^{k+1}+Bz^{k+1}-c) \tag{2-31}$$

为了方便计算，通常结合增广拉格朗日中的线性项与二次项，并缩放对偶变量，定义残差 $r=Ax+Bz-c$，并引入 $u=(1/\rho)\ y$ 新变量，得出 ADMM 的缩放形式，见式（2-32）：

$$y^{T}r+(\rho/2)\|r\|_{2}^{2}=(\rho/2)\|r+u\|_{2}^{2}-(\rho/2)\|u\|_{2}^{2} \tag{2-32}$$

利用缩放的对偶变量，更新 ADMM 优化框架迭代步骤，见式（2-33）~式（2-35）：

$$x^{k+1}:=\underset{x}{\operatorname{argmin}}(f(x)+(\rho/2)\|Ax+Bz^{k}-c+u^{k}\|_{2}^{2}) \tag{2-33}$$

$$z^{k+1}:=\underset{z}{\operatorname{argmin}}(g(z)+(\rho/2)\|Ax^{k+1}+Bz-c+u^{k}\|_{2}^{2}) \tag{2-34}$$

$$u^{k+1}:=u^{k}+Ax^{k+1}+Bz^{k+1}-c \tag{2-35}$$

ADMM 框架将复杂的大规模问题分解成分布式求解的多个结构简单子问题，其收敛性问题已在较多研究中讨论与证明[21,22]。对于标准通用 ADMM 形式，Boyd 证明了“假设 1：f 为拓展实数函数 $R^{n}\to R\cup\{+\infty\}$，$g$ 为拓展实数函数 $R^{m}\to R\cup\{+\infty\}$，且均为闭凸正则函数”，以及“假设 2：非增广拉格朗日函数 L 至少存在一个鞍点”下的目标和残差收敛性，且 x^{k} 和 z^{k} 不需要收敛至最优值[19]。标准 ADMM 优化框架具体实现步骤如表 2-1 所示[20]。

表 2-1 标准 ADMM 优化框架具体实现步骤

算法 1：ADMM 算法流程
初始化：迭代次数 k，x_i，u_i，r_i，z
重复迭代：
Step 1. 更新 $u_i := u_i + x_i - z$
Step 2. 更新 $x_i := \mathrm{argmin}_x (f_i(x) + (\rho/2) \lVert x - z + u_i \rVert_2^2)$
Step 3. 令 $w := x_i + u_i$，$t := \lVert r_i \rVert_2^2$
Step 4. AllReduce 算法执行 w 和 t 优化
Step 5. 令 $z^{prev} := z$，并更新 $z := \mathrm{prox}_{g,N_\rho}(w/N)$
Step 6. 如果 $\rho\sqrt{N} \lVert z - z^{prev} \rVert_2 \leqslant \epsilon^{conv}$，且 $\sqrt{t} \leqslant \epsilon^{feas}$；则停止迭代
Step 7. 更新 $r_i := x_i - z$

三、遗传算法

遗传算法（Genetic Algorithm，GA）是一种全局搜索的高效算法[23]，在现实生活中得到了广泛和普遍的运用。它采用进化论的思想指导计算过程，遗传算法的具体流程是先生成初始解和设计种群，然后根据研究问题用适应度函数评价个体的优劣，通过选择、交叉和变异等操作，使个体不断进化发展，进而逐渐突破局部最优解，寻找全局最优解[24]。

（一）遗传算法相关概念

基于遗传学和进化论，遗传算法是一种寻找全局最优的随机搜索算法，因而在算法中会用到各种遗传学和进化的概念。遗传算法的相关概念有以下几点[25]：

（1）基因。问题解的基本组成单位，解中每个分量相应的数值。

（2）个体。个体为求解问题的每一个解，通常用串表示：$X = x_1 x_2 \cdots x_i$，其中 x_i 是串 X 的基本单元，称为基因。根据求解问题的不同，个体可分为二进制串、实数串、整数串和负数串等。

（3）编码和解码。编码的目的是将表现型映射到基因型，从而使实际的解空间可以转化成编码形式；而解码操作是编码操作的反过程，它将编码形式映射到实际的解空间。

（4）种群。种群是待求解问题的解集合，遗传算法需要从初始种群进行进化搜索，由初始群体组成初始解。

（5）适应度函数。度量种群个体对于目标函数的优劣程度。通常采用将目

标函数映射为适应度函数的方法，即将问题映射到染色体来求解问题，目的是通过个体评价，搜索到最优解，提高适应度高的个体的生存概率，淘汰适应度低的个体的生存概率。

（6）遗传算子。遗传算法中的遗传算子包括选择算子、交叉算子和变异算子。选择算子是为了从当前种群中选择出较优个体直接复制到子代，它决定了全局搜索能力。交叉算子是产生新个体的关键方法，影响到全局的寻优效果。而变异算子的设计有助于防止过早出现收敛现象，在更广阔的范围内寻找更优的解。

（二）遗传算法的具体流程

为清楚地描述遗传算法，给出基本遗传算法流程[26]，如图 2-2 所示。

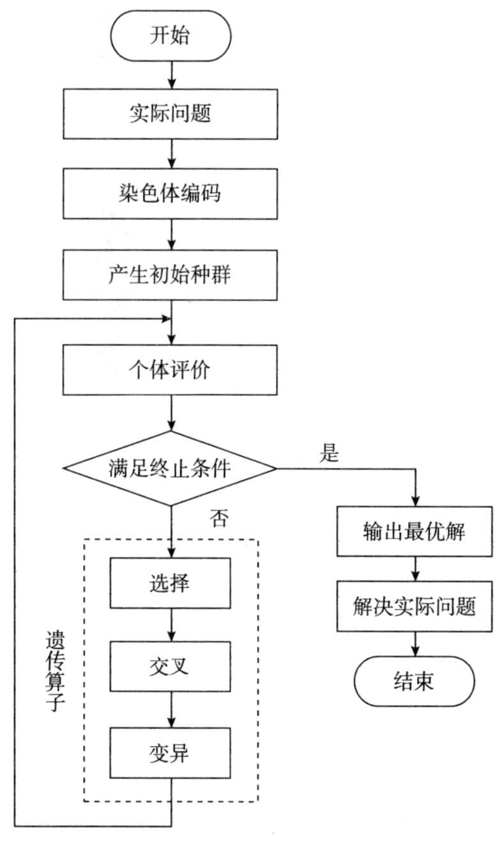

图 2-2　基本遗传算法流程

第三节 农产品供应链网络均衡

农产品供应链网络均衡是一种考虑农产品供应链内部竞争与交易，针对具有多层级、多主体结构复杂网络的研究，以使系统参与者在竞争与合作过程中达到最优状态。供应链网络均衡模型由于涉及主体众多、主体间存在多重联系，往往是一个复杂的数学模型，通常将其转化为变分不等式进行求解。本节介绍变分不等式和投影收缩算法的相关知识，为后文的供应链网络均衡研究提供理论依据。

一、变分不等式理论

变分不等式（Variational Inequality）是变分原理中的非线性互补问题的一种推广。在许多不同的领域中被广泛应用，比如说经济学、金融学、物理学、工程科学和数学等。尤其在数学方面，为某些数学问题的解决提供了一个清晰、高效、科学的计算方法。Nagurney 等[27] 首先将变分不等式与均衡问题结合进行研究，开辟了一个新的研究领域，之后大量的学者紧随其后，不断丰富该领域的相关内容。下文将对变分不等式的一些基本定义与定理进行介绍：

定义 1[28]：设 $X\subset R^n$ 是一给定的非空凸集，变分不等式问题即为：找出 $x^*\in X$，使得对 $\forall x\in X$，

$$F(x^*)^T(x-x^*)\geqslant 0 \tag{2-36}$$

成立的问题，记作 $VI(X, F)$。这里，$F: X\rightarrow R^n$ 是连续映射。

定义 2[29]：设 H 是实 Hilbert 空间，$\Omega\in H$ 是一个非空闭集合，$F: \Omega\rightarrow H$ 是给定的映射，H 的内积和范数分别表示为 $\langle\cdot, \cdot\rangle$ 和 $\|\cdot\|$，求 $u\in\Omega$，使

$$\langle F(u), v-u\rangle\geqslant 0,\quad \forall v\in\Omega \tag{2-37}$$

成立，该问题等价于式（2-36），且为变分不等式问题，记作 $VI(X, F)$。对 $F(x)$ 的函数性质有以下讨论：

（1）如果对于 $\forall v, u\in\Omega$，有：

$$\langle F(u)-F(v), u-v\rangle\geqslant 0 \tag{2-38}$$

恒成立，那么 F 在 Ω 上是单调的[30]。

（2）如果对于 $\forall v, u\in\Omega, u\neq v$，有：

$$F(v)^T(u-v)\geqslant 0\Rightarrow F(u)^T(u-v)\geqslant 0 \tag{2-39}$$

恒成立，那么 F 在 Ω 上是伪单调的[31]。

（3）如果对于$\forall v, u \in \Omega$，存在一个常数$L>0$，使

$$\|F(u)-F(v)\| \leqslant L\|u-v\| \tag{2-40}$$

恒成立，那么F在Ω上是Lipschitz连续的，此时，称L为Lipschitz常数[32]。

（4）如果对于$\forall v, u \in \Omega$，使

$$(u-v)^T(F(u)-F(v))>0, \forall v, u \in R^n \tag{2-41}$$

恒成立，则F是严格单调的[31]。

（5）如果存在常数$c>0$，使

$$(F(u)-F(v))^T(u-v) \geqslant c\|u-v\|^2, \forall v, u \in R^n \tag{2-42}$$

恒成立，则F是强单调的[31]。

（6）如果存在常数$c>0$，使

$$(F(u)-F(v))^T(u-v) \geqslant c\|F(u)-F(v)\|^2, \forall v, u \in R^n \tag{2-43}$$

恒成立，则映射F在Ω上co-coercive[33]。

（7）如果对于$u^* \in \Omega^*$，使

$$F(u)^T(u-u^*) \geqslant 0, \forall u \in \Omega \tag{2-44}$$

恒成立，就称映射F在Ω上是满足可解性条件的[30]。

以上性质由强到弱排序为：强单调性、严格单调性、单调性、伪单调。并且，若映射$F(x)$在Ω上co-coercive，则必满足单调性；若映射$F(x)$在Ω上Lipschitz连续且强单调，则必满足co-coercive。

定理1[34]：如果Ω是有界凸集且$F(x)$在Ω上单调且连续，则变分不等式$VI(X, F)$在Ω上至少存在一个解。

定理2[34]：如果Ω是有界凸集且$F(x)$在Ω上严格单调，若$VI(X, F)$的解集非空，则变分不等式$VI(X, F)$在Ω上的最优解具有唯一性。

上述变分不等式的性质与解的存在性定理的介绍，为后文进行供应链网络均衡模型的构建与算法求解提供了理论依据。

二、基于变分不等式的投影收缩算法

定义3[35]：假设$\varphi(\cdot): R^n \to R$是连续函数，如果$\varphi(x)$满足下列不等式：

$$\varphi(x) \geqslant c_0\|e(x, 1)\|^2, \forall x \in \Omega \tag{2-45}$$

并且有：

$$\varphi(x)=0 \Leftrightarrow \|e(x, 1)\|=0 \tag{2-46}$$

则称$\varphi(x)$是变分不等式在Ω上的误差度量函数，其中$c_0>0$，且

$$e(x, 1)=x-P_\Omega[x-\beta F(x)] \tag{2-47}$$

为投影残差函数。

从上面看出，方程$\varphi(x)=0$的解一定就是变分不等式问题$VI(X, F)$的解。

如果 $\psi(\cdot): R^n \to R^n$ 为向量值函数，并且令下列不等式

$$(x-x^*)\psi(x) \geqslant c_0 \| e(x, 1) \|^2, \quad \forall x^* \in \Omega^* \tag{2-48}$$

恒成立，其中 $c_0>0$，且 Ω^* 为变分不等式问题 $VI(X, F)$ 的解集，那么称 $\psi(x)$ 为 $VI(X, F)$ 在点 x 处的有利方向[36]。

当 $\psi(x)$ 被确认为 $VI(X, F)$ 在点 x 处的有利方向后，$-\psi(x)$ 就作为在点 x 处的关于 $\theta(x)=\frac{1}{2}\|x-x^*\|^2$ 的一个下降方向，其中 $\theta(x)=\frac{1}{2}\|x-x^*\|^2$ 为价值函数[37]。

投影收缩算法的基本构想是[38]：

假设 $\gamma>0$ 为常数，依据变分不等式的一些性质，找出方向 $d(x)$，使其满足不等式（2-49）：

$$(x-x^*)^T d(x) \geqslant \varphi(x) \geqslant \gamma \| e(x, 1) \|^2, \quad \forall x^* \in \Omega^* \tag{2-49}$$

$\|x-x^*\|$ 是一个未知函数，$-d(x)$ 是 $\|x-x^*\|^2$ 的一个下降方向。

因为投影是在欧式范数的意义下进行的，所以采用迭代公式：

$$x_{n+1} = P_\Omega [x_n - a_n d(x_n)] \tag{2-50}$$

其中，

$$a_n = \frac{\varphi(x_n)}{\| d(x_n) \|^2} \tag{2-51}$$

式（2-50）产生的点列 $\{x_n\} \subset \Omega$，通过计算不难得出，$\{x_n\}$ 满足

$$\| x_{n+1} - x^* \|^2 \leqslant \| x_n - x^* \|^2 - a_n \varphi(x_n) \tag{2-52}$$

这样即可确保新的迭代点仍然在 Ω 内。

如果不等式（2-49）对 $\forall x \in R^n$ 恒成立，那么可适当选取一个 G，生成方向，如式（2-53）

$$g(x) = G^{-1} d(x) \tag{2-53}$$

计算式（2-54），作为步长

$$\rho(x) = \frac{\varphi(x)}{\| g(x) \|_G^2} \tag{2-54}$$

迭代公式表示为式（2-55）

$$x_{n+1} = x_n - \rho(x_n) g(x_n) \tag{2-55}$$

虽然这样计算得到的点列 $\{x_n\}$ 不能确保一定在 Ω 内，但却一定能使

$$\| x_{n+1} - x^* \|_G^2 \leqslant \| x_n - x^* \|_G^2 - \rho(x_n) \varphi(x_n) \tag{2-56}$$

成立，也就是说，若式（2-49）只对 $x \in \Omega$ 成立，那么只能取 $d(x)$ 作为方向构造算法，以期使 $\|x_n - x^*\|$ 单调下降；而当式（2-49）对 $\forall x \in R^n$ 恒成立时，就可以构建一个更好的收缩方向，使算法更加优化。

参考文献

[1] 黄建雄．概率论与数理统计［M］．北京：中国物资出版社，2009.

[2] 李洁明．统计学原理（第7版）［M］．上海：复旦大学出版社，2017.

[3] 张江石．行为安全管理中的数学模型及应用［M］．北京：煤炭工业出版社，2016.

[4] 唐顺发．基于主成分分析的我国开放式基金风险分散优化应用研究［D］．华东交通大学，2018.

[5] Kwon O, Lee T. Phoneme recognition using ICA-based feature extraction and transformation［J］. Signal Processing, 2004, 84（6）：1005-1019.

[6] 向东进．实用多元统计分析［M］．武汉：中国地质大学出版社，2005.

[7] 何晓群．应用多元统计分析［M］．北京：中国统计出版社，2015.

[8]（美）斯科特·梅纳德．应用logistic回归分析（第2版）［M］．李俊秀，译．格致出版社，上海人民出版社，2016.

[9] 钟礼杰，高玉堂，金丕焕．logistic回归模型的拟合优度检验［J］．中国卫生统计，1993（3）：55-59.

[10] 孙育华，黄成哲，黑龙，李军，张艳艳，韩中元，高佳明，赵金梅．微博传播趋势预测的研究［J］．科技创新导报，2019，16（9）：251-254+256.

[11] 王青天，孔越．Python金融大数据风控建模实战［M］．北京：机械工业出版社，2020.

[12] Zadeh L A. Fuzzy sets［J］. Information and Control, 1965, 8（3）：338-353.

[13] 汪应洛．系统工程（第5版）［M］．北京：机械工业出版社，2019.

[14] Kundu S, Chen J. Fuzzy logic or Lukasiewicz logic: A clarification［J］. Fuzzy Sets and Systems, 1998, 95（3）：369-379.

[15] Mon D L, Cheng C H. Fuzzy system reliability analysis for components with different membership functions［J］. Fuzzy Sets and Systems, 1994, 64（2）：145-157.

[16] Irion A. Fuzzy rules and fuzzy functions: A combination of logic and arithmetic operations for fuzzy numbers［J］. Fuzzy Sets and Systems, 1998, 99（1）：49-56.

[17] White W W, Bomberault A M. A network algorithm for empty freight car al-

location [J] . IBM Systems Journal, 1969, 8 (2): 147-169.

[18] Gabay D, Mercier B. A dual algorithm for the solution of nonlinear variational problems via finite element approximation [J] . Computers & Mathematics with Applications, 1976, 2 (1): 17-40.

[19] Boyd S, Parikh N, Chu E, et al. Distributed optimization and statistical learning via the alternating direction method of multipliers [M] . Boston: Now Publishers Inc. , 2011.

[20] 肖亮，韦志辉，邵文泽 . 基于图像先验建模的超分辨增强理论与算法：变分 PDE、稀疏正则化与贝叶斯方法 [M] . 北京：国防工业出版社，2017.

[21] Chen J W, Wang Y Y, He H J, Lv Y B. Convergence analysis of positive-indefinite proximal ADMM with a Glowinski's relaxation factor [J] . Numerical Algorithms, 2020, 83 (4): 1415-1440.

[22] Zhang T, Shen Z. A fundamental proof of convergence of alternating direction method of multipliers for weakly convex optimization [J] . Journal of Inequalities and Applications, 2019 (1): 128-148.

[23] Holland J H. Adaptation in natural and artificial systems [J] . MIT Press, 1975, 6 (2): 126-137.

[24] Gen M, Cheng R. Genetic algorithms and engineering optimization [M]. New York: John Wiley & Sons, Inc. , 2000.

[25] 周明，孙树栋 . 遗传算法原理及应用 [M] . 北京：国防工业出版社，1999.

[26] 冯宪彬，丁蕊 . 改进型遗传算法及其应用 [M] . 北京：冶金工业出版社，2016.

[27] Nagurney A, Siokos S. Financial networks - statics and dynamics [M]. Berlin Heidelberg: Springer, 1997.

[28] Nagurney A. Network economics: A variational inequality approach [J]. Advances in Computational Economics, 1994, 28 (4): 356-358.

[29] Noor M A. Extragradient methods for pseudomonotone variational inequalities [J] . Journal of Optimization Theory and Applications, 2003, 117 (3): 475-488.

[30] Ortega J M, Rheinboldt W C. Iterative Solution of Nonlinear Equations in Several Variables [M] . New York-London: Academic Press, 1970 .

[31] Karamardian S, Schaible S. 7 kinds of monotone maps [J] . Journal of Optimization Theory and Applications, 1990, 66 (1): 37-46.

[32] Schwartz J T. Nonlinear functional analysis [J] . New York: Gordon and

Breach Science Publishers，1969.

［33］ Harker P T，Pang J S. Finite-dimensional variational inequality and nonlinear complementarity-problems-a survey of theory，algorithms and applications［J］. Mathematical Programming，1990，48（2）：161-220.

［34］ Facchinei F，Pang J S. Finite-Dimensional variational inequalities and complementarity problems［M］. New York：Springer，2003.

［35］ 何炳生．半定规划的近似中心投影法［J］．计算数学，1998，20（2）：175-176.

［36］ Korpelevich G M. The extragradient method for saddle point and other problems［J］. Matecon，1976，12：747-756.

［37］ Auchmuty G. Variational principles for variational inequalities［J］. Numercial Function Analysis and Optimization，1989，10：863-874.

［38］ 申远，刘珊珊．一种新的自适应步长梯度投影法［J］．数值计算与计算机应用，2016，37（4）：307-314.

成熟度量化研究篇

第三章　基于 Logistic 回归的农产品成熟度拟合研究

由于农产品的易腐特性，导致我国农产品在采摘与配送环节有很高的损腐率，不仅给农户带来经济上的损耗，也降低了消费者的满意度和回购率。如何降低农产品采摘运输过程的损失成本，保证产品品质，提高消费者满意度，成为农户需要决策的关键问题。考虑到采摘成熟度对农产品新鲜性和损耗的影响，选择适时的成熟度进行采摘和运输，不仅可以减少产品因过于成熟在采摘和配送过程中的质量损耗，也可以在产品最佳成熟度时运送至消费者手中，提高消费者购买期望值。因此，本章对农产品进行采后成熟度研究，针对影响农产品成熟度的关键指标，结合成熟环境和采摘时间，建立农产品成熟度拟合模型。

本章以 2018 春大连繁种番茄果实为试材，采用主成分分析和 Logistic 回归分析，研究了包括番茄采后颜色、硬度、可溶性固形物和感官品质在内的 4 个果实性状，将色差、硬度、可溶性固形物和感官评价作为时间的自变量，分别运用曲线估计预测出色差—时间的函数、硬度—时间的函数、可溶性固形物—时间的函数、感官评价—时间的函数。通过主成分分析将颜色、硬度、可溶性固形物和感官品质四个初始变量，整合成线性无关的主成分变量，用新的变量代替初始变量进行分析。最后运用多项 Logistic 回归分析，建立以时间作为成熟度自变量的函数模型，预测出番茄果实的成熟概率，以期为确定合理的采摘成熟度提供一定的理论依据和技术支持[1]。

第一节　番茄成熟度指标测量

随着时间的推移，番茄采后成熟度受内部外部因素（如颜色、硬度、可溶性固形物和感官品质）的影响而有所区别。根据美国农业部制定的不同番茄成熟期颜色标准，通过视觉观察将番茄分为四个阶段6个成熟期，四个阶段分别为绿熟期、变色期、红熟期和完熟期，其中，红熟期又细分为红熟前期、红熟中期和红熟后期[2]。番茄果实在不同的成熟阶段差异很大，不仅影响采摘时番茄果实的耐储性和抗病性，还影响运输过程中番茄果实的营养品质，更影响消费者的口碑和回购率。前人对不同番茄的营养品质分类进行了大量研究[3]，也对番茄的质量因子和货架期进行预测[4]，但根据番茄不同成熟度的影响因素对成熟度拟合模型的研究还鲜有追溯。因此，为了定量描述番茄果实的成熟度，本章设定颜色、硬度、可溶性固形物和感官品质4个参数，以系统和全面地衡量番茄成熟度等级，为番茄果实成熟度的度量奠定理论基础。

一、材料预处理

样品番茄于江苏省农业科学院——现代农业科技综合示范基地采摘，选取四个品种：2018春大连繁种1号、2号、3号和4号。每个品种都按照不同成熟期采摘，通过视觉观察将番茄分为六类：绿熟期、变色期、红熟前期、红熟中期、红熟后期和完熟期。绿熟期为果顶及果表面全部绿色，果肉紧实，发育完好；变色期为果实外观微显红色，约30%面积出现黄色或者淡红色的晕斑，或者是果实的显色面积不足10%；红熟前期表现为果实淡红色，着色面积为10%~40%；红熟中期表现为果实接近红色，着色面积为40%~70%；红熟后期表现为果实表面全部变红，但果实坚硬有韧性；完熟期表现为果实表面全部变红，但果实变软。果实颜色如图3-1所示。

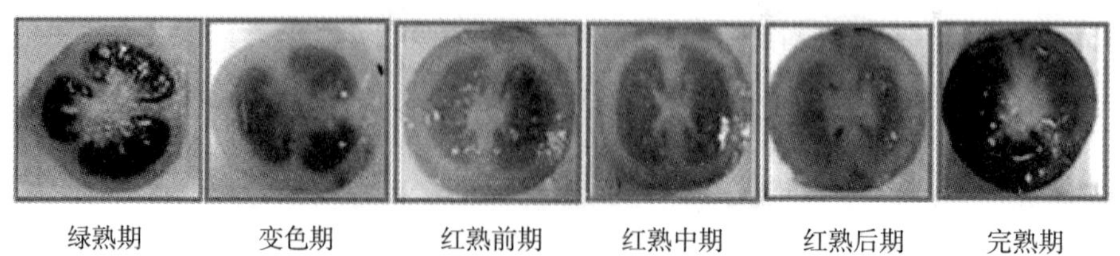

图3-1 不同成熟等级的番茄内部颜色

每个阶段采摘12个样本，每个样品的样本有72个，4个品种的样品有288个。选取的番茄样品形状相似，大小均匀，表面光滑清香，成熟度等级分明，无病虫害，无破裂痕迹，无机械损伤。将挑选好的实验样品等分为试验组和检验组，分别用保鲜袋做好标记分装，按照采摘的实验样品和成熟度分类，每6个同一品种、同一成熟等级的样品装在一起，置于常温25℃的恒湿箱中储藏。

二、番茄各成熟度指标测量

本次实验每 2 天测定一次，测定和跟踪实验样品的果实颜色、果实硬度，可溶性固形物和感官品质，建立 4 个指标：色差（C）、硬度（Y）、可溶性固形物（K）、感官评价（S），制定合适的实验方法，定期测量并做好实验记录。

（一）果实颜色的测定

番茄果实的颜色由于不同成熟度、不同品种导致均匀度和颜色存在显著差异。常用的衡量颜色的方法是亨特标度法，用空间坐标 L、a 和 b 的值衡量颜色，L 表示明度，a 表示红绿度，b 表示黄色度[5]。模型参数是由色泽参量 L、a、b 的值转化而来的，由 L、a、b 衍生出的反映颜色的变量有：

色泽比(a/b)：$H=a/b$ (3-1)

色泽角($H°$)：$H°=\tan^{-1}(b/a)$ (3-2)

饱和度(C)：$C=\sqrt{a^2+b^2}$ (3-3)

色泽值(COL)：$COL=200\times a/L\times\sqrt{a^2+b^2}$ (3-4)

果实颜色的测定：本章采用日本柯尼卡美能达（Konica Minolta）CR-13 小型测色色度计，聚光镜直径 30mm，光阑直径 30mm，使用前用清洁的标准版进行校准，标准的标定为：$X=91.295$，$Y=94.295$，$Z=107.045$，以此参数作为工作标准。将实验的番茄沿着中心切开，每个试验样品读取 4 个值，根据色度计显示的数据，番茄的颜色值取其均值。

（二）果实硬度的测定

果实硬度测定：本章番茄样品的硬度实验采用美国 FTC TMS-Pro 专业食品物性分析仪。具体的操作步骤和参数为：选用圆柱形探头，力量感应元的量程为 400N、设置位移零点，输入触发力 0. 2N，输入实验检测速度 5mm/min，挤压距离 5mm，输入回程速度 100mm/min，输入回程距离 50mm。对番茄样品进行挤压测试，测试当番茄挤压形变量为 20%时，所需的最大压力。

实验测试数据、触发力、挤压距离和样品的高度都是在实验开始前设定好的参数，尤其挤压距离，是按照番茄挤压形变量 20%的参数设定的，这样可避免破坏性试验；番茄测试样品的硬度质构特性曲线如图 3-2 所示，结合表 3-1 给出曲线对应的具体参数，可以得知，硬度数据记录测试番茄样品的硬度峰值为 31. 4N，到达峰值之后，探头开始回程，硬度值慢慢下降，此时最大的挤压位移为 6. 68mm；硬度峰值时的做功为 78. 38mJ，最大模量是 4. 62N/mm；黏附性反映了测试番茄样品的黏着导致探头所消耗的功。最大黏附性用于描述半固态测试样品（如在测试过程中样品破裂导致的液体流出）的黏着特性。

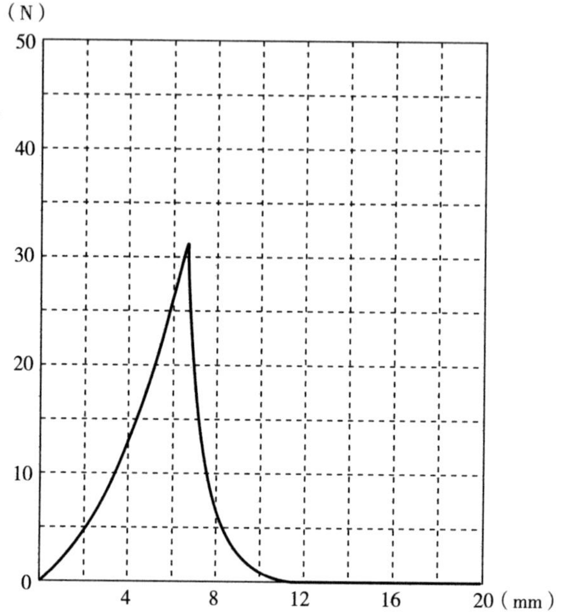

图 3-2　番茄样品的硬度质构分析曲线

表 3-1　番茄样品硬度测试数据

质地参数	对应数值
实验测试数据	5. 00mm/mm
触发力	0. 2N
挤压距离	6. 70mm
样品的高度	32. 87mm
硬度	31. 4N
最大硬度时的位移	6. 68mm
做功	78. 38mJ
最大模量	4. 62N/mm
黏附性	0. 27mJ
最大黏附力	N/A

（三）果实可溶性固形物的测定

番茄的风味口感品质取决于番茄内部可溶性固形物的含量。番茄的可溶性固形物是衡量番茄品质的重要参考因素，也是衡量番茄成熟度高低的重要指标[6]。

番茄可溶性固形物的测定：本章番茄样品的可溶性固形物实验采用日本 ATAGO（爱拓）PAL-1 数显折射仪，方便易操作。

（四）果实感官评价的测定

感官评价指标分别从外观、质地和气味三个方面进行评分，按照表 3-2 中的分类标准和对应分值对实验的番茄进行感官评价。感官评价指标各占权重的 1/3。

表 3-2　感官评价指标

	程度		
外观	青色	(5　4　3　2　1)	熟红
	表面光滑	(5　4　3　2　1)	褶皱
质地	硬实	(5　4　3　2　1)	软腐
	饱满	(5　4　3　2　1)	瘪缩、开裂
气味	清香	(5　4　3　2　1)	异味
其他指标	冷害症状	有或无	
综合评价（新鲜度）			

第二节　番茄成熟度影响因素的时间函数及主成分分析

本章以 2018 春大连繁种番茄果实为试验品种，以研究成熟度拟合模型为目的，将时间作为成熟度自变量的函数关系，以期为确定合理的采摘成熟度提供一定的理论依据和技术支持，为番茄果实配送过程的生鲜性和质量控制提供依据。本节利用 Excel 对数据进行记录与整理，采用 IBM SPSS Statistics 22 对数据进行预处理，并对不同指标进行曲线拟合和回归分析。番茄成熟度模型拟合流程如图 3-3 所示。

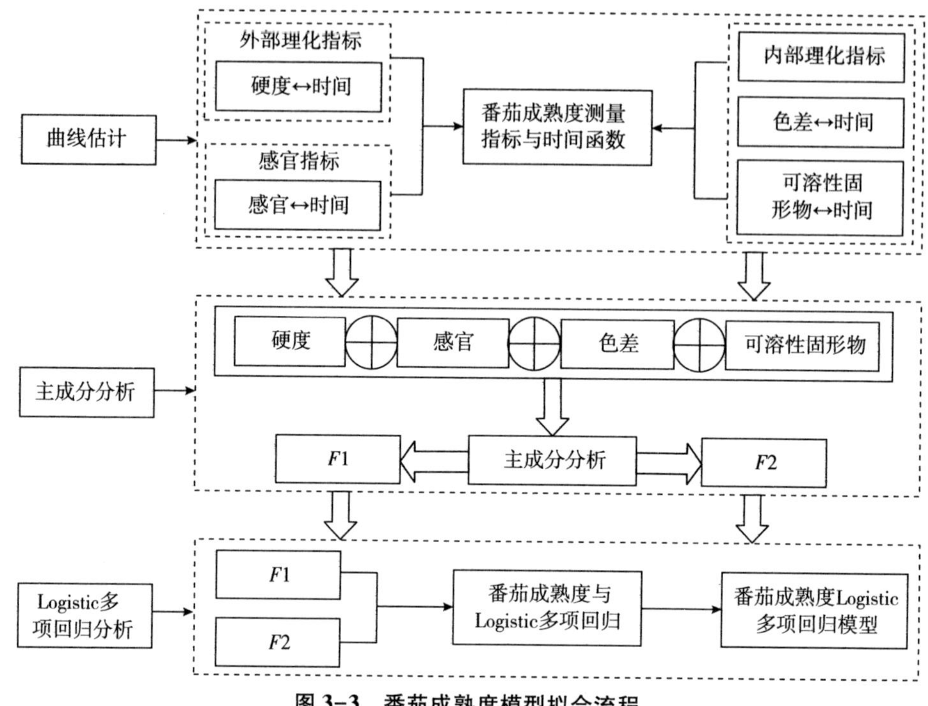

图 3-3　番茄成熟度模型拟合流程

一、番茄果实成熟度影响因素的时间函数分析

番茄成熟度曲线拟合主要研究时间与色差、硬度、可溶性固形物和感官评价的一一对应关系。观察发现，色差与时间、硬度与时间、可溶性固形物与时间以及感官评价与时间的关系均为非线性，且不是简单的一阶关系，而是与自变量的二阶甚至高阶线性关系，简单的线性回归分析不能准确地描述各变量之间的因果关系，所以需要使用曲线回归分析方法对模型进行拟合。曲线回归分析的具体步骤如下[7]：

Step 1：在直角坐标系中绘制出自变量与因变量的散点图；

Step 2：根据这些散点在直角坐标系中的走势变化，判断合适的曲线类型；

Step 3：选择曲线类型，对变量进行转换，使转换后的自变量与因变量之间呈现线性变化；

Step 4：根据自变量与因变量的线性关系建立回归方程，并进行假设检验；

Step 5：还原初始变量，建立曲线回归方程；

Step 6：选择拟合效果最好的曲线回归方程，判断该曲线回归方程是否有效。

（一）色差与时间的拟合方程

表 3-3 是对色差与时间关系的曲线拟合模型描述，选择线性、对数、二次曲

线、三次曲线和指数模式 5 种回归方程。5 种回归方程的因变量都是色差，自变量都是时间，且包含常数项。从表 3-3 可以看出，三次曲线的 R^2 最高，为 0.912，而且显著性为 0，小于 0.05，所以模型的显著性水平很高。根据 R^2 获得 5 条曲线拟合情况（见图 3-4），经过比对 R^2 发现，三次曲线的拟合效果最好。色差 $C(t)$ 拟合模型如式（3-5）所示：

$$C(t)=-7.145+0.92t+0.115t^2-0.004t^3 \tag{3-5}$$

表 3-3 色差模型统计及参数估计

因变量：色差

方程式	模型摘要				参数评估				
	R^2	F	df1	df2	显著性	常数	$b1$	$b2$	$b3$
线性	0.900	306.585	1	34	0.000	-7.015	1.560	—	—
对数	0.822	157.033	1	34	0.000	-8.679	9.303	—	—
二次曲线	0.907	160.858	2	33	0.000	-8.600	2.046	-0.023	—
三次曲线	0.912	110.651	3	32	0.000	-7.145	0.920	0.115	-0.004
指数模式	—	—	—	—	—	—	—	—	—

自变量：时间

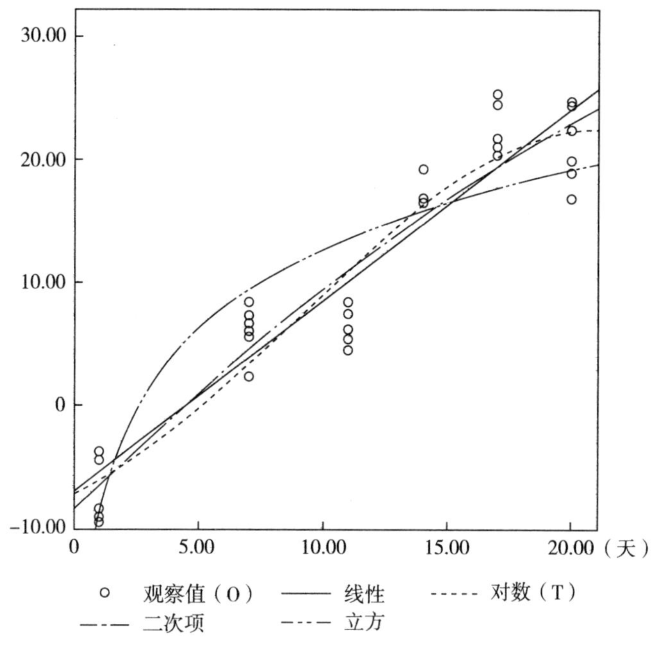

图 3-4 色差与时间的拟合曲线

（二）硬度与时间的拟合方程

表3-4是对硬度与时间关系的曲线拟合模型描述。选择线性、对数、二次曲线、三次曲线和指数模式5种回归方程。5种回归方程的因变量都是硬度，自变量都是时间，且包含常数项。从表3-4可以看出，三次曲线的R^2最高，且显著性为0，小于0.05，所以模型的显著性水平很高。根据R^2获得5条曲线拟合情况（见图3-5），经过比对R^2，发现三次曲线的拟合效果最好。硬度$Y(t)$拟合模型如式（3-6）所示：

$$Y(t)=68.003-5.803t+0.291t^2-0.005t^3 \tag{3-6}$$

表3-4 硬度模型统计及参数估计

因变量：硬度

方程式	模型摘要				参数评估				
	R^2	F	df1	df2	显著性	常数	$b1$	$b2$	$b3$
线性	0.793	130.294	1	34	0.000	57.792	-1.849	—	—
对数	0.916	371.165	1	34	0.000	62.701	-12.400	—	—
二次曲线	0.914	175.538	2	33	0.000	66.240	-4.438	0.124	—
三次曲线	0.919	120.668	3	32	0.000	68.003	-5.803	0.291	-0.005
指数模式	0.819	154.262	1	34	0.000	58.365	-0.046	—	—

自变量：时间

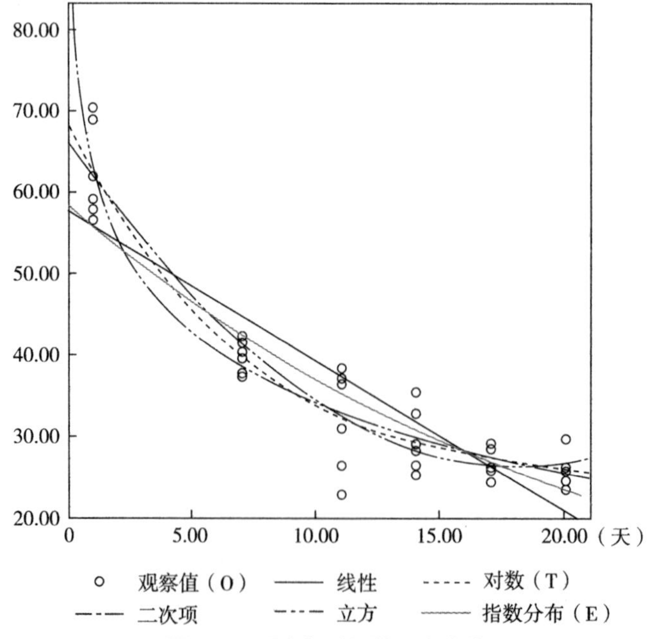

图3-5 硬度与时间的拟合曲线

（三）可溶性固形物与时间的拟合方程

表 3-5 是对可溶性固形物与时间关系的曲线拟合模型描述。选择线性、对数、二次曲线、三次曲线和指数模式 5 种回归方程。5 种回归方程的因变量都是可溶性固形物，自变量都是时间，且包含常数项。从表 3-5 可以看出，指数模式的 R^2 最高，为 0.891，且显著性为 0，小于 0.05，所以模型的显著性水平很高，再根据图 3-6 显示的 5 条曲线拟合情况，经过比对 R^2，发现指数曲线的拟合效果最好。可溶性固形物 $K(t)$ 拟合模型如式（3-7）所示：

$$K(t)=4.185e^{0.018t} \tag{3-7}$$

表 3-5　可溶性固形物模型统计及参数估计

因变量：可溶性固形物

方程式	模型摘要				参数评估				
	R^2	F	df1	df2	显著性	常数	$b1$	$b2$	$b3$
线性	0.883	256.127	1	34	0.000	4.142	0.090	—	—
对数	0.789	127.223	1	34	0.000	4.058	0.531	—	—
二次曲线	0.883	124.899	2	33	0.000	4.117	0.098	0.000	—
三次曲线	0.889	85.095	3	32	0.000	4.031	0.164	-0.009	0.000
指数模式	0.891	274.737	1	34	0.000	4.185	0.018	—	—

自变量：时间

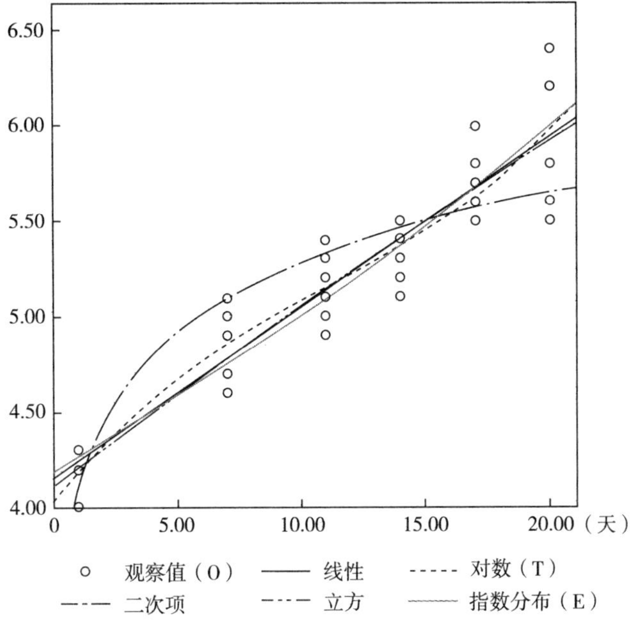

图 3-6　可溶性固形物与时间的拟合曲线

（四）感官评价与时间的拟合方程

表 3-6 是对感官评价与时间关系的曲线拟合模型描述。选择线性、对数、二次曲线、三次曲线和指数模式 5 种回归方程。5 种回归方程的因变量都是感官性水平，自变量都是时间，且包含常数项。从表 3-6 可以看出，三次曲线的 R^2 最高，为 0.908，且显著性为 0，小于 0.05，所以模型的显著性水平很高。再根据 R^2 获得 5 条曲线拟合情况（见图 3-7），经过比对 R^2，同样发现指数曲线的拟合效果最好。感官评价 $S(t)$ 拟合模型如式（3-8）所示：

$$S(t)=1.224+0.21t-0.012t^2+0.001t^3 \tag{3-8}$$

表 3-6　感官模型统计及参数估计

因变量：感官评价

方程式	模型摘要				参数评估				
	R^2	F	df1	df2	显著性	常数	$b1$	$b2$	$b3$
线性	0.883	256.494	1	34	0.000	1.105	0.168	—	—
对数	0.699	79.144	1	34	0.000	1.073	0.934	—	—
二次曲线	0.902	151.571	2	33	0.000	1.393	0.080	0.004	—
三次曲线	0.908	104.794	3	32	0.000	1.224	0.210	−0.012	0.001
指数模式	0.906	329.527	1	34	0.000	1.384	0.062	—	—

自变量：时间

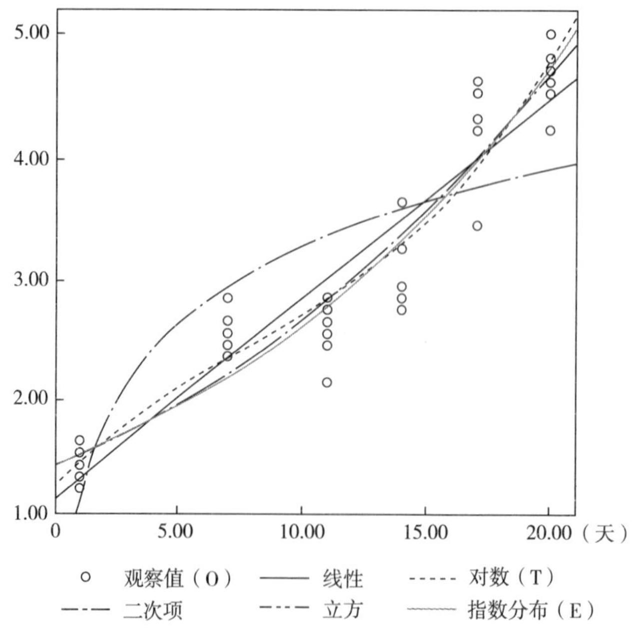

图 3-7　感官评价与时间的拟合曲线

二、番茄果实成熟度影响因素的主成分分析

由于色差、硬度、可溶性固形物和感官评价四个指标间存在较强相关性，很难清晰反映番茄在采摘配送过程中的成熟度变化情况。如果用单个指标进行回归，不能充分利用数据信息，综合分析会增加问题的复杂性，还容易得出片面甚至错误的结论。因此采用主成分分析的方法，将复杂的多指标问题转换为少数几个独立的主成分变量，以少量变量简化问题的分析过程，运用主成分分析，既能充分反映番茄总体成熟度变化的理化指标，又能规避变量间的共线性，揭露分析问题的本质。

从表 3-7 的相关性矩阵分析可以看出，各个变量间都具有一定的相关性，而且有些变量的相关系数接近于 1，所以四个变量适合用主成分分析。由表 3-8 可知，只有第一个主成分的特征值大于 1，为 3.594，且第一个主成分的方差贡献率为 89.842%。但考虑到第二个主成分的方差贡献率为 5.094%，所以可以看出，前两个主成分的方差占所有主成分方差的 94.937%。因此，前两个主成分足够代替原来的四个变量。

表 3-7 相关性矩阵

		硬度	色差	感官评价	可溶性固形物
相关	硬度	1	-0.881	-0.804	-0.844
	色差	-0.881	1	0.902	0.867
	感官评价	-0.804	0.902	1	0.889
	可溶性固形物	-0.844	0.867	0.889	1
显著性单尾	硬度	—	0	0	0
	色差	0	—	0	0
	感官评价	0	0	—	0
	可溶性固形物	0	0	0	—

表 3-8 总方差解释

元件	起始特征值			提取载荷平方和		
	总计	方差百分比（%）	累计方差百分比（%）	总计	方差百分比（%）	累计方差百分比（%）
1	3.594	89.842	89.842	3.594	89.842	89.842
2	0.204	5.094	94.937	0.204	5.094	94.937
3	0.133	3.328	98.264	—	—	—
4	0.069	1.736	100	—	—	—

表3-9是元件矩阵，表明各理化指标在变量元件上的载荷，依次得出各主成分的表达式（3-9）和式（3-10）：

$$F1=0.963\times C(t)-0.930\times Y(t)+0.950\times K(t)+0.949\times S(t) \tag{3-9}$$

$$F2=-0.022\times C(t)+0.353\times Y(t)+0.113\times K(t)+0.256\times S(t) \tag{3-10}$$

表3-9 元件矩阵

理化指标	元件	
	1	2
硬度	-0.93	0.353
色差	0.963	-0.022
感官评价	0.949	0.256
可溶性固形物	0.95	0.113

第一主成分中各变量系数都较大，可以看成是反映变量的综合指标；在第二主成分中，硬度、色差、感官评价和可溶性固形物的系数相对较小，可看作是反映成熟度的综合指标。综上分析，可以得出如下结论：硬度、色差、感官评价和可溶性固形物之间都具有一定的相关关系，而且有些相关系数比较大且接近于1，所以这些变量很适合使用主成分分析；由表3-8可知，适合选择前两个主成分进行分析，因为这已足够替代原来的变量，它们几乎涵盖了原变量的全部信息；表达式（3-9）和式（3-10）给出了主成分与标准化形式的变量表达式。

第三节 番茄果实成熟度拟合模型的建立

通过前文的主成分分析法，将硬度、色差、感官评价和可溶性固形物四个理化指标转化成了 $F1$、$F2$ 两个独立的主成分变量，简化了问题的分析过程，也确定了主成分与硬度、色差、感官评价和可溶性固形物四个理化指标间的关系。但经常会遇到因变量有多个取值而且无大小顺序的情况，如水果的品质等级、成熟度等级等，想要准确刻画变量间的非线性函数关系，Logistic 回归模型是一种简便的处理该类因变量问题的分析方法，且结果线性化和稳定性都比较好[8]。

本章研究了 $F1$ 和 $F2$ 两个主成分与番茄果实成熟度的关系，选择 Logistic 回归分析作为番茄成熟度拟合曲线的预测模型方法，并对后续的数据集进行实验。为验证模型的正确性，实验分为两部分：第一部分，将一个品种的番茄样品的数据代入 Logistic 回归分析中，求出相应的番茄果实成熟度分析预测模型；第二部分，将其他三个品种的番茄样品数据集作为测试该模型有效性的数据，验证建立的模型是否合理得当。

表 3-10 是模型拟合信息，包括仅含截距的情况和最终的模型情况，可知显著性为 0，所以模型的显著性非常强；表 3-11 是三个伪 *R* 方系数，最低的为 0.874，最高的为 0.984，接近于 1，伪 *R* 方系数值很高，表示模型显著性强。

表 3-10　模型拟合信息

	模型拟合条件		似然比检验	
模型	对数似然	卡方	自然度	显著性
仅有截距	129.007	—	—	—
最终	16.213	112.794	10	0

表 3-11　伪 *R* 方

伪 *R* 方	
Cox 及 Snell	0.956
Nagelkerke	0.984
McFadden	0.874

表 3-12 是模型的似然比检验，显著性最高的为 0.036，*P* 值都小于 0.05，显著性水平都比较高；表 3-13 给出了多项分类 Logistic 回归模型的参数、假设检验结果、Wald 检验、自由度、显著性、优势比置信区间等信息。

表 3-12　似然比检验

效果	模型拟合条件	似然比测试		
	对数似然值	卡方	自由度	显著性
截距	26.794	10.581	5	0.06
*F*1	67.077	50.865	5	0
*F*2	28.133	11.92	5	0.036

表 3-13 参数估计值

成熟度		B	标准错误	Wald	df	显著性	exp（B）	exp（B）95%置信区间	
								下限	上限
5	截距	-11582.32	0	—	1	—	—	—	—
	$F1$	-188.138	6802.05	0.001	1	0.110	1.96E-82	0	.[b]
	$F2$	542.371	10007.782	0.003	1	0.459	3.54E+235	0	.[b]
6	截距	-11443.971	239366.243	0.002	1	0.030	—	—	—
	$F1$	-187.959	4474.675	0.002	1	0.144	2.35E-82	0	.[b]
	$F2$	535.311	17509.07	0.001	1	0.008	3.04E+232	0	.[b]
7	截距	272.793	169489.371	0	1	0.000	—	—	—
	$F1$	-15.137	3385.397	0	1	0.041	2.67E-07	0	.[b]
	$F2$	-26.483	15882.319	0	1	0.049	3.15E-12	0	.[b]
8	截距	172.702	154468.64	0	1	0.520	—	—	—
	$F1$	-10.672	2966.648	0	1	0.000	2.32E-05	0	.[b]
	$F2$	-14.686	14305.467	0	1	0.353	4.19E-07	0	.[b]
9	截距	-7.861	15.423	0.26	1	0.61	—	—	—
	$F1$	0.052	0.317	0.027	1	0.043	1.053	0.566	1.958
	$F2$	0.705	1.304	0.292	1	0.158	2.024	0.157	26.086

经过对 2018 春大连繁种番茄 1 号（以下简称“大连繁种 1 号”）检测结果的数据进行多项分类 Logistic 回归分析，得到关于主成分 $F1$ 和 $F2$ 作为变量的成熟度拟合模型：

$$G1=-11582.320-188.138\times F1+542.371\times F2 \tag{3-11}$$

$$G2=-11443.971-187.959\times F1+535.311\times F2 \tag{3-12}$$

$$G3=272.793-15.137\times F1-26.483\times F2 \tag{3-13}$$

$$G4=172.702-10.672\times F1-14.686\times F2 \tag{3-14}$$

$$G5=-7.861+0.052\times F1+0.705\times F2 \tag{3-15}$$

$$G6=0 \tag{3-16}$$

将式（3-11）~式（3-16）中的变量 $F1$ 和 $F2$，根据式（3-9）和式（3-10）替换成 $C(t)$、$Y(t)$、$K(t)$ 和 $S(t)$ 的函数关系，再将 $C(t)$、$Y(t)$、$K(t)$ 和 $S(t)$ 用式（3-5）~式（3-8）对应的自变量时间 t 替换，换成关于时间 t 的多项分类 Logistic 回归分析，即：

$$G1=15126.933-2233.431\times t+80.388\times t^2-0.723\times t^3-491.5\times e^{0.018t} \tag{3-17}$$

$$G2=15074.15-2219.07\times t+79.731\times t^2-0.718\times t^3-494.127\times e^{0.018t} \tag{3-18}$$

$$G3=646.017-48.611\times t+0.241\times t^2-0.0072\times t^3-72.7\times e^{0.018t} \tag{3-19}$$

$$G4=536.757-41.722\times t+0.524\times t^2-0.008\times t^3-49.374\times e^{0.018t} \tag{3-20}$$

$$G5=6.406-0.981\times t+0.054\times t^2-0.00042\times t^3-0.54\times e^{0.018t} \tag{3-21}$$

$$G6=0 \tag{3-22}$$

其中，因为式（3-22）是最后一级成熟度，是因变量中的参考组，其所有系数均为 0。

$$P(Y1)=\exp(G1)/[\exp(G1)+\exp(G2)+\exp(G3)+\exp(G4)+\exp(G5)+\exp(G6)] \tag{3-23}$$

$$P(Y2)=\exp(G2)/[\exp(G1)+\exp(G2)+\exp(G3)+\exp(G4)+\exp(G5)+\exp(G6)] \tag{3-24}$$

$$P(Y3)=\exp(G3)/[\exp(G1)+\exp(G2)+\exp(G3)+\exp(G4)+\exp(G5)+\exp(G6)] \tag{3-25}$$

$$P(Y4)=\exp(G4)/[\exp(G1)+\exp(G2)+\exp(G3)+\exp(G4)+\exp(G5)+\exp(G6)] \tag{3-26}$$

$$P(Y5)=\exp(G5)/[\exp(G1)+\exp(G2)+\exp(G3)+\exp(G4)+\exp(G5)+\exp(G6)] \tag{3-27}$$

$$P(Y6)=\exp(G6)/[\exp(G1)+\exp(G2)+\exp(G3)+\exp(G4)+\exp(G5)+\exp(G6)] \tag{3-28}$$

根据式（3-23）~式（3-28），计算不同时间段单种番茄成熟度概率。如给出大连繁种 1 号的时间 t 为 6，得到该品种八成熟的概率最高为 0.92；给出大连繁种 1 号的时间 t 为 11，得到该品种八成熟的概率最高为 0.74；给出大连繁种 1 号的时间 t 为 20，得到该品种九成熟的概率最高为 0.81。分析表 3-10 的“模型拟合信息”可知，模型整体的显著性较好，因为 P 值为 0，远远小于 0.05；分析表 3-11 可知，模型的拟合优度良好，可决系数偏高。

第四节 番茄果实成熟度模型检验

为验证模型的准确性，运用检验组数据分别通过曲线回归、主成分分析和多元 Logistic 回归进行模型检验。

一、曲线回归检验

根据拟合所得的色差预测模型，计算检验组中不同储藏时间的番茄果实色差

值，定义为番茄色差预测值，与检验组的实际测得值进行对比，结果如图 3-8（A）所示。色差预测模型的可决系数为 $R^2=0.912$，预测值与实际值的平均相对误差 $p=4.26\%<5\%$，一致性较高，拟合精确度在可接受的范围内。因此，该色差预测模型能较好地预测该品种番茄在 25℃下色差随时间变化的规律。

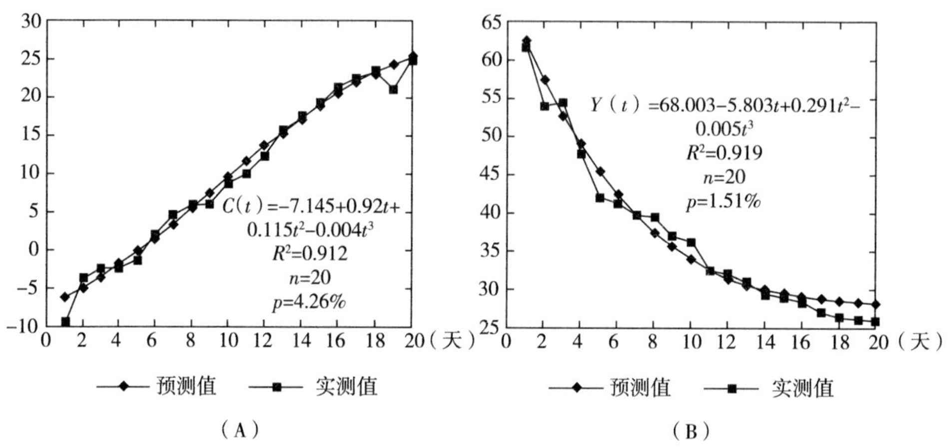

图 3-8　番茄果实色差与硬度实测值和预测值

通过时间和番茄硬度值的拟合方程计算检验组番茄硬度的预测值，并与实际值进行对比，如图 3-8（B）所示。硬度预测模型可决系数为 $R^2=0.919$，预测值与实际值的平均相对误差 $p=1.51\%<5\%$，一致性较高，拟合精确度在可接受范围之内。因此，该色差预测模型能较好地预测该品种番茄在 25℃下硬度随时间变化的规律。

通过拟合可溶性固形物与时间之间的曲线方程，根据拟合所得的可溶性固形物预测模型计算检验组中不同储藏时间的番茄果实可溶性固形物值，定义为番茄可溶性固形物预测值，与检验组的实际测得值进行对比，结果如图 3-9（A）所示。可溶性固形物预测模型的可决系数为 $R^2=0.891$，预测值与实际值的平均相对误差 $-5\%<p=-2.18\%<5\%$，一致性较高，拟合精确度在可接受的±5%范围内。因此，该可溶性固形物预测模型能较好地预测该品种番茄在 25℃下该值随时间变化的规律。

通过对不同储藏时间的番茄进行感官评价拟合，计算检验组番茄感官评价的预测值，与实际值进行对比，如图 3-9（B）所示。感官评价预测模型可决系数为 $R^2=0.908$，预测值与实际值的平均相对误差 $p=2.22\%<5\%$，一致性较高，拟合精度在可接受的范围之内。因此，该感官评价预测模型能较好地预测该品种番

茄在 25℃下不同储藏时间的感官评价值。

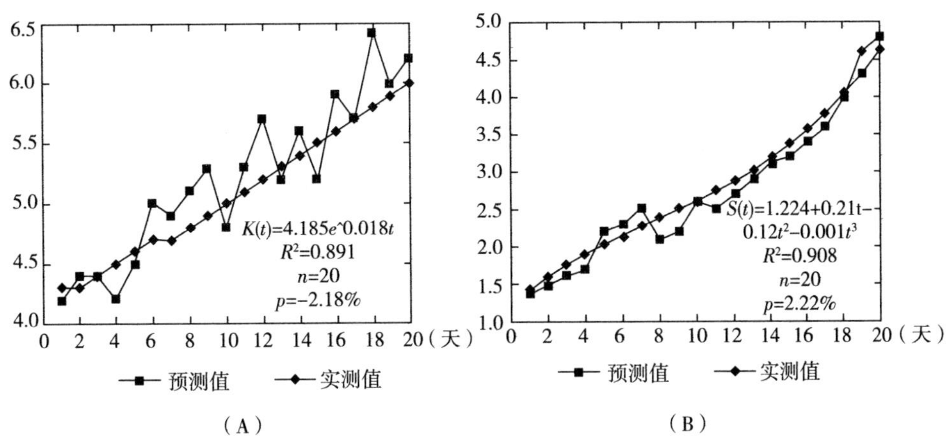

图 3-9 番茄果实可溶性固形物与感官评价实测值和预测值

二、主成分分析检验

两个主成分的散点分布如图 3-10 所示。图中，所有的变量都被评估（色差、

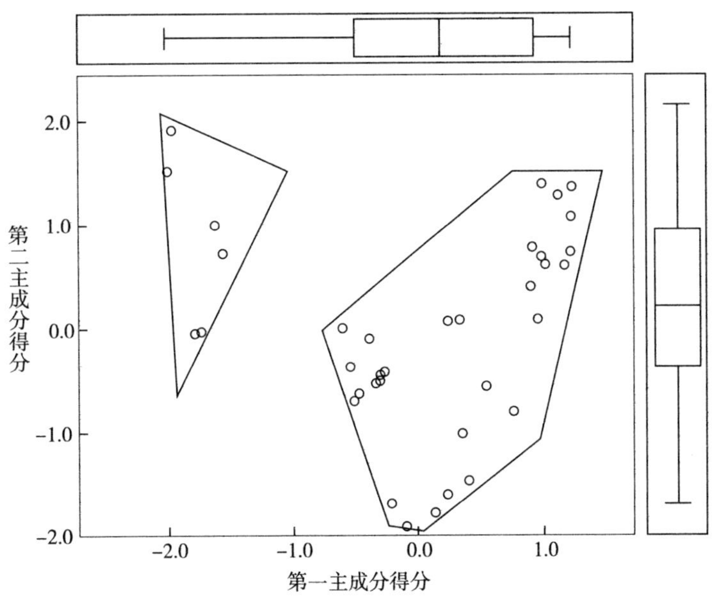

图 3-10 番茄指标主成分分布

硬度、可溶性固形物、感官评价），并根据它们的相似性进行分组。第一主成分明显贡献率较高，综合了色差、可溶性固形物和感官评价指标，定义为品质指标。第二主成分的贡献率较低，主要描述了硬度指标，定义为物理指标。这两个指标可以较全面地描述变量影响。

对该主成分分析进行适用性检验，分别通过 KMO 检验和 Bartlett 检验。如表 3-14 所示，KMO 检验值为 0. 815，接近于 1，则变量之间的偏相关性较高，有利于主成分分析，且 KMO 值大于 0. 7，变量之间信息重叠，则主成分分析所得的模型较为完善，实验可靠性较高。

表 3-14 KMO 与 Bartlett 检验

Kaiser-Meyer-Olkin 测量取样适用性		0. 815
Bartlett 球形检验	卡方	164. 023
	df	6
	显著性	0. 000

Bartlett 球形检验用于判断变量间的相关矩阵是否为单位矩阵，若变量相关度较高，则可以进行主成分分析。如表 3-14 所示，显著性为 0，明显小于 0. 05，则拒绝假设，变量间有较强的相关性，通过 Bartlett 检验。

三、多元 Logistic 回归检验

通过已建立的多元 Logistic 回归模型对检验组番茄进行成熟度预测，计算检验组番茄在不同储藏时间下果实的成熟度值，定义为番茄成熟度预测值，与检验组的实际测量值对比，预测结果如表 3-15 所示。当番茄果实处于绿熟期和变色期时，成熟度预测模型准确率为 100%；在红熟前期和中期，模型预测平均准确率为 83. 3%；在红熟后期和完熟期，模型预测平均准确率为 54. 2%，准确率不高。由于番茄果实成熟度划分在绿熟期、变色期、红熟前期阶段，有较为直观的色差指标划分，模型判断准确性较高；而在红熟中后期至完熟阶段，需要依靠硬度、色差、可溶性固形物等指标综合划分，影响指标较多维，会给模型预测带来难度。综合番茄果实成熟度多元 Logistic 回归模型而言，该组检验组番茄成熟度预测的整体准确率为 83. 3%，表明该模型能较为有效地预测番茄果实成熟度。

表 3-15　多元 Logistic 拟合模型预测正确率

观察值	预测值						
	5.00	6.00	7.00	8.00	9.00	9.50	正确百分比（%）
5.00	12	0	0	0	0	0	100.0
6.00	0	12	0	0	0	0	100.0
7.00	0	0	11	1	0	0	91.7
8.00	0	0	2	10	0	0	83.3
9.00	0	0	0	1	7	4	58.3
9.50	0	0	0	0	4	8	66.7
整体百分比（%）	16.7	16.7	18.1	16.7	15.3	16.7	83.3

第五节　本章小结

本章针对番茄果实以采后颜色、硬度、可溶性固形物和感官品质为理化指标，首先，运用曲线估计方法预测出四个理化指标分别与时间的函数关系；其次，运用主成分分析主成分变量，以确保预测出的番茄成熟度变化规律更明显；最后，运用多项 Logistic 回归分析方法，分析出主成分与成熟度概率的关系，最终建立自变量时间与成熟度的概率预测关系。具体来说，本章的研究工作主要包含四个方面：

第一，前期数据收集与整理。主要从文献分析和实地调研两方面进行。在文献分析方面，对番茄果实的新鲜度、品质等级和成熟度方面相关文献进行整理，总结现有关于成熟度研究方法和技术手段，掌握国内外研究的动态前沿；在实地调研方面，在江苏省农业科学院——现代农业科技综合示范基地采摘，调研影响番茄成熟度的主要生理特性。

第二，曲线回归分析。运用曲线回归分析，将色差、硬度、可溶性固形物和感官评价四个生理特性分别作为时间的函数，构建色差作为时间的函数、硬度作为时间的函数、可溶性固形物作为时间的函数、感官评价作为时间的函数，通过曲线拟合和显著性分析确定所构建函数的有效性。

第三，主成分分析。通过主成分分析将颜色、硬度、可溶性固形物和感官品质四个初始变量，整合成更少的几个相互无关的主成分变量，用这些新的变量代替以前的变量进行分析，使研究规律的变化更清晰可靠。

第四，多因素 Logistic 回归分析。运用多项 Logistic 回归分析，分析出成熟度概率与主成分的函数关系，再将主成分与颜色、硬度、可溶性固形物和感官品质四个变量的函数关系，转换成时间变量的函数关系，预测出番茄果实成熟度与时间的关系。

本章研究基于 Logistic 回归分析的番茄采后成熟度拟合模型，为成熟度预测提供了一种有效的决策模型，为在配送中实时监控农产品的新鲜度和成熟度提供了一种理论方法，以期为确定合理的采摘成熟度提供一定的理论依据和技术支持，为番茄果实配送过程的优化控制提供依据。

参考文献

［1］陈亮启．基于成熟度的果蔬农产品采摘与配送联合优化研究［D］．南京农业大学，2019.

［2］黄玉萍，Renfu Lu，戚超，等．波长比和近红外光谱的番茄品质检测方法［J］．光谱学与光谱分析，2018，38（8）：2362-2368.

［3］Blanckenberg A，Muller M，Theron K I，et al. Harvest maturity and ripeness differentially affects consumer preference of “Forelle”，“Packham’s Triumph” and “Abate Fetel” pears（Pyrus communis L.）［J］. Scientia Horticulturae，2016，207：131-139.

［4］Kandasamy P，Mukherjee S. Enhancing shelf life of tomato under controlled atmosphere condition using diffusion channel system［J］. Engineering in Agriculture，Environment and Food，2019，12（1）：1-10.

［5］孟凡娟，许向阳，李景富．番茄果实色素含量和表面颜色相关性研究［J］．东北农业大学学报，2006（4）：459-462.

［6］赵怀勇，李群，张红菊．加工番茄可溶性固形物含量相关因素研究［J］．北方园艺，2007（2）：22-24.

［7］赵耐青．医学统计学［M］．北京：高等教育出版社，2004.

［8］涂莹，林士勇，欧阳柳，等．基于市场细分的逻辑回归模型在电费回收风险预测中的应用研究［J］．电力需求侧管理，2016，18（4）：46-49.

第四章　基于类别概率信息的农产品成熟度半监督判别研究

考虑到现有鲜果成熟度判别主要依靠计算机视觉方法，且大多构建基于有监督学习的判别模型，需要大量的标签数据，本章提出了基于高光谱成像和类别概率信息的鲜果成熟度半监督判别方法[1,2]。首先，挑选不同成熟度阶段的鲜果样本，通过高光谱成像系统采集鲜果的高光谱数据，并利用多元散射校正算法进行数据预处理；其次，利用已知标签样本的高光谱数据对未知标签样本进行稀疏编码，获得未知标签样本的类别概率向量；再次，通过样本的类别概率信息构建类内图和类间图，提出一种基于光谱信息散度和拉普拉斯分值的半监督特征选择算法，以获取有效的特征波长子集；最后，建立基于类别概率信息的稀疏表示模型，并结合标签传播算法，实现鲜果成熟度精准判别。本章阐释了一种便捷高效的鲜果成熟度量化方法[1,2]，为新零售模式下鲜果仓配协同优化、全渠道动态定价提供科学可靠的理论基础。

第一节　鲜果成熟度数据采集

鲜果成熟度判别主要包括成熟度数据获取与判别模型构建两方面。在成熟度数据获取方面，考虑到鲜果成熟过程受外部特征和内部属性共同影响，因此高光谱成像技术将光谱学原理与计算机视觉相结合，能够全面反映鲜果成熟状态。然而，高光谱图像包含数百个连续波段，且波段之间具有强相关性，容易造成冗余信息的堆叠。因此，降低高光谱数据的维数，提取鲜果成熟度相关的光谱特征，是本节需要解决的关键问题。

一、番茄样本选取

本节以“金陵美玉”番茄为例，选择绿熟期、转色期、硬熟期、红熟期 4 个成熟阶段的番茄样本，利用高光谱成像系统测量相关成熟度数据。

选取“金陵美玉”番茄作为试验对象，该品种番茄有限生长，早中熟，果实圆形，成熟果粉红色，硬度高、耐储运，畸形果及裂果率低，具有较高的营养价值。2019 年 10 月 29 日，在江苏省农业科学院的温室大棚内人工随机采摘番茄，并及时运送至南京农业大学实验室。为了保证实验的有效性，移除畸形或者表面受损的番茄，且番茄样本表面被擦拭干净。将所有采摘的番茄样本进行编号，并在特定环境条件下（温度：20℃±2℃，相对湿度：70%~75%）存放一天。在高光谱数据采集后，为了准确地判别每个番茄样本的成熟阶段，将番茄沿赤道平面切成两片。根据以往研究经验[3]及切片颜色分布情况，通过视觉观察将番茄的成熟度划分为绿熟期（Green）、转色期（Turning-color）、硬熟期（Hard）、红熟期（Red）4 个阶段，如图 4-1 所示。绿熟期番茄切片的绿色占比为 100%，转色期番茄切片的红色占比低于 30%，硬熟期番茄切片的红色占比为 30%~90%，红熟期番茄切片的红色占比不低于 90%。选留每个成熟阶段的番茄样本各 48 个，共 192 个番茄样本，每个样本形状相似，大小均匀、无病虫害、无挤压痕迹。

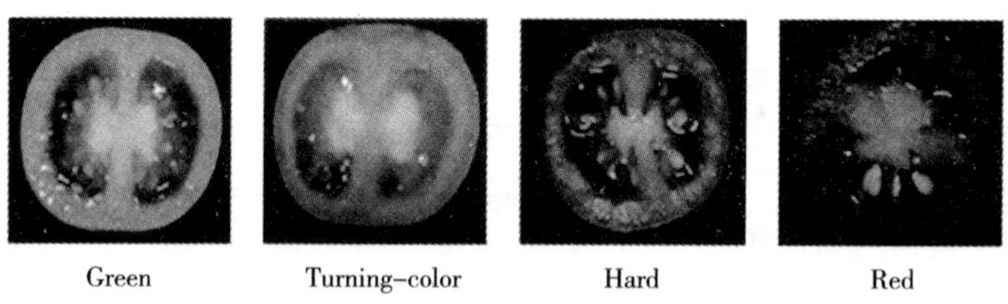

图 4-1　番茄各成熟阶段

二、高光谱成像设备

本实验所用的 GaiaSorter-Dual 双相机全波段高光谱分选仪（四川双利合谱科技有限公司），主要是由 350~2500nm 全波段光谱范围的穹顶均匀光源（HSIA-LST-H）、两个高光谱成像系统（400~1000nm 和 1000~2500nm）、大行程电控移动平台、计算机、控制软件（SpecView，四川双利合谱科技有限公司）等组成的，如图 4-2 所示。在本实验中，400~1000nm 的高光谱成像系统（由 Andor's Zyla 相机、芬兰 ImSpector-V10E 成像光谱仪和可变焦距镜头构成）被用于采集 1392×1040pixels 的番茄高光谱图像，波段数为 256 个，光谱分辨率为 2. 8nm，狭缝宽度为 30μm。

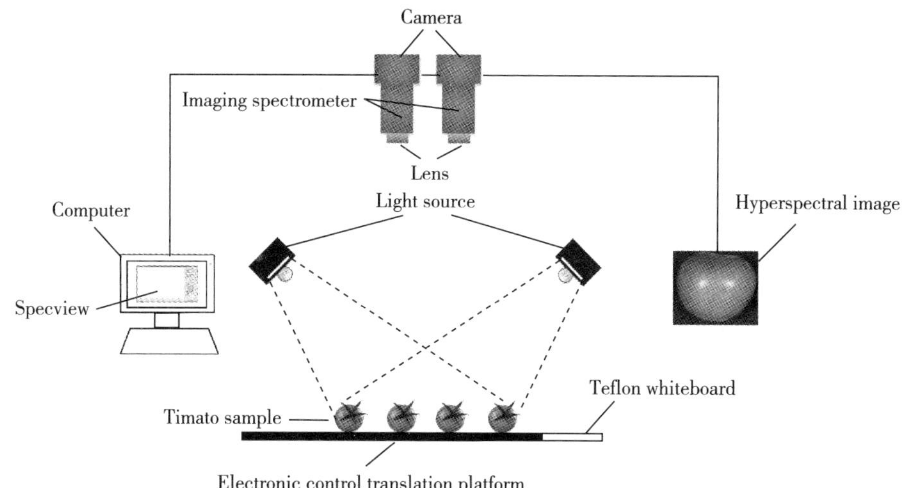

图 4-2　高光谱系统

三、高光谱图像采集与黑白校正

在高光谱图像采集前，对高光谱成像系统进行调焦和调参。其中，移动平台的速度设置为 3.6mm/s，相机的合理曝光时间设置为 15ms，番茄样本与镜头的间距设置为 20cm。此外，将番茄样本放置在反射率为 0%的黑板上，以避免背景影响。如图 4-3 所示，包含 256 个波段的番茄高光谱图像被高光谱成像系统采集。

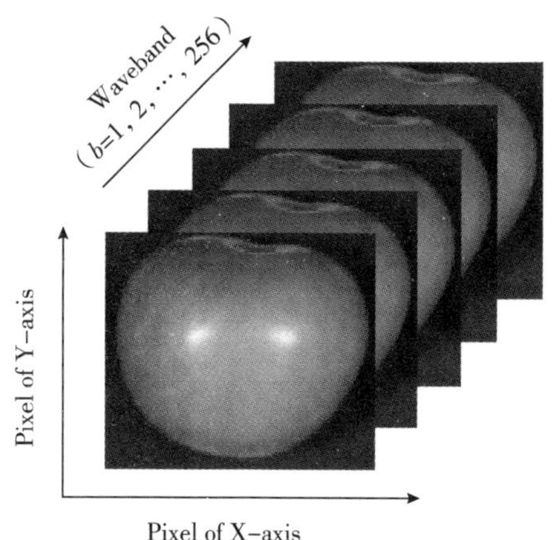

图 4-3　高光谱系统采集的番茄高光谱图像

考虑到相机镜头中的暗电流和光源强度分布不均匀都会使番茄高光谱图像产生较大的噪声[4]，因此需要根据式（4-1）对高光谱图像进行黑白校正，以减小噪声的影响：

$$I=\frac{R-I_{dark}}{I_{ref}-I_{dark}}\times 100\% \tag{4-1}$$

式中，I 是校正后的高光谱图像，R 是原始高光谱图像，I_{dark} 是相机镜头被盖上黑盖时采集的暗反射高光谱图像，I_{ref} 是相对反射率为 99%聚四氟乙烯白板（HSIA-LA-TS-30，成都）的高光谱图像。

四、光谱提取

在黑白校正后的番茄高光谱图像中，选择 100×100pixels 的正方形区域作为感兴趣区域，并将感兴趣区域的平均光谱作为番茄样本的原始光谱曲线。采用 ENVI 4.8 软件提取感兴趣区域的高光谱数据。由于原始光谱曲线的两端均存在较大的噪声，截取 489.70～956.20nm 范围内的高光谱数据（包含 183 个波段）进行定标建模。如图 4-4 所示，不同成熟阶段番茄在 500～575nm 和 625～700nm 波段内的光谱差异较为显著。在番茄的成熟过程中，内在物质含量的动态变化[5]，导致 500～575nm 波段的光谱反射率降低，625～700nm 波段的光谱反射率升高。

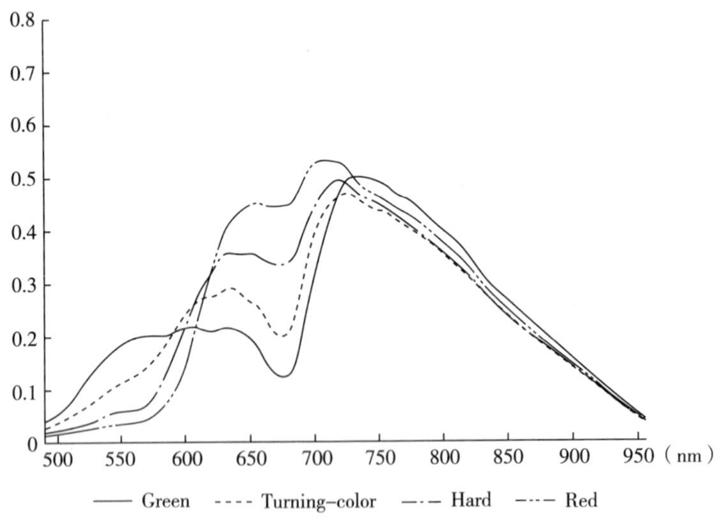

图 4-4 四个不同成熟阶段番茄的光谱曲线

五、高光谱数据预处理

虽然原始光谱反映了番茄的成熟度信息，但考虑到存在样品分布、样品表面粗糙度、采集环境等干扰因素，容易导致光谱基线偏移和光散射。多重散射校正（Multiple Scattering Correction，MSC）算法有利于消除不同散射水平的影响，因此本节使用 MSC 对番茄样本的高光谱数据进行预处理，以减弱或消除干扰因素造成的影响。如图 4-5 所示，与原始反射光谱相比，MSC 预处理后的番茄光谱曲线更加平滑。对于同一成熟阶段的番茄，预处理后的光谱变化趋势更加一致，光谱反射率差异性显著降低；不同成熟阶段番茄的光谱反射率差异更加显著。

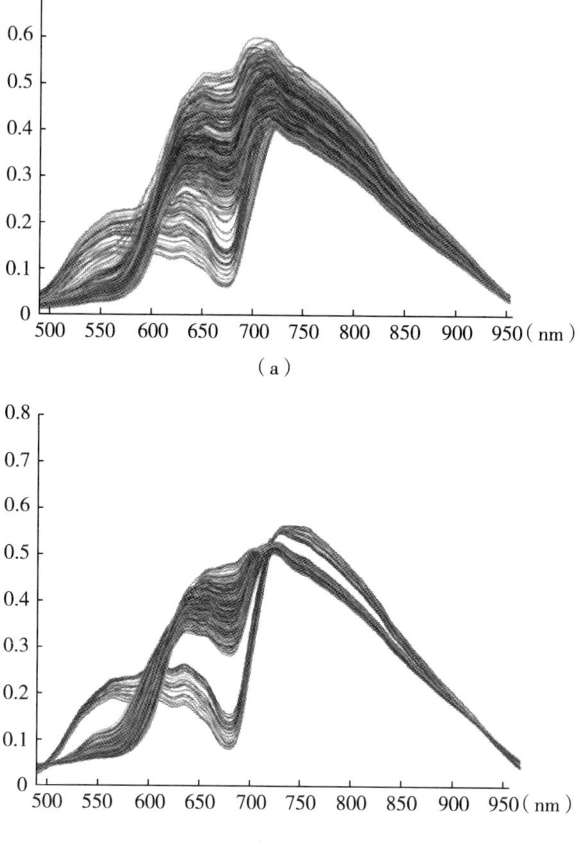

图 4-5　原始反射光谱与 MSC 预处理光谱的对比

第二节　鲜果成熟度判别方法

本节提出了一种基于类别概率信息的半监督学习方法，利用有效的高光谱数据以实现鲜果成熟度精准判别，该方法的具体流程如图 4-6 所示。首先，利用已知标签番茄样本的高光谱数据对未知标签样本进行稀疏编码，以获取未知标签样本的类别概率信息；其次，设计了一种基于光谱信息散度和拉普拉斯分值的半监督特征选择算法，该算法利用类别概率信息构造类间图和类内图，并从原始波段集合中选择有效的特征子集；最后，建立基于类别概率信息的稀疏表示模型，构建反映鲜果样本间关系的连接图，并利用标签传播算法对未知标签样本进行成熟度判别。

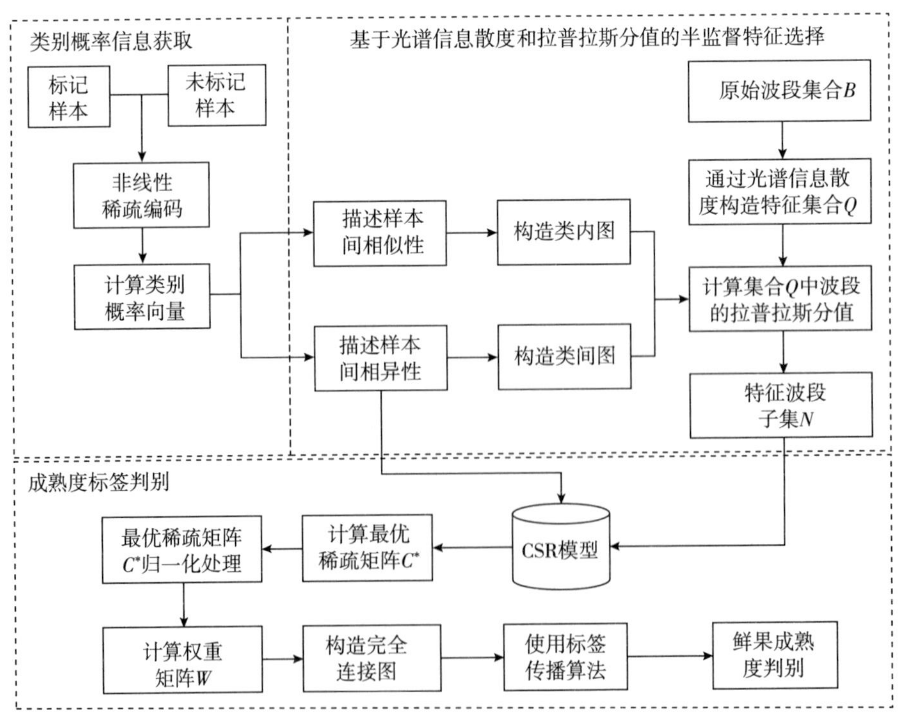

图 4-6　基于半监督学习的鲜果成熟度判别方法

一、类别概率向量计算

类别概率信息描述了未知标签样本和各成熟阶段之间的从属概率关系。为了在特征选择和成熟度标签判别过程中构建更具判别性的图，本节分别计算已知标签样本和未知标签样本的类别概率信息。

给定高光谱数据集 $X=[X_l, X_u]\in R^{m\times n}$，$X_l=[x_1, x_2, \cdots, x_l]\in R^{m\times l}$ 表示已知标签样本的数据集，$X_u=[x_{l+1}, x_{l+2}, \cdots, x_u]\in R^{m\times u}$ 表示未标记样本的数据集。其中，m 是高光谱数据的维数，n 是样本数量，l 是已知标签样本的数量，u 是未知标签样本的数量。类别矩阵 $M=[M^l; M^u]\in R^{n\times c}$ 表示每个样本与每个类别之间的从属概率关系。其中，$M^l\in R^{l\times c}$ 是已知标签样本的类别矩阵，$M^u\in R^{u\times c}$ 是未知标签样本的类别概率矩阵，c 是成熟阶段的数量。

对于已知标签样本，它们与各个成熟阶段之间的关系是确定的。如果已知标签样本 x_i 属于类别 j，则 $M_{ij}^l=1$，否则 $M_{ij}^l=0$。对于未知标签样本，它们和各个成熟阶段之间的关系是不确定的。根据式（4-2），利用所有已知标签样本，将未知标签样本 x_i 进行非负稀疏线性编码[6]：

$$\alpha_i=\operatorname{argmin}\frac{1}{2}\|x_i-D\alpha_i\|_2^2+\mu\|\alpha_i\|_1,\ \text{s.t.}\ \alpha_i\geqslant 0 \tag{4-2}$$

式中，D 是一个由所有已知标签样本数据组成的字典；α_i 表示未标记样本 x_i 所对应的稀疏系数向量；μ 是一个控制系数向量稀疏度和样本数据重构误差的折中参数。然后，计算得出未知标签样本 x_i 的类别概率向量 M_i^u 如式（4-3）所示[7]：

$$M_i^u=\frac{\alpha_i^T M^l}{\sum_{t=1}^{c}\alpha_i^T M_t^l} \tag{4-3}$$

式中，M_t^l 是类别矩阵 M^l 的第 t 列。

二、基于光谱信息散度和拉普拉斯分值的半监督特征选择算法

为了减少高光谱数据中的冗余信息，本节设计了一种基于光谱信息散度和拉普拉斯分值的半监督特征选择算法（SIDLS），从包含 183 个波段的原始集合中选择有效的特征子集。

（1）采用正交子空间投影法[8] 从包含 183 个波段的原始波段集合 B 中搜索出两个最不相似的波段，并将它们添加至最初为空集的集合 Q 中。为了减少特征选择过程中的信息损失，光谱信息散度（Spectral Information Divergence，SID）[9] 被拓展到描述两个不同波段之间的相似性。波段 b_i 与波段 b_j 之间的光谱信息散

度可由式（4-4）计算得到：

$$SID(b_i \| b_j) = D(b_i \| b_j) + D(b_j \| b_i) \tag{4-4}$$

式中，$D(b_i \| b_j)$ 和 $D(b_j \| b_i)$ 是离散情况下的 Kullback-Leibler（KL）散度函数，用以测量两个概率密度分布之间的差异。SID 值越小，两个波段之间的相似性越小。将集合 B 中剩余的波段依次选择到集合 Q 中，直至集合 Q 中的波段数量为 d，从而得到相似度较低的特征集 Q。

（2）构造类内图和类间图来描述鲜果样本间的关系。现有半监督特征选择方法通常使用 k 近邻算法构造图，然而该方法需要人工设置参数 K，对噪声数据和参数方差较为敏感[10]。为了避免这些缺点，本节利用鲜果样本的类别概率向量来构造图。类内图 G^w 表示鲜果样本之间的相似性，通过稀疏编码得到的样本类别矩阵 M 反映了每个样本与各类别的从属概率关系，类内图的权重矩阵 S^w 可由式（4-5）计算得到：

$$S_{ij}^w = M_i M_j^T \tag{4-5}$$

类间图 G^b 表示鲜果样本之间的相异性，类间图 G^b 的权重矩阵 S^b 可由式（4-6）计算得到：

$$S_{ij}^b = Z_{ij} = \frac{1}{2} \| M_i - M_j \|^2 \tag{4-6}$$

式中，Z_{ij} 表示样本 x_i 与样本 x_j 之间类别差异的欧式距离。

通过拉普拉斯分值（Laplacian Score，LS）对集合 Q 中的每个波段进行特征得分计算。拉普拉斯分值方法在保持数据局部结构方面具有优势[11]，拉普拉斯矩阵 L^w 和 L^b 可分别由式（4-7）和式（4-8）计算得到：

$$L^w = D^w - S^w \tag{4-7}$$

$$L^b = D^b - S^b \tag{4-8}$$

式中，D^w 和 D^b 均是对角矩阵，$D_{ij}^w = \sum_j S_{ij}^w$，$D_{ij}^b = \sum_j S_{ij}^b$。各个波段的拉普拉斯得分 L_r 由式（4-9）计算得到：

$$L_r = \frac{f_r^T L^w f_r}{f_r^T L^b f_r} \tag{4-9}$$

式中，f_r 表示第 r 个波段的数据。

（3）按升序方式对集合 Q 中各个波段的拉普拉斯得分进行排序，依次将拉普拉斯得分较低的波段添加至最初为空集的特征子集 N 中，并从集合 Q 中移除，直至集合 N 中的波段数量为 v。

三、成熟度标签判别

构建连接图是标签传播（Label Propagation，LP）算法的关键。虽然稀疏表

示模型（Sparse Representation，SR）被广泛应用于图构建领域，但大多只是考虑了系数矩阵的稀疏度和重构样本的误差，没有考虑样本类别信息对系数矩阵的影响。研究发现，在稀疏表示模型中，考虑类别信息可以有效地提高学习性能[12]，保证相同类别样本之间的权重系数更大，而不同类别样本之间的权重系数更小。因此，本节利用样本的类别概率信息形成一个类别正则项，加入原有的稀疏表示模型中，获取更具判别性的最优系数矩阵，并采用 LP 算法对未知标签样本进行成熟度标签判别。

（1）建立基于类别概率信息的稀疏表示模型。考虑到类别概率向量可以反映数据集中每个样本的类别分布可能性，将其作为正则项加入稀疏表示模型中。该类别正则项可用式（4-10）表示：

$$r(C)=tr(Z^TC) \tag{4-10}$$

式中，C 是一个稀疏矩阵，每一列表示鲜果样本的系数向量。将类别正则项加入到稀疏表示模型中，则得到基于类别信息的稀疏表达模型（CSR），如式（4-11）与式（4-12）所示[7,13]：

$$\min_{C}\frac{1}{2}\|X_P-X_PC\|_F^2+\lambda_1\|C\|_1+\lambda_2tr(Z^TC) \tag{4-11}$$

$$\text{s. t. } diag(C)=0,\ C\geqslant 0 \tag{4-12}$$

式中，$X_P\in R^{v\times n}$ 表示特征选择后的高光谱数据集，λ_1 是控制系数矩阵稀疏度和数据重构误差的折中参数，λ_2 是衡量类别正则项影响的参数。由 CSR 模型可以看出，当最小化优化模型时，如果两个样本之间的类别概率分布相差较大，则其欧式距离也会较大，使两个样本之间的权重值较小，从而保证数据集中每个样本尽可能由相同类别的样本进行表达。

（2）采用交替方向乘子法（Alternating Direction Multiplier Method，ADMM）求解基于类别信息的稀疏表达模型。由于 ADMM 通常解决等式约束的优化问题[14]，且要求具有两个优化变量。因此，需要向目标优化函数引入辅助优化变量 Y，如式（4-13）与式（4-14）所示：

$$\min_{C,Y}\frac{1}{2}\|X_P-X_PY\|_F^2+\lambda_1\|C\|_1+\lambda_2tr(Z^TY) \tag{4-13}$$

$$\text{s. t. } Y-C+diag(C)=0,\ C\geqslant 0 \tag{4-14}$$

得到式（4-14）的增广拉格朗日函数：

$$L(C,\ Y,\ \Lambda,\ \mu)=\frac{1}{2}\|X_p-X_pY\|_F^2+\lambda_1\|C\|_1+\lambda_2tr(Z^TY)+A \tag{4-15}$$

式中，$A=\frac{\mu}{2}\|Y-C+diag(C)\|_F^2+tr(\Lambda^T(Y-C+diag(C)))$，$\Lambda$ 是拉格朗日乘子，μ 是惩罚系数，且 $\mu>0$。

C、Y、Λ 为三个变量，先固定其中两个变量，再更新另一个变量，具体更新过程如下：

第一，固定变量 Y 和 Λ，更新变量 C，通过求解以下优化函数更新 C：

$$C=\arg\min\lambda_1\|C\|_1+\Lambda \tag{4-16}$$

由于一阶范数不可导，故不能直接求导来求解，因此采用软门限[15] 方法获得最优解：

$$C=C'-diag(C') \tag{4-17}$$

式中，$C'=SoftThresh_{\frac{\lambda_1}{\mu}}\left(Y+\frac{\Lambda}{\mu}\right)$。

第二，固定变量 C 和 Λ，更新变量 Y，通过求解以下优化函数来更新 Y：

$$Y=\arg\min\frac{1}{2}\|X_p-X_pY\|_F^2+\lambda_2tr(Z^TY)+\Lambda \tag{4-18}$$

对式（4-18）进行求导，并令导数为 0，则得到最优解：

$$Y=(X_P^TX_P+\mu I)^{-1}(X_P^TX_P+\mu C-\lambda_2Z-\Lambda) \tag{4-19}$$

第三，固定变量 Y 和 C，更新变量 Λ：

$$\Lambda=\Lambda+\mu(Y-C) \tag{4-20}$$

第四，更新惩罚系数 μ：

$$\mu=\begin{cases}\tau^i\mu^{pre}, & \|r^{pre}\|_F>\beta\|s^{pre}\|_F\\ \mu^{pre}/\tau^d, & \|s^{pre}\|_F>\beta\|r^{pre}\|_F\\ \mu^{pre}, & \text{其他}\end{cases} \tag{4-21}$$

式中，对偶残差 $s=\mu(C-C^{pre})$，主残差 $r=Y-C$，τ^i、τ^d、β 均为常量。ADMM 算法求解具体步骤如表 4-1 所示。

表 4-1 ADMM 算法的求解流程

ADMM 算法求解流程和步骤
Step 1. 初始化变量和参数：$C=Y=\Lambda=0$，$\beta=2$，$\mu=0.1$，$\tau^i=\tau^d=0$，$\varepsilon^{abs}=\varepsilon^{rel}=10^{-3}$
Step 2. 判别是否满足迭代停止条件，满足则更新迭代结束，否则转至 Step 3： $\|r\|_F\leqslant\sqrt{n}\varepsilon^{abs}+\varepsilon^{rel}\max\{\|Y\|_F,\|C\|_F\}$ $\|s\|_F\leqslant\sqrt{n}\varepsilon^{abs}+\varepsilon^{rel}\|\Lambda\|_F$
Step 3. 根据式（4-17），更新变量 C
Step 4. 根据式（4-19），更新变量 Y
Step 5. 根据式（4-20），更新变量 Λ
Step 6. 根据式（4-21），更新变量 μ，转至 Step 2

通过 ADMM 算法求解基于类别信息的稀疏表达模型，获得最优的稀疏矩阵 C^*，并按式（4-22）对矩阵内每一列向量均归一化处理：

$$C_i^* = \frac{C_i^*}{\| C_i^* \|_2} \tag{4-22}$$

将权重矩阵 W 作为 LP 算法中完全连接图的边权重，可由式（4-23）计算得到：

$$W = \frac{C^* + (C^*)^T}{2} \tag{4-23}$$

（3）利用 LP 算法对未标记番茄样本的成熟度标签进行判别。建立对角矩阵 H，其中，$H_{ii} = \sum_j W_{ij}$。根据已知标签样本和未知标签样本的数量，将权值矩阵 W 和对角矩阵 H 划分成四个部分，如式（4-24）和式（4-25）所示：

$$W = \begin{bmatrix} W_{ll} & W_{lu} \\ W_{uu} & W_{ul} \end{bmatrix} \tag{4-24}$$

$$H = \begin{bmatrix} H_{ll} & H_{lu} \\ H_{uu} & H_{ul} \end{bmatrix} \tag{4-25}$$

式中，l 是已知标签样本的数量，u 是未知标签样本的数量。未知标签番茄样本的成熟度标签可由式（4-26）计算得到：

$$p_i = \underset{j=1,2,\cdots,c}{\operatorname{argmax}} P(i,\ j) \tag{4-26}$$

式中，$i=1,\ 2,\ \cdots,\ u$；$P=(H_{uu}-W_{uu})^{-1}W_{ul}M^l$；$p_i$ 是未知标签样本 x_i 的成熟度标签。当 p_i 分别为 1、2、3、4 时，未知标签样本 x_i 的成熟度标签分别为绿熟期、转色期、硬熟期、红熟期。

综上所述，基于半监督学习的鲜果成熟度判别方法（SIDLS-CSR）主要包括类别概率向量计算、特征选择和成熟度标签判别三个方面，总体框架和详细步骤如表 4-2 所示。

表 4-2　基于半监督学习的成熟度判别方法

SIDLS-CSR 成熟度判别方法总体框架
输入：高光谱数据集 $X=[x_1,\ \cdots,\ x_l,\ \cdots,\ x_n] \in R^{m\times n}$，已知标签样本的类别矩阵 $M^l \in R^{l\times c}$，空集 Q，空集 N，原始波段集合 $B \in [b_1,\ b_2,\ \cdots,\ b_m]$，参数 d、v、λ_1、λ_2、μ
输出：未知标签样本的成熟度标签
Step 1. 类别概率向量计算
Step 1. 1. 按式（4-2）计算未知标签样本 x_k 的稀疏系数向量 α_k
Step 1. 2. 按式（4-3）获得未知标签样本 x_k 的类别概率向量 M_k

续表

SIDLS-CSR 成熟度判别方法总体框架
Step 2. 基于光谱信息散度和拉普拉斯分值的半监督特征选择算法
Step 2.1. 使用 OSP 算法搜索两个最不相似的波段 b_1 和 b_2
Step 2.2. 将波段 b_1 和 b_2 添加至集合 Q，并将它们从集合 B 中移除
Step 2.3. 按式（4-4）计算集合 B 中波段与集合 Q 中波段之间的 SID 值
Step 2.4. 将集合 B 中每个波段的 SID 最小值作为该波段与集合 Q 的距离
Step 2.5. 将集合 B 中与集合 Q 距离最小的波段 b_i 添加至集合 Q，并从集合 B 中移除
Step 2.6. 如果集合 Q 中波段数量低于 d，转至 Step 2.3，否则，转至 Step 2.7
Step 2.7. 按式（4-5）与式（4-6）构建类内图 G^w 和类间图 G^b
Step 2.8. 按式（4-7）与式（4-8）计算拉普拉斯矩阵 L^w 和 L^b
Step 2.9. 按式（4-9）计算集合 Q 中所有特征波段的拉普拉斯分值
Step 2.10. 将集合 Q 中具有最小拉普拉斯得分的波段添加至集合 N，并从集合 Q 中移除
Step 2.11. 如果集合 N 中波段数量低于 v，转至 Step 2.10，否则，获得特征波段 N 及相对应的高光谱数据集 X_P
Step 3. 成熟度标签判别
Step 3.1. 采用 ADMM 算法求解 CSR 模型： $$\min_{C,Y} \frac{1}{2} \| X_P - X_P Y \|_F^2 + \lambda_1 \| C \|_1 + \lambda_2 tr(Z^T Y)$$ $$\text{s.t. } Y - C + diag(C) = 0,\ C \geq 0$$
Step 3.2. 获得最优稀疏矩阵 C^*，并按式（4-22）对其进行归一化处理
Step 3.3. 按式（4-23）计算完全连接图的权重矩阵 W
Step 3.4. 按式（4-26）获得未知标签样本的成熟度标签

第三节　鲜果成熟度判别结果与数值分析

为了验证鲜果成熟度半监督判别方法的可行性与有效性，本节以“金陵美玉”番茄为例，进行番茄成熟度判别实验。在本实验中，从 192 个番茄样本中随机挑选 80 个样本（每个成熟阶段的番茄样本各 20 个），并划分至训练集。每个成熟阶段的标记样本数量取值范围为 6~10，取值间隔为 1。从训练集中随机选择每个成熟阶段的番茄标记样本，其余的样本均作为未知标签样本。在不同标记样本数量的情况下，所有实验均被执行 20 次，以总体精度的平均值（The mean of overall accuracy）指标评价成熟度判别性能。所有的实验都是基于 Matlab 2018b

实现的，计算平台是具有 Intel Core i3-7100 核处理器、3.90GHz 主频和 16GB RAM 的服务器。

一、构图方法的对比分析

为了验证基于类别概率信息的稀疏表示模型（CSR）是否能够构造出更具判别性的连接图，选择高斯核函数（Gaussian Kernel，GK）、局部线性嵌入（Local Linear Embedding，LLE）、局部线性重构（Local Linear Reconstruction，LLR）、稀疏表示模型（Sparse Representation，SR）等构图方法，在使用标签传播算法和不采用特征选择的情况下进行对比。GK、LLE、LLR 方法需要利用 k 近邻算法确定图的邻接结构，采用光谱角制图（Spectral Angle Mapper）来寻找邻近点，均具有参数 K。此外，GK 方法还有一个高斯核参数 σ。SR 模型具有参数 λ，用以控制稀疏度和重构误差。CSR 模型具有参数 λ_1 和 λ_2，用以平衡稀疏度和类别概率信息的影响。为了避免过拟合问题，采用留一交叉验证法对成熟度判别模型进行验证。留一交叉验证过程需要迭代 80 次。在每次迭代中，从训练集中选取一个样本作为测试样本，其余样本作为训练样本。将留一分类误差用于评估判别模型的有效性，并确定模型的最优参数。CSR、SR、GK、LLE、LLR 五种方法的最优参数如表 4-3 所示。在参数最优的情况下，CSR 模型的识别精度可达 96.25%，验证了模型的有效性。

表 4-3 构图方法的最优参数

构图方法	参数的取值范围	最优参数	准确率（%）
LLR	$K\in[5,\ 20]$	$K^*=5$	91.25
LLE	$K\in[5,\ 20]$	$K^*=9$	92.50
SR	$\lambda\in[0.1,\ 1]$	$\lambda^*=0.6$	95.00
GK	$K\in[5,\ 20]$，$\sigma\in[0.1,\ 10]$	$K^*=6$，$\sigma^*=0.1$	91.25
CSR	$\lambda_1\in[0.1,\ 1]$，$\lambda_2\in[0.00001,\ 0.1]$	$\lambda_1^*=0.6$，$\lambda_2^*=0.0001$	96.25

如图 4-7 所示，与 SR 模型和 CSR 模型相比，GK、LLR 和 LLE 三种方法的性能相对较差。CSR 模型和 SR 模型能够自动获得邻接关系和权重，不易受主观因素的影响。然而，GK、LLR 和 LLE 三种方法都依赖于参数 K，需要人工设置该参数，容易受到主观因素和高光谱数据噪声的影响，从而导致判别性能的下降。此外，在已知标签样本数量相同的情况下，CSR 模型的判别准确率均高于 SR 模型，表明将类别信息引入稀疏表示模型，一定程度上能够提高稀疏表示模型的学习性能。从理论上讲，当两个样本之间的类别分布差异较大时，两个样本之间的欧式距离可能会较大，样本之间的权重系数可能会较小。同样地，当两个样本之间的类别分布差异较小时，样本之间的权重系数可能较大。因此，类别概

率信息正则项能够保证每个样本尽可能地被同一类别的样本表示，使得模型输出的完全连接图能够反映番茄样本间的真实关系。

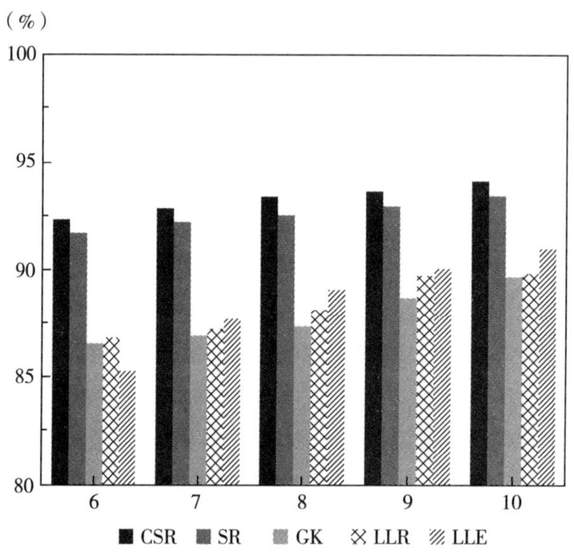

图 4-7　CSR 模型与常见构图方法的对比

为了对比 CSR、SR、GK、LLE、LLR 五种方法在每个成熟度阶段的判别性能，在每类标记样本数量为 10 的情况下，采用精确率（Precision）、召回率（Recall）、F1 分数（F1-score）三个指标对五种方法的判别结果进行评价。如表 4-4、表 4-5 和图 4-8 所示，CSR 模型在各个成熟阶段的精确率、召回率、F1 分数均不低于其他四种构图方法。由此可以推断，CSR 模型在判别番茄各个成熟阶段方面具有较大的优势。

表 4-4　五种构图方法在各个成熟阶段的召回率指标

构图方法	召回率（%）			
	绿熟期	转色期	硬熟期	红熟期
CSR	100.00	92.11	86.84	97.37
SR	100.00	89.47	84.21	97.37
GK	100.00	86.84	78.95	92.11
LLR	100.00	86.84	78.95	94.74
LLE	100.00	89.47	81.58	94.74

表 4-5　五种构图方法在各个成熟阶段的精确率指标

构图方法	精确率（%）			
	绿熟期	转色期	硬熟期	红熟期
CSR	100.00	92.11	89.19	94.87
SR	100.00	91.89	86.49	92.50
GK	100.00	86.84	78.95	92.11
LLR	100.00	86.84	81.08	92.31
LLE	100.00	89.47	83.78	92.31

如图 4-8 所示，转色期、硬熟期的 F1 分数均显著低于绿熟期、红熟期。为了进一步分析，表 4-6 和表 4-7 给出了 CSR 模型和 SR 模型在 4 个成熟度阶段的混淆矩阵。CSR 模型和 SR 模型构建的完全连接图，能够有效地判别处于绿熟期和红熟期的番茄，误判情况主要集中在中间两个成熟阶段。处于转色期的番茄被误判处于硬熟期，处于硬熟期的番茄被误判处于转色期和红熟期。该实验结果与 Zhu 等[3] 的研究发现相似，中间成熟阶段之间的差异不显著，从而导致中间成熟阶段番茄的判别效果较差。监督学习依赖于大量手动标注的训练信息，然而获取正确番茄成熟度标签是困难且耗时的。因此，设计一种只需要少量已知标签样本的判别方法是有必要的。此外，实验结果表明，CSR 模型构建的完全连接图，在中间成熟度阶段的误判次数相对较少，侧面反映出当稀疏表示模型考虑类别概率信息时，成熟度判别性能会有显著的提高。

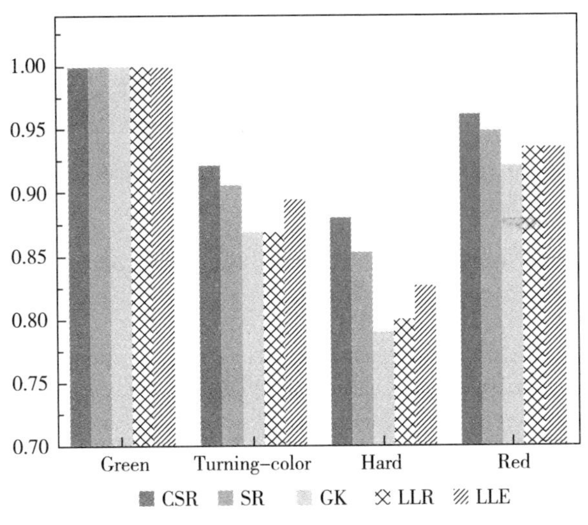

图 4-8　CSR 模型与常见构图方法在各个成熟阶段的 F1 分数对比

表 4-6　CSR 模型在各个成熟阶段的混淆矩阵

实测值	预测值			
	绿熟期	转色期	硬熟期	红熟期
绿熟期	38	0	0	0
转色期	0	35	3	0
硬熟期	0	3	33	2
红熟期	0	0	1	37

表 4-7　SR 模型在各个成熟阶段的混淆矩阵

实测值	预测值			
	绿熟期	转色期	硬熟期	红熟期
绿熟期	38	0	0	0
转色期	0	34	4	0
硬熟期	0	3	32	3
红熟期	0	0	1	37

二、特征选择算法的对比分析

为了验证 SIDLS 算法能够选择更加有效的特征子集和减少特征选择过程中的信息丢失，在特征选择数量相同的情况下，选择基于 Laplacian score 的半监督特征算法（SSLS）、Semi_Fisher Score 算法（SFS）与 SIDLS 算法进行对比。在特征选择之后，采用 CSR 模型来构建完全连接图，并利用标签传播算法进行成熟度标签判别。本实验分析了 Full-CSR、SSLS-CSR、SFS-CSR、SIDLS-CSR 四种方法的判别性能，其中，Full-CSR 方法不进行特征选择，采用原始高光谱数据集。根据表 4-2 中显示的 CSR 模型最优参数，设置四种方法的 CSR 模型参数，参数 λ_1 均设置为 0.6，参数 λ_2 均设置为 0.0001。在本实验中，SSLS 和 SFS 算法均涉及 KNN 算法，设置参数 $k=7$；SFS 算法的参数 λ_s 和 δ 分别设置为 0.1、0.05；SIDLS 算法的参数 d 设置为 50；SSLS、SFS、SIDLS 算法的特征选择数量 v 取值范围为 {5，10，15，20}。由于特征波段选择数量不同，本节通过 4 个案例对四种方法进行对比分析。

如图 4-9 所示，SIDLS-CSR 方法的总体精度均不低于 Full-CSR 方法，表明特征选择能够在一定程度上提高成熟度判别性能。高光谱图像的光谱分辨率高，包含较多波段，形成了高特征维度特性，且波段之间具有强相关性，容易造成冗余信息的堆叠。特征选择能够降低高光谱数据的维数，去除一些与番茄成熟度不相关的波段，从而提高判别模型的效率和精度。

图 4-9 显示 SIDLS 算法选择的特征子集在性能上均优于 SSLS 算法和 SFS 算法，SSLS-CSR 方法和 SFS-CSR 方法的总体判别精度甚至低于 Full-CSR 方法。一方面，SSLS 算法和 SFS 算法的参数 k 对数据噪声较为敏感，容易去除一些与番茄成熟度相关的波段，导致大量数据信息的损失；另一方面，虽然两种算法能够有效地利用隐藏在标记样本和未知标签样本中的局部结构及全局分布信息，但逐一对特征波段进行评估，可能会忽略特征波段之间的相关性。然而，SIDLS 算法使用光谱信息散度来衡量两个不同波段之间的相似性，能够获得具有丰富原始信息和低相似度的特征子集。此外，SIDLS 算法利用未知标签样本的类别概率信息来构建类间图和类内图，不需要人工设置参数 k，可避免数据噪声的影响。

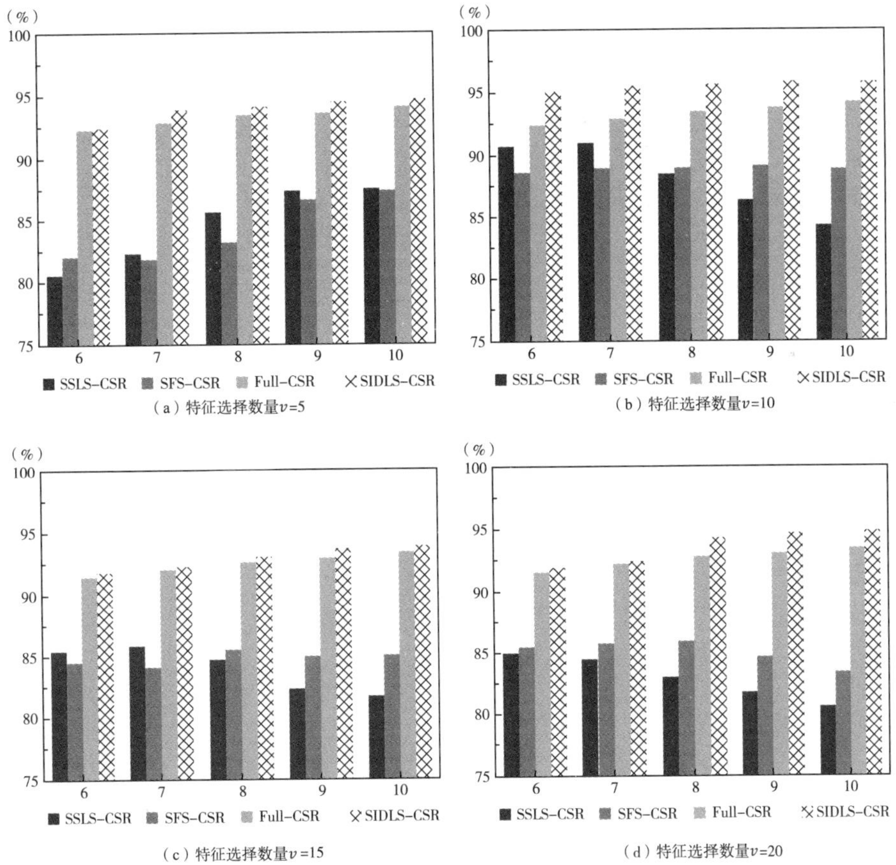

（a）特征选择数量v=5

（b）特征选择数量v=10

（c）特征选择数量v=15

（d）特征选择数量v=20

图 4-9　四种判别方法的性能对比

三、SIDLS 特征选择算法的性能分析

为了进一步验证 SIDLS 特征选择算法的有效性，本节分析了特征选择数量与

标记样本数量对 SIDLS 算法性能的影响。实验中，特征波段选择数量 v 的取值范围为 3~20，取值间隔为 1；每个成熟阶段标记样本数量 lsn 的取值范围为 6~10，取值间隔为 1；CSR 模型的参数 λ_1 设置为 0.6，参数 λ_2 设置为 0.0001。如图 4-10 所示，当每个成熟阶段标记样本数量 lsn 为 10 时，在特征选择数量不同情况下，SIDLS 算法均具有较好的性能优势。当可用的标记样本数量较少时，已知标签样本数量的增加，能够保证有用先验信息的增多。SIDLS 算法可以充分利用已知标签样本数据中的重要信息，有利于选择有效的特征波段子集，在一定程度上提高了成熟度判别性能。

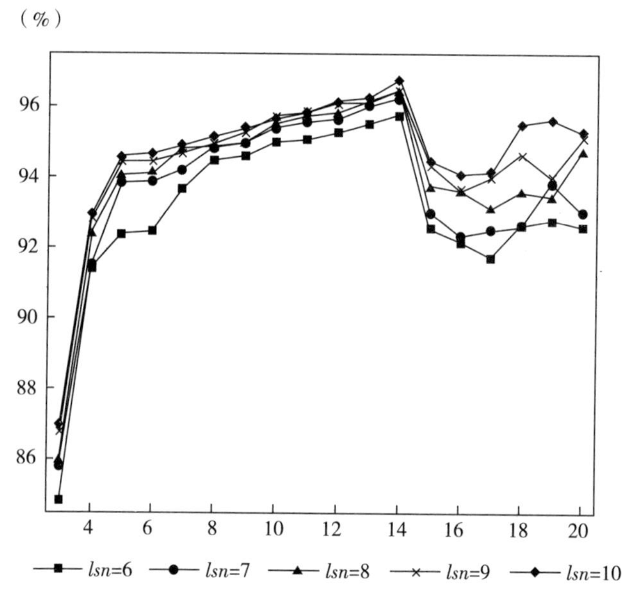

图 4-10　特征选择数量与各类标记样本数量对 SIDLS 算法性能的影响

此外，当特征选择数量 v 为 14 时，SIDLS-CSR 方法在判别番茄成熟度方面具有较大优势，总体精度的平均值达到 96.78%。当特征选择数量小于 14 时，成熟度判别精度会随着特征选择数量的减少而降低，表明当选择的特征波段数量较少时，可能会导致重要信息的丢失，从而影响成熟度判别性能。然而，在特征选择数量超过 14 的情况下，总体精度的平均值会呈现下降趋势，说明当特征选择数量较大时，SIDLS 算法提取的特征子集容易包含大量的冗余信息和噪声。

四、CSR 模型的参数灵敏度分析

本节在采用 SIDLS 特征选择算法的前提下，对建立的 CSR 模型进行参数灵

敏度分析。CSR 模型中包含两个参数 λ_1 和 λ_2，参数 λ_1 用于控制系数矩阵稀疏度和样本数据重构误差的影响，参数 λ_2 用于衡量类别概率信息的影响。根据表 4-3 中 CSR 模型的最优参数和前文实验结果，当特征波段选择数量为 14、参数 λ_1 为 0.6、参数 λ_2 为 0.0001 时，SIDLS-CSR 判别方法的成熟度判别精度最高。因此，本实验在特征选择数量 $v=14$ 情况下，采用不同的参数组合进行灵敏度分析，以评估两个参数对 CSR 模型的影响。与以往研究相似，设定参数 λ_1 的范围为 {0.2，0.4，0.6，0.8}，参数 λ_2 的范围为 {0，0.00001，0.0001，0.001，0.01}。本节在固定一个参数的情况下，改变另一个参数，评价 SIDLS-CSR 判别方法的总体精度。

首先，固定参数 $\lambda_1=0.6$，在给定取值范围内改变参数 λ_2 的值，SIDLS-CSR 方法的判别性能如表 4-8 所示。其中，加粗部分表示在每个成熟阶段标记样本数量相同情况下最高的总体精度平均值。当参数 $\lambda_2=0.0001$ 时，SIDLS-CSR 方法的判别性能相对稳定，且判别准确率较高。当参数 $\lambda_2=0.01$ 时，总体精度的平均值低于 62%，判别性能甚至比不考虑类别概率信息的 CSR 模型（$\lambda_2=0$）更低。其次，固定参数 $\lambda_2=0.0001$，在给定取值范围内改变参数 λ_1 的值，SIDLS-CSR 方法的判别性能如表 4-9 所示。在各类标记样本数量分别为 6、7、8、9、10 的情况下，当参数 $\lambda_1=0.6$ 时，SIDLS-CSR 方法的判别性能均是最佳的。

表 4-8　参数 λ_2 在 SIDLS-CSR 方法上的灵敏度分析（$\lambda_1=0.6$）

每个成熟阶段标记样本的数量	总体精度的平均值（%）				
	$\lambda_2=0$	$\lambda_2=0.00001$	$\lambda_2=0.0001$	$\lambda_2=0.001$	$\lambda_2=0.01$
6	91.73	95.77	**95.83**	95.54	53.87
7	92.20	95.88	**96.28**	96.13	51.28
8	92.56	95.97	**96.44**	96.25	56.06
9	92.95	96.09	**96.47**	96.21	57.69
10	93.42	96.05	**96.78**	96.22	61.64

表 4-9　参数 λ_1 在 SIDLS-CSR 方法上的灵敏度分析（$\lambda_2=0.0001$）

每个成熟阶段标记样本的数量	总体精度的平均值（%）			
	$\lambda_1=0.2$	$\lambda_1=0.4$	$\lambda_1=0.6$	$\lambda_1=0.8$
6	93.48	95.80	**95.83**	95.77
7	94.76	95.79	**96.28**	96.01
8	95.31	96.28	**96.44**	96.22

续表

每个成熟阶段标记样本的数量	总体精度的平均值（%）			
	$\lambda_1=0.2$	$\lambda_1=0.4$	$\lambda_1=0.6$	$\lambda_1=0.8$
9	95.80	95.93	**96.47**	96.28
10	95.79	95.49	**96.78**	96.25

实验结果表明，当固定一个参数时，另一个参数的值会发生变化，引起SIDLS-CSR判别方法的性能变化。当固定参数 λ_1 时，随着参数 λ_2 的增大，成熟度判别性能得到显著提高，说明类别概率信息对建立更加高效的番茄成熟度判别模型具有正向影响。然而，当参数 λ_2 的值较大时，类别概率信息对成熟度判别模型的性能具有负向影响。它降低了稀疏约束的影响，使成熟度判别的性能下降，甚至低于不考虑类别概率信息时的判别性能。当固定参数 λ_2 时，如果稀疏性约束的影响较大，SIDLS-CSR方法的判别性能会有所降低。因此，CSR模型的两个参数对成熟度判别方法性能均有重要影响。为了保证成熟度判别模型的高效性能，需要通过设置两个参数的最优组合以平衡稀疏性与类别概率信息对模型的影响。

第四节　本章小结

本章提出了一种基于高光谱成像和类别概率信息的鲜果成熟度半监督判别方法，只需要利用少量标记样本就可以实现鲜果成熟度判别，从而简化判别过程，减少获取准确成熟度标签的时间和成本。具体而言，本章的研究工作主要包含四个方面：

第一，采集不同成熟阶段鲜果样本的高光谱图像，提取感兴趣区域的平均光谱数据，采用多元散射校正算法进行数据预处理，减少样品分布、样品表面粗糙度、采集环境等因素的干扰影响。

第二，结合稀疏表示和半监督学习的思想，利用标记样本的高光谱数据对未知标签样本进行非负稀疏编码。通过标记样本的类别矩阵和未知标签样本的稀疏系数向量，计算每个未知标签样本的类别概率向量。

第三，引入光谱信息散度来衡量波段间的相似性，利用拉普拉斯分值保持数据局部结构，采用类别概率信息构造类间图和类内图，提出了一种基于光谱信息散度和拉普拉斯分值的半监督特征选择算法。研究结果表明，该方法能够选择相似度较低的有效特征子集，减少高光谱数据的信息损失，避免数据噪声的影响。

第四，建立基于类别概率信息的稀疏表示模型，获取更具判别性的最优系数矩阵，并利用标签传播算法对鲜果成熟度进行判别。研究结果表明，类别概率信息正则项能够保证每个样本尽可能被同一类别的样本表示，确保模型输出的完全连接图能够反映鲜果样本之间的真实关系。

参考文献

［1］ Jiang Y P, Chen S F, Bian B, et al. Discrimination of tomato maturity using hyperspectral imaging combined with graph-based semi-supervised method considering class probability information ［J］. Food Analytical Methods, 2021, 14 (5): 968-983.

［2］ 陈思钒. 新零售下基于成熟度的鲜果仓配协同优化与全渠道动态定价［D］. 南京农业大学, 2022.

［3］ Zhu Q B, He C L, Lu R F, et al. Ripeness evaluation of "Sun Bright" tomato using optical absorption and scattering properties［J］. Postharvest Biology and Technology, 2015, 103: 27-34.

［4］ Polder G, van der Heijden G W A M, Keizer L C P, et al. Calibration and characterisation of imaging spectrographs ［J］. Journal of Near Infrared Spectroscopy, 2003, 11 (3): 193-210.

［5］ Ecarnot M, Baczyk P, Tessarotto L, et al. Rapid phenotyping of the tomato fruit model, Micro-Tom, with a portable VIS-NIR spectrometer ［J］. Plant Physiology and Biochemistry, 2013, 70: 159-163.

［6］ Hoyer P O, Hyvarinen A. A multi-layer sparse coding network learns contour coding from natural images ［J］. Vision Research, 2002, 42 (12): 1593-1605.

［7］ 古楠楠, 孙湘南, 刘伟, 李路云. 基于自步学习与稀疏自表达的半监督分类方法［J］. 系统科学与数学, 2020, 40 (1): 191-208.

［8］ Shuaibu M, Lee W S, Schueller J, et al. Unsupervised hyperspectral band selection for apple Marssonina blotch detection ［J］. Computers and Electronics in Agriculture, 2018 (148): 45-53.

［9］ Chang C I. An information-theoretic approach to spectral variability, similarity, and discrimination for hyperspectral image analysis ［J］. IEEE Transactions on Information Theory, 2000, 46 (5): 1927-1932.

[10] Ma J L, Xiao B, Deng C. Graph based semi-supervised classification with probabilistic nearest neighbors [J]. Pattern Recognition Letters, 2020 (133): 94-101.

[11] Doquire G, Verleysen M. A graph laplacian based approach to semi-supervised feature selection for regression problems [J]. Neurocomputing, 2013 (121): 5-13.

[12] 陈善学，王欣欣．基于空间预处理联合稀疏表示高光谱图像分类[J]．系统工程与电子技术，2021，43（9）：2422-2429.

[13] 李钱钱，曹国．基于拉普拉斯非负稀疏编码的图像分类[J]．计算机工程，2013，39（11）：240-244.

[14] Wang Y X, Xu H. Noisy sparse subspace clustering [J]. Journal of Machine Learning Research, 2016, 17 (12): 1-41.

[15] David Donoho L. De-Noising by Soft Thresholding [J]. IEEE Transactions on Information Theory, 1995, 41 (3): 613-627.

第五章　基于聚核模糊分类的农产品成熟度判别研究

成熟度一般体现在番茄、水蜜桃、香蕉等具有后熟性质的农产品中。本章以水蜜桃为例，研究农产品成熟度判别模型。考虑到水蜜桃成熟过程与多个内外特征属性密切相关，且各成熟阶段划分具有模糊性和区间性，本章提出了基于聚核模糊分类的多维指标水蜜桃成熟度判别方法[1,2]。首先，选择可采成熟度阶段（七成熟至十成熟）的水蜜桃，融合评价水蜜桃成熟等级的多个指标信息，构建多维指标数据集；其次，建立半梯半岭型水蜜桃成熟隶属度模型，并引入模糊区间重叠度调整隶属度函数参数；最后，提出聚核权规则，融合相邻成熟阶段重要信息，以减少指标数据映射成熟度过程的不确定性和相邻成熟阶段的混淆性，建立基于聚核模糊分类的多维指标水蜜桃成熟度判别模型。本章研究内容阐释了一种便捷高效的成熟度量化方法，为后续水蜜桃物流配送管理提供了科学可靠的理论基础。

第一节　水蜜桃成熟度指标测量及判别方法

水蜜桃属于呼吸跃变型果实，集中在高温多雨的夏季成熟上市，采后迅速后熟软化、腐烂变质，损耗率高达25%~50%，严重影响了水蜜桃果实的食用和商业价值[3]。为降低水蜜桃损耗，促进水蜜桃产业的健康可持续发展，制定最佳采摘时期、选择合适销售策略成为延长水蜜桃货架期、提高产品附加值的有效途径。利用水蜜桃后熟性质，在可采成熟阶段（七成熟至十成熟）采摘，该阶段果实质地偏硬，能够有效减少流通损耗；同时，根据水蜜桃采后成熟品质差距，制定不同配送方案与促销策略，能提高桃产业的经济和生态效益。然而，考虑到不同成熟阶段的水蜜桃质地、口感差异较大，所适合的配送与销售方案也有所不同。因此，设计精准高效的水蜜桃成熟度判别方法应用于后续采摘配送阶段，对降低水蜜桃流通销售损耗、提高农户经营效益具有重要意义。

水蜜桃采后成熟是一个受多因素影响、连续且复杂的过程。一方面，水蜜桃后熟期较短，采摘和储运过程中轻微的机械损伤，极易加速部分成熟指标变化速率，导致果实内部软化褐变，而表皮颜色变化较小或几乎无变化；另一方面，水蜜桃成熟度是个模糊信息，成熟评价指标和成熟等级之间的映射关系往往是区间对区间[4,5]，且无法划分各成熟阶段的清晰界限。相较于后熟周期较长且表皮特征明显的鲜果，水蜜桃成熟度判别的模糊性和不确定性更为突出，不仅要选择多维的成熟度评价指标，更需要解决成熟阶段间的模糊划分问题。

一、水蜜桃样本选取

本节以“阳山蜜露”水蜜桃为例，选择达到可采成熟期的七成熟、八成熟、九成熟和十成熟水蜜桃样本，该阶段水蜜桃果实发育较为完全，采后品质较佳或能够通过后熟获得较佳品质，满足采摘、运输和销售的基本标准[6]。通过测量相关成熟度指标，提出了基于聚核模糊分类的多维指标水蜜桃成熟度判别方法。

选取江苏省无锡市阳山镇“阳山蜜露”水蜜桃作为试验对象，试验于 2019 年 7 月在南京农业大学进行。按不同成熟度（见表 5-1[7]）采摘水蜜桃样本，所选水蜜桃样本形状相似、大小均匀、表面圆润、无病虫害、无挤压痕迹、无机械损伤。选留 120 个有效样本，其中，七成熟、八成熟、九成熟和十成熟的水蜜桃各 30 个，采后水蜜桃样本不做任何化学处理，立即进行相关指标测量。

表 5-1　水蜜桃成熟度划分标准

成熟度	划分标准
七成熟	底色绿或绿色开始减退，果实充分发育，果面基本平展无坑洼，中晚熟品种在缝合线附近有少量坑洼痕迹，果面茸毛较厚
八成熟	从果顶开始绿色明显减退，呈淡绿色或淡黄色。果面丰满，茸毛减少，果肉稍硬。有色品种已着色
九成熟	绿色大部分褪尽，呈现该品种应有的底色，如白色、乳白色、橙黄色，茸毛少，有色品种大部分着色。表现出品种的风味
十成熟	果实茸毛易脱落，无残留绿色。水蜜型桃柔软多汁，皮易剥离，稍压即流汁破裂；硬质型桃开始变绵

二、水蜜桃成熟度相关指标测量

水蜜桃采摘后的成熟度由多维度指标共同决定，如果形、果重、可溶性固形

物、色差、糖度、硬度、出汁率和腐烂率等。通过大量指标分析，选择 4 个与水蜜桃成熟度变化相关性较强的指标，即出汁率、糖度、硬度和失重率，综合评估水蜜桃成熟度。

（一）出汁率

出汁率是确定水蜜桃成熟度的重要指标，也是影响水蜜桃口感和消费者购买倾向的关键因素。量取 50g 水蜜桃样本果肉，以 2000r/min 的速度离心样本果肉，并以两层纱布过滤，称取过滤后果汁的重量记为 w，重复三次取平均值作为该水蜜桃样本的出汁率，标记为 J，计算方式见式（5-1）：

$$J=\frac{w}{50}\times 100\% \tag{5-1}$$

（二）糖度

糖度是确定水蜜桃成熟度和采后品质的重要指标[8]，准确测量水蜜桃糖度对决定最佳采摘时间和制定适当的水蜜桃销售策略至关重要。采用 WYT 型系列手持糖度计进行糖度测量，滴管吸取出汁率实验中的过滤液作为测量对象，每个水蜜桃样本重复实验三次，取平均值作为该样本糖度，标记为 S。

（三）硬度

硬度是与水蜜桃耐储运能力最相关指标，通常定义为使果实发生定量形变所需要最大的力[9]。本实验采用美国 FTC TMS-Pro 专业食品物性质构分析仪，选用圆柱形探针来测量水蜜桃的硬度，设置传感器为 400N，位移为 0mm，触发力为 0.2N，检测速度为 5mm/min，形变量为 20%。考虑到水蜜桃体积较大，在水蜜桃果实缝合线两侧各测量一次，取两侧平均值作为该水蜜桃样本的硬度值，标记为 F。

（四）失重率

失重率是体现水蜜桃呼吸和失水程度的重要指标，与水蜜桃成熟阶段息息相关。采用称重测量方法[10]，称量实验组水蜜桃样本原始重量 m_0，并分别在贮藏后连续称重第 i 天的果实重量 m_i，失重率标记为 W，计算方式如式（5-2）所示：

$$W=\frac{m_0-m_i}{m_0}\times 100\% \tag{5-2}$$

三、水蜜桃成熟度判别方法

将水蜜桃样本数据分为训练集和测试集：训练集由 60%的水蜜桃样本提供数据，各成熟阶段选择特征较明显且果实表面大致相同的 18 个有效样本；测试集由 40%的水蜜桃样本提供数据，各阶段选择余下的 12 个有效样本。基于训练集数据建立 FCKC 模型来判别水蜜桃成熟度（见图 5-1）。首先，根据模糊区域重叠度，设计水蜜桃成熟指标隶属度函数参数调整规则。其次，通过分析训练集隶属度离散程度，建立成熟指标权重集。再次，根据相邻成熟等级的模糊性，提出基于聚核权的去模糊化规则，计算调整后的隶属度向量。最后，输入测试集样本数据，输出水蜜桃成熟度判别结果。

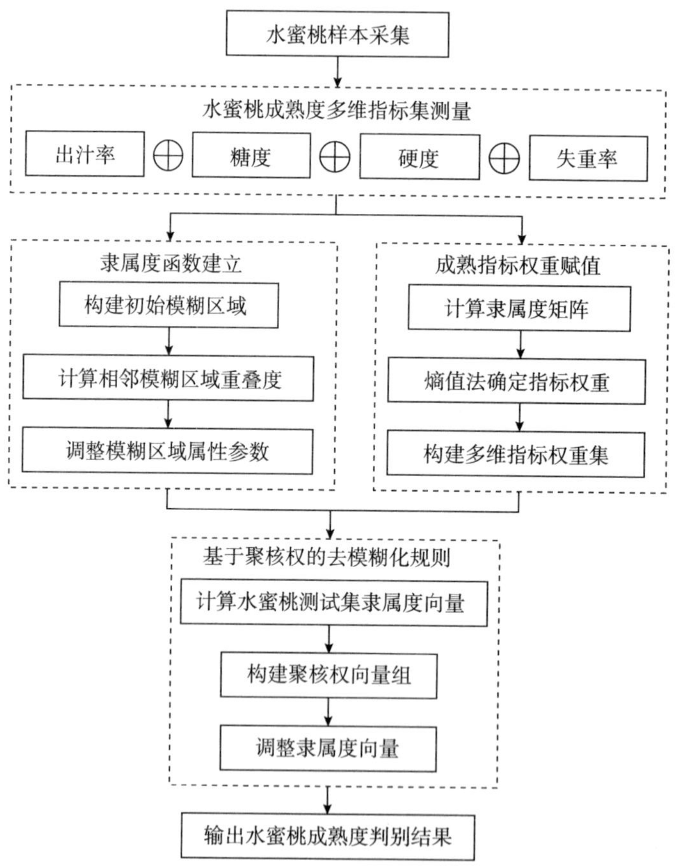

图 5-1　基于 FCKC 的多维指标水蜜桃成熟度判别方法

（一）考虑重叠度的成熟指标隶属度函数建立

水蜜桃各成熟等级划分不存在固定范值，对比广泛使用的三角分布函数，梯形分布和岭型分布函数弱化了高隶属度的唯一映射性。此外，考虑到水蜜桃果实生物特征，其呼吸跃变速率变化不一，利用区间和平滑的曲线来过渡不同取值的隶属度细微差别[11]。因此，选择半梯半岭分布函数刻画成熟等级隶属度[12]，设置水蜜桃单个成熟指标模糊区域集合为 $\{S_1, S_2, \cdots, S_k\}$，$S_k$ 对应函数属性参

数为 $\{\alpha_k^l,\ \beta_k^l,\ \beta_k^u,\ \alpha_k^u\}$，半梯半岭分布隶属度函数 $FS_k(x)$ 分别由偏小型、中间型和偏大型组成，如图 5-2 所示。

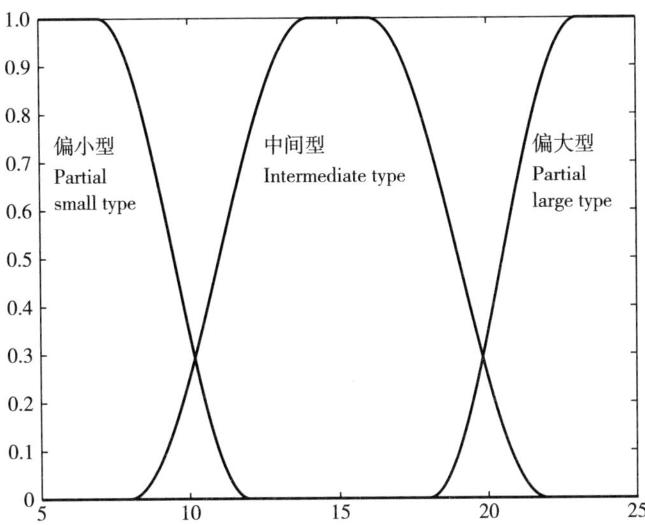

图 5-2　半梯半岭分布隶属度函数

偏小型半梯半岭分布函数如式（5-3）所示：

$$FS_k(x)=\begin{cases}1, & x\leqslant\beta_k^u\\ \dfrac{1}{2}-\dfrac{1}{2}\sin\dfrac{\pi}{\alpha_k^u-\beta_k^u}\left(x-\dfrac{\beta_k^u+\alpha_k^u}{2}\right), & \beta_k^u<x\leqslant\alpha_k^u\\ 0, & \alpha_k^u<x\end{cases}\tag{5-3}$$

中间型半梯半岭分布函数如式（5-4）所示：

$$FS_k(x)=\begin{cases}0, & x\leqslant\alpha_k^l\\ \dfrac{1}{2}+\dfrac{1}{2}\sin\dfrac{\pi}{\beta_k^l-\alpha_k^l}\left(x-\dfrac{\alpha_k^l+\beta_k^l}{2}\right), & \alpha_k^l<x\leqslant\beta_k^l\\ 1, & \beta_k^l<x\leqslant\beta_k^u\\ \dfrac{1}{2}-\dfrac{1}{2}\sin\dfrac{\pi}{\alpha_k^u-\beta_k^u}\left(x-\dfrac{\beta_k^u+\alpha_k^u}{2}\right), & \beta_k^u<x\leqslant\alpha_k^u\\ 0, & \alpha_k^u<x\end{cases}\tag{5-4}$$

偏大型半梯半岭分布函数如式（5-5）所示：

$$FS_k(x)=\begin{cases}0, & x\leqslant\alpha_k^l\\ \dfrac{1}{2}+\dfrac{1}{2}\sin\dfrac{\pi}{\beta_k^l-\alpha_k^l}\left(x-\dfrac{\alpha_k^l+\beta_k^l}{2}\right), & \alpha_k^l<x\leqslant\beta_k^l\\ 1, & \beta_k^l<x\leqslant\beta_k^u\end{cases} \tag{5-5}$$

根据训练集数据分布，确定单个指标论域范围，引入成熟指标的初始模糊区域间隔 $\mathrm{Inter}(x)$，计算方式如式（5-6）所示：

$$\mathrm{Inter}(x)=\left[\frac{x_{\min}+x_{\max}}{N}\times\gamma\right] \tag{5-6}$$

式中，$x_{\min}$ 为该指标测量最小值，$x_{\max}$ 为该指标测量最大值；N 为训练集样本量；γ 为间隔数量调整参数。

根据论域和模糊区域间隔，建立初始模糊区域 $\{MS_1, MS_2, \cdots, MS_k\}$，并引入相邻模糊区域重叠度 $\mathrm{Lap}(MS_k, MS_{k+1})$ 来调整隶属度函数边缘属性参数 α_k^l 和 α_k^u[4]，重叠度计算方式如式（5-7）所示：

$$\mathrm{Lap}(MS_k, MS_{k+1})=\frac{MS_k\cap MS_{k+1}}{MS_k\cup MS_{k+1}} \tag{5-7}$$

式中，MS_k 为单个指标的第 k 个模糊区域。若 $MS_1=\{S_1, S_2\}$，$MS_2=\{S_2, S_3\}$，则 $\mathrm{Lap}(MS_1, MS_2)=1/3$，根据重叠度调整边缘属性参数 α_k^l 和 α_k^u。具体存在以下三种情况：

情况 1：$\mathrm{Lap}(MS_k, MS_{k+1})=0$

若 MS_k 和 MS_{k+1} 模糊区域间不存在相同的成熟度等级，则保持 MS_k 和 MS_{k+1} 的初始边缘属性参数。

情况 2：$\mathrm{Lap}(MS_k, MS_{k+1})=\vartheta$

若 MS_k 和 MS_{k+1} 模糊区域存在部分重叠的成熟度等级，则根据重叠度来调整 MS_k 和 MS_{k+1} 的初始边缘属性参数，计算方式如式（5-8）和式（5-9）所示：

$$(\alpha_k^u)'=(\alpha_{k+1}^u-\alpha_{k+1}^l)\times\vartheta+\alpha_k^u \tag{5-8}$$

$$(\alpha_{k+1}^l)'=\alpha_{k+1}^l-(\alpha_k^u-\alpha_k^l)\times\vartheta \tag{5-9}$$

情况 3：$\mathrm{Lap}(MS_k, MS_{k+1})=1$

若 MS_k 和 MS_{k+1} 模糊区域包含的成熟度等级完全相同，则合并相邻模糊区域，调整新的模糊区域为 $(\alpha_k^l)'=\alpha_k^l$，$(\alpha_k^u)'=\alpha_{k+1}^u$。

水蜜桃成熟度分为四个等级，七成熟 S_1、八成熟 S_2、九成熟 S_3 和十成熟 S_4，通过重叠度训练最终合并为四个模糊区域，计算调整后的隶属度函数边缘属性参数。此外，利用百分位数统计法，确定四个模糊区域的中间属性参数 β_k^l 和 β_k^u，将 40 百分位数定义为 β_k^l，60 百分位数定义为 β_k^u。

（二）基于熵值法的水蜜桃成熟多指标权重集

考虑到不同指标提供成熟度信息的差别，利用熵值法测量各指标的信息量多少，同时确定多指标权重集[13]。

首先，输入水蜜桃测试组样本 i 的成熟指标数据 $[x_i^1, x_i^2, x_i^3, x_i^4]$，根据式（5-6）～式（5-9）计算得到水蜜桃样本 i 的隶属度矩阵 M_i，如式（5-10）所示：

$$M_i=[FS_1, FS_2, FS_3, FS_4]=\begin{bmatrix} FS_1^1(x_i^1) & FS_2^1(x_i^1) & FS_3^1(x_i^1) & FS_4^1(x_i^1) \\ FS_1^2(x_i^2) & FS_2^2(x_i^2) & FS_3^2(x_i^2) & FS_4^2(x_i^2) \\ FS_1^3(x_i^3) & FS_2^3(x_i^3) & FS_3^3(x_i^3) & FS_4^3(x_i^3) \\ FS_1^4(x_i^4) & FS_2^4(x_i^4) & FS_3^4(x_i^4) & FS_4^4(x_i^4) \end{bmatrix} \tag{5-10}$$

式中，$FS_3^2(x_i^2)$ 为水蜜桃样本 i 第 2 个成熟指标对应的第 3 个成熟等级的隶属度。

其次，对隶属度矩阵 M_i 进行归一化处理，如式（5-11）所示：

$$(FS_i^{index}(x_i^{index}))^*=\frac{FS_i^{index}(x_i^{index})-\min\{FS_i^{index}(x_i^{index})\}}{\max\{FS_i^{index}(x_i^{index})\}-\min\{FS_i^{index}(x_i^{index})\}} \tag{5-11}$$

式中，$\min\{FS_i^{index}(x_i^{index})\}$ 和 $\max\{FS_i^{index}(x_i^{index})\}$ 分别为水蜜桃成熟指标隶属度计算值的下限和上限；x_i^{index} 为第 i 个水蜜桃样本的成熟指标 $index$ 的测量值。

计算各水蜜桃成熟指标的信息熵 E_{index} 和各成熟指标权重，如式（5-12）～式（5-14）所示：

$$E_{index}=-\ln(N)^{-1}\sum_{i=1}^{N}p_i^k\times\ln(p_i^k) \tag{5-12}$$

$$p_i^k=\frac{(FS_i^{index}(x_i^{index}))^*}{\sum_{i=1}^{N}((FS_i^{index}(x_i^{index}))^*)} \tag{5-13}$$

$$ew_{index}=\frac{1-E_{index}}{N-\sum E_{index}} \tag{5-14}$$

最后，建立水蜜桃单个成熟多指标权重集 $EW_k=[ew_1^k, ew_2^k, \cdots, ew_{index}^k]$，计算得出水蜜桃样本 i 隶属度向量如式（5-15）所示：

$$B_i=[EW_1\times FS_1, EW_2\times FS_2, \cdots, EW_k\times FS_k]=[p_i^1, p_i^2, \cdots, p_i^k] \tag{5-15}$$

（三）基于聚核权的去模糊化规则

模糊分类通常采用最大隶属度准则来确定输出的类别，当隶属度向量 B_i 的最大值明显大于其余隶属度值时，则根据最大隶属度判断水蜜桃成熟度等级。然而，当隶属度向量 B_i 的最大值与其他隶属度值差距较小时，很容易造成相邻成熟度等级的混淆。因此，引入聚核权向量组 $W_k=(w_1, w_2, \cdots, w_k)$，将隶属度向量 B_i 中成熟度阶段 k 的隶属度 p_i^k 相邻分量所包含的支持信息归纳到中心分量[14]，从而获得融合了相邻分量重要成熟信息的新隶属度向量，如式（5-16）所示：

$$\begin{cases} w_1=\dfrac{1}{\sum_1^k \omega_k}(\omega_k, \omega_{k-1}, \omega_{k-2}, \cdots, \omega_1) \\ w_2=\dfrac{1}{\sum_2^k \omega_k+\omega_{k-1}}(\omega_{k-1}, \omega_k, \omega_{k-1}, \cdots, \omega_1) \\ \vdots \\ w_{k-1}=\dfrac{1}{\sum_1^k \omega_k+\omega_{k-1}}(\omega_2, \omega_3, \cdots, \omega_k, \omega_{k-1}) \\ w_k=\dfrac{1}{\sum_1^k \omega_k}(\omega_1, \omega_2, \cdots, \omega_k) \end{cases} \tag{5-16}$$

式中，w_k 为隶属度 p_i^k 对应的权向量组，ω_k 是中心权系数，相邻的权系数依次递减，即 $\omega_k>\omega_{k-1}>\omega_{k-2}>\cdots>\omega_1$。该权向量组能保留中心隶属度的最大贡献，同时考虑相邻类别对其的影响，具体步骤如下：

步骤 1：根据式（5-3）~式（5-15）计算得出原始隶属度向量组 $B_i=[p_i^1, p_i^2, \cdots, p_i^k]$；

步骤 2：定义向量组中最大隶属度为 $(p_i^k)'$，定义向量组中第二大隶属度为 $(p_i^k)''$；

步骤 3：确定阈值 θ；

步骤 4：若 $(p_i^k)'-(p_i^k)''>\theta$，输出水蜜桃成熟度等级为 k；否则转入步骤 5；

步骤 5：若 $(p_i^k)'-(p_i^k)''\leq\theta$，引入聚核权向量组 $W_k=(w_1, w_2, \cdots, w_k)$；

步骤 6：计算调整后隶属度向量组 $B_i^1=W_k \cdot B_i^T$；

步骤 7：定义调整后隶属度向量组 B_i^1 最大隶属度 $(p_i^k)'$，输出水蜜桃成熟度等级 k。

第二节　水蜜桃成熟度指标分析及判别模型的建立

本节首先通过分析水蜜桃成熟度指标数据分布情况，确立隶属度函数属性参数；其次基于熵值法测算多维指标权重集，建立基于 FCKC 的水蜜桃成熟度判别

模型；最后通过对比不同形式的隶属度函数、去模糊化规则和其他分类器，进一步验证 FCKC 方法在水蜜桃成熟度判别问题中的有效性。所有实验和统计分析均在 MATLAB 2017a 和 SPSS 22.0 上进行，显著性水平设为 0.05。

一、水蜜桃成熟度指标分析

水蜜桃成熟指标的分布情况可以描述不同阶段的果实生长差异，平均值和标准差可以描述成熟指标随时间的变化趋势[15]，变异系数（Coefficient of Variation，CV）可以解释各成熟阶段数据的相似性和差异性[16]。

如表 5-2 所示，出汁率和糖度指标在各成熟阶段变化幅度较小，相邻成熟阶段之间数据范围重叠较多，且 CV 值较小，分别为 7.24%和 11.61%，各阶段差异性较小。出汁率和糖度指标区间界限不清晰，仅根据这两个指标细化四个成熟度，容易带来较多噪声和较大难度。而硬度和失重率指标在水蜜桃成熟过程中变化幅度较大，相邻成熟阶段间数据几乎无重叠，且 CV 值分别为 39.22%和 41.20%，远大于出汁率和糖度。

表 5-2　水蜜桃各成熟阶段指标数据分析

指标	水蜜桃成熟度等级				CV（%）
	七成熟	八成熟	九成熟	十成熟	
出汁率 J（%）	67.74 ± 3.32^{d}	72.45 ± 2.39^{c}	77.51 ± 1.45^{b}	80.53 ± 1.52^{a}	7.24
糖度 S（%）	7.92 ± 0.55^{c}	8.92 ± 0.66^{b}	9.36 ± 0.66^{a}	9.62 ± 1.21^{a}	11.61
硬度 F（N）	32.08 ± 2.42^{a}	24.29 ± 2.03^{b}	19.03 ± 1.55^{c}	9.74 ± 1.50^{d}	39.22
失重率 W（%）	3.26 ± 0.95^{d}	6.74 ± 0.82^{c}	9.23 ± 0.89^{b}	11.46 ± 0.71^{a}	41.20

注：值为平均值±标准差；同一行中不同字母上标表示差异显著。

二、基于 FCKC 的多维指标水蜜桃成熟度判别模型

为了进一步确定隶属度函数，本节利用模糊统计法研究水蜜桃成熟指标各阶段的频率分布。以出汁率为例，选取中间型成熟阶段（八成熟、九成熟），根据训练集数据绘制频率分布直方图。如图 5-3 所示，对于八成熟、九成熟水蜜桃出汁率而言，论域两端样本较少，而论域中间区域样本较多且集中，呈现越靠近中间区域样本数增长越快的趋势。因此，选择半梯半岭型分布隶属度函数来描述水蜜桃成熟指标分布，更符合水蜜桃生长特征。

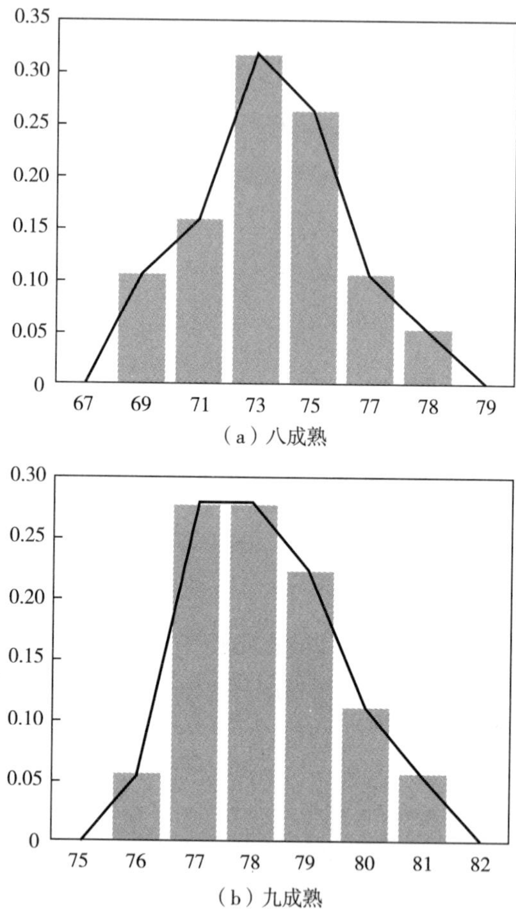

（a）八成熟

（b）九成熟

图 5-3　水蜜桃出汁率指标中间型阶段频率分布

根据成熟指标模糊区域重叠度，调整确定隶属度函数参数，以出汁率指标为例（见表 5-3）。将出汁率指标的初始模糊区域分为 5 类 $\{MS_1, MS_2, MS_3, MS_4, MS_5\}$，所对应的样本成熟度等级范围分别为 $\{S_1\}$，$\{S_1, S_2\}$，$\{S_2\}$，$\{S_2, S_3, S_4\}$，$\{S_3, S_4\}$。根据重叠度调整边缘属性参数 α_k^l 和 α_k^u，直至合并相邻模糊区域为四类，根据调整后的参数建立出汁率隶属度模型。

表 5-3　出汁率指标隶属度函数参数调整

初始模糊区域	第一次调整				第二次调整			
	成熟度	重叠度	$(\alpha_k^l)'$	$(\alpha_k^u)'$	成熟度	重叠度	$(\alpha_k^l)'$	$(\alpha_k^u)'$
MS_1	$\{S_1\}$	$\mathrm{Lap}(MS_1, MS_2)=\frac{1}{2}$	63.00	69.00	$\{S_1, S_2\}$	$\mathrm{Lap}(MS_1, MS_2)=1$	63.00	73.00

续表

初始模糊区域	第一次调整				第二次调整			
	成熟度	重叠度	$(\alpha_k^l)'$	$(\alpha_k^u)'$	成熟度	重叠度	$(\alpha_k^l)'$	$(\alpha_k^u)'$
MS_2	$\{S_1, S_2\}$	$Lap(MS_2, MS_3)=\frac{1}{2}$	65.00	73.00	$\{S_1, S_2\}$	$Lap(MS_2, MS_3)=\frac{2}{3}$	63.67	80.33
MS_3	$\{S_2\}$	$Lap(MS_3, MS_4)=\frac{1}{3}$	69.00	76.33	$\{S_1, S_2, S_3\}$	$Lap(MS_3, MS_4)=\frac{1}{2}$	70.00	86.11
MS_4	$\{S_2, S_3, S_4\}$	$Lap(MS_4, MS_5)=\frac{2}{3}$	73.67	81.67	$\{S_2, S_3, S_4\}$	$Lap(MS_4, MS_5)=\frac{2}{3}$	71.00	83.00
MS_5	$\{S_3, S_4\}$		76.33	83.00	$\{S_3, S_4\}$			

其余水蜜桃成熟指标（糖度、硬度和失重率）根据表5-3同样步骤，计算得出最终隶属度函数边缘属性参数，并根据百分位数统计法确定4个模糊区域的中间属性参数 β_k^l 和 β_k^u。最终，计算得出最终水蜜桃成熟指标参数（见表5-4），绘制相对应的隶属度函数曲线（见图5-4），其中，J 为出汁率，S 为糖度，F 为硬度，W 为失重率。

表5-4　水蜜桃成熟指标隶属度函数属性参数

成熟指标	FS_1		FS_2				FS_3				FS_4	
	β_k^u	α_k^u	α_k^l	β_k^l	β_k^u	α_k^u	α_k^l	β_k^l	β_k^u	α_k^u	α_k^l	β_k^l
J（%）	68.01	73.00	63.67	72.06	72.87	80.33	70.00	76.88	77.61	86.11	71.00	80.49
S（%）	8.02	9.33	6.45	8.80	9.07	10.37	7.22	9.24	9.49	12.20	8.76	8.94
F（N）	22.00	30.95	8.67	22.22	22.86	26.00	6.00	18.76	19.28	26.67	9.82	18.67
W（%）	3.29	6.64	2.00	6.19	7.03	9.58	2.98	9.26	9.54	10.68	7.87	11.35

根据训练集样本数据计算得出每个样本的隶属度矩阵，采用熵值法式（5-12）~式（5-14）确定各成熟指标权重集 $EW_1=[0.24, 0.28, 0.25, 0.23]$，$EW_2=[0.26, 0.27, 0.24, 0.23]$，$EW_3=[0.26, 0.27, 0.24, 0.23]$，$EW_4=[0.27, 0.26, 0.22, 0.25]$。综合四个成熟阶段的指标权重，即计算 $\sum_k e_{index}^k$ 得出：$e_1=1.03$，$e_2=1.08$，$e_3=0.95$，$e_4=0.94$。因此，对水蜜桃成熟影响程度由

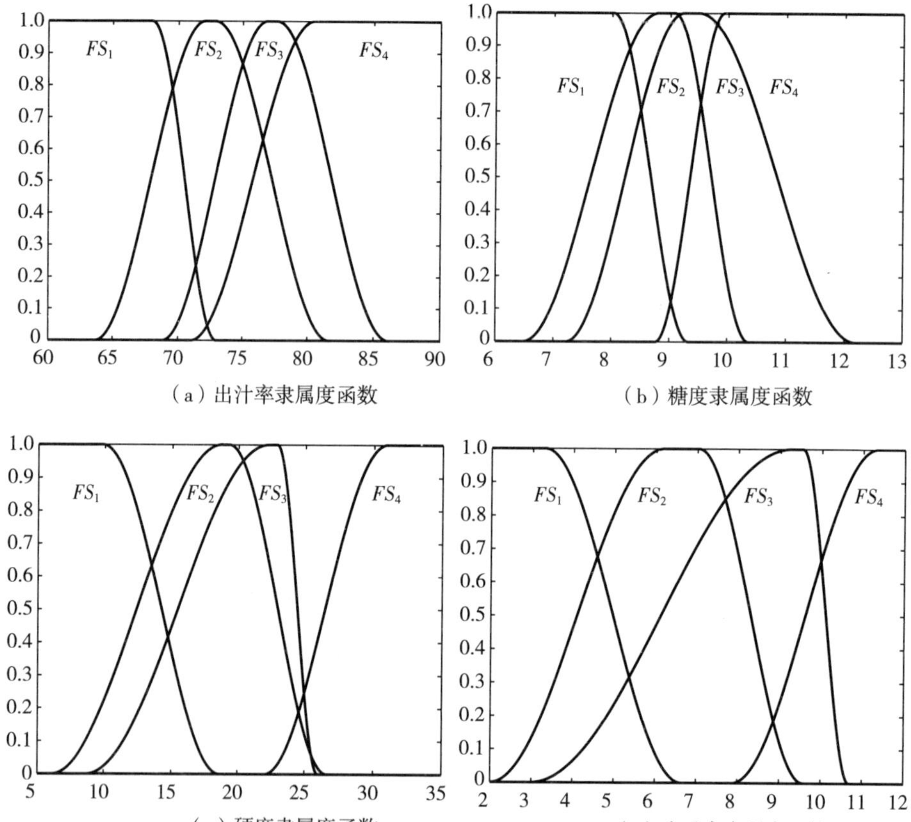

（a）出汁率隶属度函数

（b）糖度隶属度函数

（c）硬度隶属度函数

（d）失重率隶属度函数

图 5-4　水蜜桃各成熟指标隶属度函数表示

大到小依次为糖度、出汁率、硬度和失重率。去模糊化阈值 $\theta=0.1$，聚核权向量组设置为：$w_1=\frac{1}{10}(4,\ 3,\ 2,\ 1)$，$w_2=\frac{1}{12}(3,\ 4,\ 3,\ 2)$，$w_3=\frac{1}{12}(2,\ 3,\ 4,\ 3)$，$w_4=\frac{1}{10}(1,\ 2,\ 3,\ 4)$。

第三节　水蜜桃成熟度判别模型结果分析及检验

一、水蜜桃成熟度判别模型结果分析

将测试集 48 个水蜜桃样本用于成熟度模型的正确率检验，训练结果如表

5-5 所示，基于 FCKC 模型的水蜜桃成熟度判别模型整体正确率为 93.75%。在七成熟阶段，由于果实相对偏硬，且口感欠佳，糖度指标较低，阶段特征较明显，因此该阶段模型判断正确率较高。在八成熟、九成熟阶段，果实处于呼吸跃变阶段，呼吸速率增长较快且易达到高峰，受环境和果实生物特征的影响，不同果实之间指标变化速率不一致，给模型判别带来难度。而对于十成熟阶段，果实硬度降到最低，且含水率达到顶峰，给水蜜桃成熟度识别提供了较强依据。

表 5-5 水蜜桃成熟度 FCKC 判别模型正确率

实测值	预测值				正确百分比（%）
	七成熟	八成熟	九成熟	十成熟	
七成熟	12	0	0	0	100.00
八成熟	2	10	0	0	83.33
九成熟	0	0	11	1	91.67
十成熟	0	0	0	12	100.00
阶段百分比（%）	29.17	20.83	22.92	27.08	93.75

进一步分析 FCKC 模型的判别性能，基于表 5-5 中的混淆矩阵计算准确率（*Accuracy*）、精确率（*Precision*）、召回率（*Recall*）和 *F* 值（F_{score}）评估指标。*TP* 为该成熟等级的水蜜桃被正确判别为该等级的数量占比，*FN* 为该成熟等级的水蜜桃被错误判别为其他等级的数量占比，*FP* 为其他成熟等级的水蜜桃被错误判别为该等级的数量占比，*TN* 为其他成熟等级的水蜜桃被正确判别为其他等级的数量占比，具体计算如式（5-17）~式（5-20）所示。

$$Accuracy=\frac{TP+TN}{TP+TN+FP+FN} \tag{5-17}$$

$$Precision=\frac{TP}{TP+FP} \tag{5-18}$$

$$Recall=\frac{TP}{TP+FN} \tag{5-19}$$

$$F_{score}=\frac{2\times Precision\times Recall}{Precision+Recall} \tag{5-20}$$

如图 5-5 所示，FCKC 模型识别水蜜桃成熟度平均准确率为 0.97，该模型能够准确判别大部分水蜜桃成熟等级，尤其是九成熟、十成熟阶段。而就精确率而言，八成熟、九成熟的水蜜桃精确率较高，则意味着七成熟和十成熟的水蜜桃基本不会错误判别为其他阶段，而八成熟、九成熟的水蜜桃容易错误判别为相邻成熟等级。召回率反映了正确判别的能力，由于七成熟、十成熟阶段的水蜜桃，具有较明显的成熟特征（如硬度和出汁率等），因此能被较为准确识别，对于八成熟、九成熟过渡阶段，成熟指标的细微差别，给判别带来较大难度。F 值是全面评估判别模型性能的综合性指标，FCKC 模型对各成熟阶段判别 F 值均大于 0.9，尤其是九成熟、十成熟的阶段，其 F 值高于 0.95。因此，FCKC 模型能够较好判别水蜜桃成熟等级，尤其是七成熟、九成熟和十成熟阶段水蜜桃。

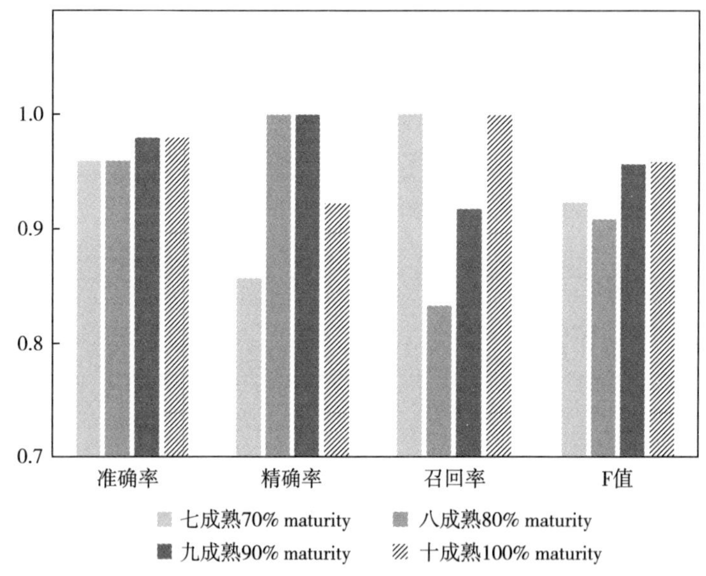

图 5-5　水蜜桃成熟阶段判别性能指标对比

通过分析水蜜桃样本不同成熟阶段的隶属度值，计算各成熟阶段模型预测误差如图 5-6 所示。当水蜜桃处于十成熟时，模型预测误差最小，且误差较集中，平均误差为 0.11。当水蜜桃处于八成熟时，模型预测误差最大，平均误差为 0.37，且误差分布较分散，表明判别模型在该阶段判别性能较低。总的来说，基于 FCKC 的多维指标水蜜桃成熟度判别模型能够较准确地识别出水蜜桃七成熟、十成熟阶段，对于八成熟、九成熟阶段，由于水蜜桃成熟度指标信息之间混淆性较强，导致判断性能略有下降。

二、基于 FCKC 的水蜜桃成熟度判别模型评价与验证

为了分析聚核权去模糊化规则的判别性能，选择常见的三角分布、梯形分布隶属度函数，分别与最大隶属度法、聚核权模糊化规则相组合进行对比。保持输

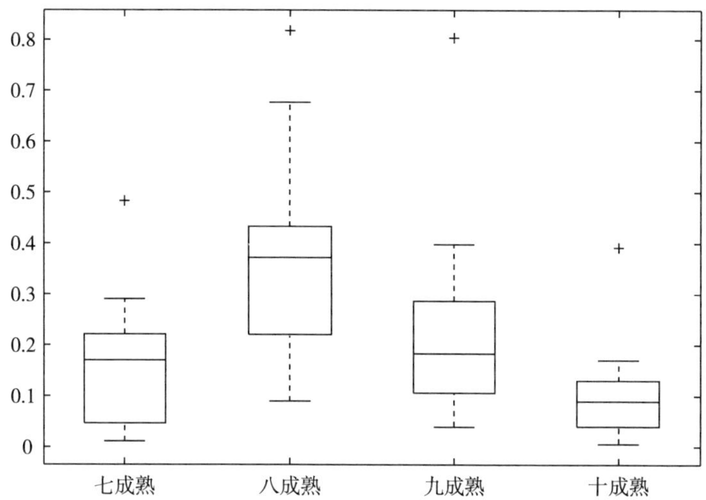

图 5-6　水蜜桃成熟度判别模型各阶段预测误差

入的训练集和测试集样本数据不变，选择半梯半岭分布隶属度函数边缘属性参数和训练集样本平均值，定义其为三角分布隶属度函数属性参数，梯形分布隶属度函数属性参数与表 5-4 参数保持一致，建立相对应的水蜜桃成熟度分类模型。

如表 5-6 所示，对比三角分布和梯形分布隶属度函数，采用平滑且具有区间性的半梯半岭分布隶属度函数能够提高水蜜桃成熟度判别正确率 2.08%～12.50%。对比常见的最大隶属度法，采用聚核权规则能够减少相邻成熟阶段之前的混淆信息，平均提高各成熟阶段判别正确率 9.91%。举例而言，当输入某七成熟的水蜜桃样本指标值：出汁率 74.86%，糖度 8.16%，硬度 24.70N，失重率 4.45%，计算得出原始隶属度向量组 $B=[0.57, 0.64, 0.31, 0.04]$，若根据最大隶属度法，输出该水蜜桃样本为八成熟。根据聚核权规则，由于 $p'-p''<0.1$，引入聚核权向量，调整后隶属度向量组 $B^1=[0.49, 0.44, 0.37, 0.29]$，则正确输出该水蜜桃样本为七成熟。此外，对水蜜桃不同成熟阶段而言，七成熟和十成熟判别准确率较高。成熟等级较低的水蜜桃，根据其隶属度可以较为容易地判别为七成熟；而一些成熟等级较高的水蜜桃，较大的果实生理指标变化能够提高该阶段的判别准确率。因此，FCKC 模型更好地考虑了水蜜桃成熟度的模糊性和不确定性，更符合其生长成熟趋势。

为了对比 FCKC 模型与其他常见分类器的判别效果，选择广义神经网络（General Regression Neural Network，GRNN）和多分类支持向量机（Multiclass Support Vector Machine，MSVM）[17]，固定训练集和测试集样本数据，设置最优参数获取最佳判别结果。

表 5-6　不同水蜜桃成熟度判别模型对比

隶属度函数	去模糊化规则	正确百分比（%）				
		七成熟	八成熟	九成熟	十成熟	总体
三角分布	最大隶属度法	83.33	66.67	83.33	91.67	81.25
	聚核权规则	91.67	75.00	83.33	91.67	85.42
梯形分布	最大隶属度法	91.67	83.33	75.00	91.67	85.42
	聚核权规则	91.67	**91.67**	83.33	**100.00**	91.67
半梯半岭分布	最大隶属度法	91.67	83.33	**91.67**	91.67	89.58
	聚核权规则	**100.00**	83.33	**91.67**	**100.00**	**93.75**

注：表中数据加粗为该列最大值，数据加下划线为该行最大值。

如表 5-7 所示，MSVM 模型正确判别了 44 个水蜜桃样本（七成熟样本 11 个，八成熟样本 10 个，九成熟样本 11 个，十成熟样本 12 个）；GRNN 模型正确判别了 42 个水蜜桃样本（七成熟样本 10 个，八成熟样本 10 个，九成熟样本 10 个，十成熟样本 12 个）。

表 5-7　水蜜桃成熟度 MSVM 和 GRNN 模型判别结果

实测值	MSVM 模型判别预测值				GRNN 模型判别预测值			
	七成熟	八成熟	九成熟	十成熟	七成熟	八成熟	九成熟	十成熟
七成熟	**11**	1	0	0	**10**	2	0	0
八成熟	1	**10**	1	0	1	**10**	1	0
九成熟	0	1	**11**	0	0	2	**10**	0
十成熟	0	0	0	**12**	0	0	0	**12**

注：表中数据加粗为成熟度判别正确的水蜜桃样本数。

模型各阶段判别正确率如图 5-7 所示，MSVM 和 GRNN 对水蜜桃成熟度判别整体正确率分别为 91.67%和 87.50%，基本实现水蜜桃成熟度的判断，但正确率略低于 FCKC 方法。尤其是对于八成熟和九成熟的水蜜桃而言，传统的分类方法因其成熟度界限量化的明确性，出现模糊区间信息时，误判的可能性会增大。考虑到成熟阶段间模糊信息较多，利用 FCKC 方法能够提供更科学合理、包容性更强的判断依据，对水蜜桃等模糊成熟度判别更有效。

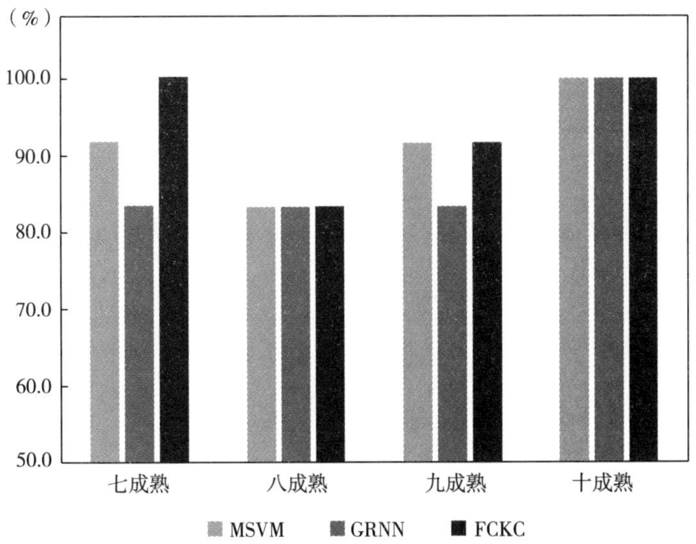

图 5-7 FCKC 模型与常见分类器判别方法正确率对比

第四节 本章小结

本章针对水蜜桃成熟度的模糊性与区间性特征，以提高水蜜桃成熟度判别精度为目的，采用模糊分类方法，选择与水蜜桃成熟相关的出汁率、糖度、硬度和失重率指标构建多维指标数据集，建立了基于聚核模糊分类的水蜜桃成熟度判别方法。本章的研究工作和研究贡献具体表现在三个方面：

第一，识别了水蜜桃成熟过程中影响显著的内部与外部重要指标，融合了评价水蜜桃成熟等级的多个指标信息，并构建多维指标数据集。研究表明，仅依靠单个指标无法充分反映水蜜桃实际成熟情况，需要综合选择内部与外部指标来全面评价水蜜桃成熟状态。

第二，提出了模糊区间重叠度调整隶属度函数属性参数，根据水蜜桃成熟度指标数据分布建立半梯半岭型隶属度函数。研究表明，该方法考虑了成熟阶段间的模糊性，降低了严格值映射下的指标信息和成熟度过拟合情况，能够有效减少指标数据映射模糊成熟度区间的不确定性。

第三，引入聚核权规则来降低相邻成熟阶段的混淆性，构建基于聚核模糊分类的水蜜桃成熟度判别模型。研究表明，所提出的模型在判别水蜜桃成熟度方面，正确率达到93.75%，对比传统的三角分布隶属度函数和最大隶属度去模糊化规则，所提出的模型提高了测试集正确率2.08%~12.50%；对比GRNN和MS-VM分类器，所提出的模型能够提高各成熟阶段的判别精度。证明了该水蜜桃成熟度判别方法的有效性，能够更精确地识别水蜜桃成熟状态。

本章提出了一种便捷高效的水蜜桃成熟度量化方法，为农户根据成熟度变化规律，提前制定科学的配送与销售策略，提供了科学可靠的决策依据。

参考文献

［1］江亿平，卞贝，张兆同，潘磊庆，汪小昆．基于聚核模糊分类的多指标水蜜桃成熟度判别［J］．食品与发酵工业，2021，47（9）：174-182.

［2］卞贝．农宅直销模式下基于成熟度的水蜜桃采摘配送与双渠道定价研究［D］．南京农业大学，2021.

［3］Spadaro D，Droby S. Development of biocontrol products for postharvest diseases of fruit：The importance of elucidating the mechanisms of action of yeast antagonists［J］. Trends in Food Science & Technology，2016（47）：39-49.

［4］Goel N，Sehgal P. Fuzzy classification of pre-harvest tomatoes for ripeness estimation-An approach based on automatic rule learning using decision tree［J］. Applied Soft Computing，2015（36）：45-56.

［5］Ruan J H，Shi Y. Monitoring and assessing fruit freshness in IOT-based e-commerce delivery using scenario analysis and interval number approaches［J］. Information Sciences，2016（373）：557-570.

［6］高新会．考虑模糊时间和成熟度的跨区域鲜果配送路径优化研究［D］. 杨凌：西北农林科技大学，2020.

［7］中华人民共和国商业部．SB/T 10090-1992 鲜桃［S］．北京：中国标准出版社，1992.

［8］徐惠荣，李青青．皇冠梨糖度可见/近红外光谱在线检测模型传递研究［J］．农业机械学报，2017，48（9）：312-317.

［9］Sanaeifar A，Bakhshipour A，de la Guardia M. Prediction of banana quality indices from color features using support vector regression［J］. Talanta，2016（148）：54-61.

［10］马常阳，张小栓，朱志强，等．基于多元回归的鲜食葡萄保鲜技术效

果评估［J］．农业机械学报，2015，46（1）：216-223.

［11］卢中山，张楠，杜世伟，等．基于模糊理论的猪胴体喷淋作业参数优选［J］．南京农业大学学报，2017，40（4）：750-757.

［12］戴志辉，刘媛，邱小强，韩健硕．基于变权重模糊综合评判法的保护装置状态评价［J］．电测与仪表，2021，58（4）：150-157.

［13］林致通，张东霞，雷雯，等．基于模糊数学与感官质构分析建立鲜凉皮食用品质评价标准［J］．食品与发酵工业，2020，46（7）：225-233.

［14］刘思峰，张红阳，杨英杰．"最大值准则"决策悖论及其求解模型［J］．系统工程理论与实践，2018，38（7）：1830-1835.

［15］孟祥忍，王恒鹏，吴鹏，等．低温蒸煮牛肉品质评价模型的构建与分析［J］．食品科学技术学报，2020，38（1）：88-96.

［16］Khojastehnazhand M，Mohammadi V，Minaei S. Maturity detection and volume estimation of apricot using image processing technique［J］. Scientia Horticulturae，2019（251）：247-251.

［17］Kecman V. Learning and soft computing，support vector machines，neural networks，and fuzzy logic models［M］. Cambridge：MIT Press，2001.

采摘与配送联合优化篇

第六章　基于成熟度的农产品采摘与配送联合优化研究

本章以水蜜桃为例研究采摘与配送联合优化模型。水蜜桃成熟度动态演化性和消费需求分布差异性，决定了采摘配送决策需要综合考虑成熟度在时间维度上的状态变化，以及订单在空间维度的地理位移。因此，本章从时间和空间两个维度剖析了水蜜桃采摘与配送联合优化问题，提出了基于成熟度的水蜜桃采摘与配送联合优化时空网络建模方法与求解算法[1]。首先，结合第五章水蜜桃成熟度判别相关研究，采集采摘配送环节下水蜜桃成熟度时序数据，挖掘成熟度与时间之间的关联关系；其次，综合水蜜桃成熟度演化性与采摘配送时效性特征，引入成熟度偏差的决策目标与约束规则，从时间与空间维度明确成熟度与采摘配送决策的耦合性，应用时空网络理论方法，构建基于成熟度的水蜜桃采摘与配送联合优化模型；再次，针对联合优化模型结构特征与决策变量属性，设计基于交替方向乘子法的模型求解算法；最后，通过数值仿真，得到采摘时间、采摘成熟度、配送时间与配送路线最优决策，以验证模型和算法有效性。

第一节　水蜜桃成熟度演化模型的建立

一、水蜜桃采摘与配送联合优化问题描述

随着电子商务平台和消费模式的迅速发展，鲜果网上零售因其便利性、多样性和个性化特征，成为城市地区鲜果购买的新兴趋势。考虑到消费者购买偏好由数量向质量转移，服务时效性和鲜果品质成为消费者越来越关注的方面。在此背景下，农宅直销模式聚焦产地周边区域，实现了短时间内鲜果从田头到餐桌的直线供应，极大地减少了流通环节，在降低配送时间和物流成本以及品质保障方面

具有很大优势。水蜜桃是我国特色农产品之一，具有典型的呼吸跃变性质（即可采成熟期进行采摘，采后在适宜的条件下可以自然完成后熟）。农户为了延长水蜜桃保质期，减少其品质恶化，通常在其达到可采成熟度阶段即进行采摘（如七成熟、八成熟、九成熟和十成熟），以降低运输难度，减少运输成本，延长货架期。然而，由于水蜜桃成熟度特征复杂，消费者订单需求存在差异，地理位置分散，时间窗分布多样，给水蜜桃零售商带来更多决策挑战。因此，本研究基于成熟度优化水蜜桃采摘配送物流环节，以保证交付时水蜜桃具有较高适销性和较佳成熟度。

水蜜桃采摘与配送联合优化需要解决三个关键问题：

（1）成熟度量化。量化采摘配送环节中的水蜜桃成熟度，需要综合考虑采摘成熟度、特征指标分布和采后时间等因素，给成熟度量化带来更多数据处理难度。

（2）时空的协同。为了保证水蜜桃的品质，降低配送成本，需要同时考虑成熟时间、采摘时间、物流配送时间等复杂时间因素，以及采摘基地、订单地理位置、配送网络等复杂的空间因素。

（3）决策间耦合。农宅直销模式下，采摘决策和配送环节相互影响，联合决策采摘成熟度、车辆安排和最优路线是复杂的。本节以时空网络建模方法理论为基础，通过构建采摘与配送联合优化模型，以最小化配送成本、时间窗惩罚和成熟度偏差为目标，制定水蜜桃采摘配送最优决策。

基于成熟度的水蜜桃采摘与配送联合优化问题包含订单收集、策略制定、采摘决策、配送路线等多个环节，如图 6-1 所示。水蜜桃零售商从分散的消费者（c_1，c_2，…，c_i）处收集需求订单，订单信息包括需求数量、地理位置、配送时间和期望成熟度。在收到订单后，零售商考虑时间窗约束、成熟度要求、车辆装载能力和分配成本等因素，制订采摘配送时空网络计划，决策出每个消费者订单的采摘成熟度和采摘时间，以保证水蜜桃交付至消费者手中时成熟度偏差最小；确定车辆安排和配送路线，使订单尽可能在消费者需求时间窗内到达。因此，该研究问题需要决策采摘与配送联合优化下的最佳采摘成熟期和最优配送路径。

二、水蜜桃成熟度演化模型

水蜜桃作为一种季节性水果，每年夏季会大量上市，集中成熟现象给农户带来较高的滞销风险和损失成本。考虑到水蜜桃保鲜期较短，采后一周左右会出现果实腐烂现象，动态把握其成熟度变化规律至关重要。为了建立水蜜桃成熟度演化模型，可根据一定的时间尺度采集水蜜桃采后成熟度指标数据，研究各指标数据与时间之间的关系。

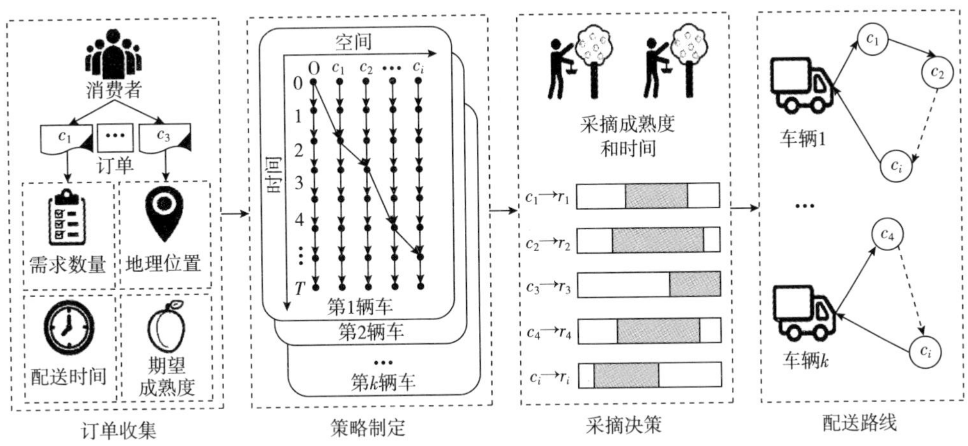

图 6-1 基于成熟度的水蜜桃采摘与配送联合优化

本节选取江苏省无锡市阳山镇“阳山蜜露”水蜜桃作为试验对象，根据水蜜桃一般分类标准、配送要求和市场偏好，选择七成熟、八成熟、九成熟三个成熟阶段水蜜桃样本进行成熟度演化研究（十成熟水蜜桃因其质地较软且货架期较短，不适合长时间运输）[2]。将水蜜桃样本放置于20℃±2℃恒温环境中储藏，每隔12小时观察并测量失重率、硬度、糖度和出汁率数据。通过实验分别测得七成熟、八成熟和九成熟水蜜桃采后不同时间下的关键成熟指标值，并对应到水蜜桃成熟度判别模型中，识别不同采后时间下的输出成熟度，结果如表6-1所示。

表 6-1 不同采摘成熟度水蜜桃储藏期成熟指标分布

采摘成熟度	储藏时间（小时）	失重率（%）	硬度（N）	糖度（%）	出汁率（%）
七成熟	0	0. 00±0. 00[d]	33. 98±2. 17[a]	6. 93±0. 35[a]	63. 56±3. 78[c]
	12	0. 98±0. 22[c]	27. 43±1. 73[b]	7. 54±0. 56[b]	67. 58±1. 77[c]
	24	2. 63±0. 23[b]	22. 41±1. 93[c]	7. 97±0. 41[b]	72. 51±2. 48[b]
	36	4. 88±0. 44[b]	19. 37±2. 12[c]	8. 31±0. 22[b]	76. 51±3. 71[a]
	48	7. 72±0. 31[a]	16. 26±1. 43[d]	9. 24±0. 47[a]	78. 83±2. 27[a]
八成熟	0	0. 00±0. 00[d]	25. 73±1. 98[a]	8. 13±0. 52[b]	71. 55±2. 48[d]
	12	1. 39±0. 56[c]	19. 63±1. 77[b]	8. 97±0. 67[b]	74. 73±1. 87[c]
	24	3. 34±0. 40[c]	16. 44±0. 93[b]	9. 55±0. 23[b]	78. 83±2. 05[b]
	36	6. 82±0. 33[b]	14. 52±1. 34[b]	9. 81±0. 27[a]	80. 97±2. 23[a]
	48	9. 98±0. 73[a]	10. 47±2. 03[c]	10. 32±0. 10[a]	82. 38±1. 83[a]

续表

采摘成熟度	储藏时间（小时）	失重率（%）	硬度（N）	糖度（%）	出汁率（%）
九成熟	0	0.00±0.00^d	19.13±1.54^a	8.94±1.54^b	76.53±1.58^b
	12	2.27±1.08^c	14.23±1.17^b	9.52±0.89^a	78.61±2.17^b
	24	5.61±0.94^b	11.37±1.34^c	10.14±1.35^a	80.17±1.12^a
	36	9.17±1.37^a	9.78±1.82^c	10.88±1.02^a	81.68±2.89^a
	48	12.32±2.06^a	8.47±0.94^d	11.37±0.92^a	83.12±2.51^a

注：值为平均值±标准差；同一行中不同字母上标表示差异显著。

如表 6-1 所示，随着采后时间延长，水蜜桃成熟度指标发生显著变化。以七成熟水蜜桃硬度指标为例，刚采摘时水蜜桃平均硬度值为 33.98N，12 小时后水蜜桃平均硬度指标降低为 27.43N；且根据方差分析可知，水蜜桃采后 12 小时与初始采摘时期硬度值存在显著差异（标记为不同字母），而采后 24 小时与 36 小时水蜜桃硬度值变化较小（标记为相同字母），这两个阶段硬度值分布范围存在较大重叠区间。因此，通过整合失重率、硬度、糖度和出汁率随时间变化的数据分布信息，可以较为全面地评价鲜果成熟度状态。

为了掌握水蜜桃成熟度随时间变化趋势，取每个测量时间点水蜜桃成熟度指标平均值，代入第五章建立的水蜜桃成熟度判别模型，将七成熟、八成熟、九成熟和十成熟量化为 7、8、9、10，获取相对应的水蜜桃成熟度数据如表 6-2 所示。

表 6-2　水蜜桃成熟度随时间分布情况

采摘成熟度	0	12 小时	24 小时	36 小时	48 小时
七成熟	7	7	8	8	9
八成熟	8	8	9	10	10
九成熟	9	10	10	10	10

根据水蜜桃成熟度随时间分布情况，采用动力学模型描述水蜜桃成熟度演化趋势。动力学模型是用来量化生鲜产品品质变化规律的重要方法[3]，通过分析生鲜产品内部指标（如糖度、出汁率）和外部指标（如失重率、硬度）的变化规律，建立相对应的数学模型描述品质变化情况[4]。

考虑到水蜜桃成熟度演化受采摘成熟度与采后时间因素共同影响，根据水蜜桃生理成熟特征和后熟过程监测数据，本章采用适用性较强且形式较为简单的一级动力学反应模型，研究水蜜桃成熟度与时间之间的关系，如式（6-1）所示。

$$y=y_0e^{kt} \tag{6-1}$$

式中，t 为水蜜桃采后储藏和运输时间，y_0 为水蜜桃初始成熟度状态值，y 为水蜜桃储藏 t 时刻后的成熟状态值，k 为水蜜桃品质变化速率常数。

基于表 6-2 中的水蜜桃成熟度随时间分布数据，利用 SPSS 22.0 的回归模型进行拟合，计算得出水蜜桃在 20℃±2℃ 恒温环境下成熟度变化速率常数 $k=0.005$，最终水蜜桃成熟度演化模型如式（6-2）所示。

$$f(r_0,\ \Delta_\tau)=r_0e^{0.005\Delta\tau} \tag{6-2}$$

式中，r_0 为水蜜桃采摘成熟度（$r_0=7$ 为七成熟、$r_0=8$ 为八成熟、$r_0=9$ 为九成熟、$r_0=10$ 为十成熟），Δ_τ为水蜜桃采后时间，$f(r_0,\ \Delta_\tau)$ 为水蜜桃成熟度演化状态。

水蜜桃成熟度演化模型拟合回归分析如表 6-3 所示，R^2 为 0.954，调整后 R^2 为 0.941，均符合数理统计中 $R^2>0.8$ 较高模型拟合优度的标准。拟合模型 Sig. 为 0.002，在数理统计的 5%显著性水平的评定标准内（Sig. ≤0.05），证明模型的显著性水平较高。综上所述，水蜜桃成熟度演化模型在数理统计上是有效的，能够表征水蜜桃在 20℃±2℃ 恒温环境下成熟度演化规律。

表 6-3　水蜜桃成熟度演化模型拟合回归分析

模型	R^2	调整后 R^2	Sig.
$f(r_0,\ \Delta_\tau)=r_0e^{0.005\Delta\tau}$	0.954	0.941	0.002

第二节　基于成熟度的水蜜桃采摘与配送联合优化模型建立

本节考虑水蜜桃成熟度演化性与采摘配送时效性特征，从时间、空间双重维度剖析成熟度与采摘配送决策间的耦合性，根据消费者对水蜜桃成熟度偏好，提出将送达成熟度与消费者期望成熟度之间的偏差值作为采摘配送决策目标之一，采用时空网络方法构建基于成熟度的水蜜桃采摘与配送联合优化模型，以决策出最优采摘时间、采摘成熟度、配送时间与配送路线。

为了后续研究方便，对基于成熟度的水蜜桃采摘与配送联合优化问题作出如下界定：①考虑农宅直销模式下，鲜果基地自有配送车辆，负责周边城市消费者，则假设鲜果基地与需求点间的时间距离不超过当日车辆服务时间；②消费者需求信息已知，包括需求量、需求时间窗、地理位置和期望成熟度；③结合水蜜桃订单需求小批量特征，假设每个消费者订单数量不超过车辆单位容量上限，且消费者订单需求一次性交付；④为突出考虑成熟度的水蜜桃采摘配送决策耦合性，在模型中不考虑水蜜桃采摘、打包和订单交付时间。

一、基于时空网络的采摘配送决策网络

本节采用时空网络方法对水蜜桃采摘与配送联合优化问题进行建模分析，从时间和空间双重维度刻画采摘配送方案。设采摘配送时空网络记为 $G=(N, A, T)$，N 为时空网络空间节点集合，A 为时空网络弧集合，T 为时空网络时间节点集合。时空网络中节点表示为 (i, t)，其中 $i \in N$ 为空间网络节点，$t \in T$ 为时间网络节点。弧 $(it, js) \in A$ 表示从时空网络节点 (i, t) 到节点 (j, s) 的有向时空网络服务弧，节点间运输时间为 $s-t$，其中 $t \geqslant s$。此外，除节点 (i, t) 到节点 (j, s) 之间的服务弧以外，对每个时空节点 (i, t)，存在保持弧连通时空网络节点 (i, t) 和节点 $(i, t+1)$，即表示车辆在空间网络 i 点没有发生服务，从时间网络 t 点等待到 $t+1$。

设置一个采摘配送空间网络，描述时间窗是通过时间维度嵌入时空网络中，如图 6-2 所示。采摘配送空间网络由一个采摘基地 O 与三个消费点需求点 A、B 和 C 组成，且 O 点→A 点→B 点→C 点→O 点的时间分别为 2 个、1 个、3 个、2 个时间单位。假设车辆从 $t=0$ 时刻出发，且采摘时间为 1 个时间单位，则该车辆路径时空网络如图 6-3 所示。

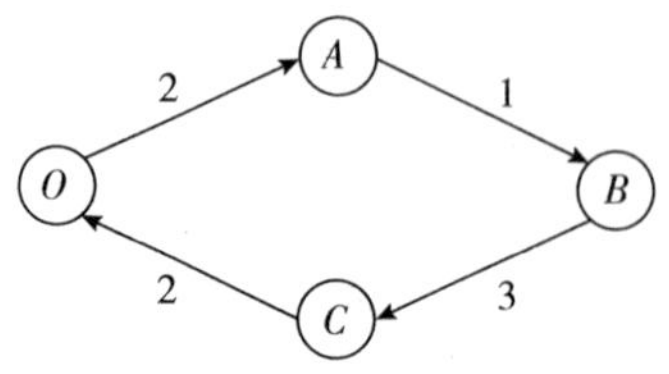

图 6-2　采摘配送空间网络

图 6-3 是采摘配送路径在时间和空间双重维度上的拓展，采摘配送方案对应的时空网络节点序列为 $(O, 0)\to(O, 1)\to(A, 2)\to(B, 3)\to(C, 6)\to(O, 8)$。其中，$(O, 0)\to(O, 1)$ 为采摘弧，$(O, 1)\to(A, 2)\to(B, 3)\to(C, 6)\to(O, 8)$ 为配送弧。通过时空网络描述水蜜桃采摘决策和配送决策的时空关联性，为研究采摘与配送联合优化和水蜜桃成熟演化性提供了有效的建模方法。

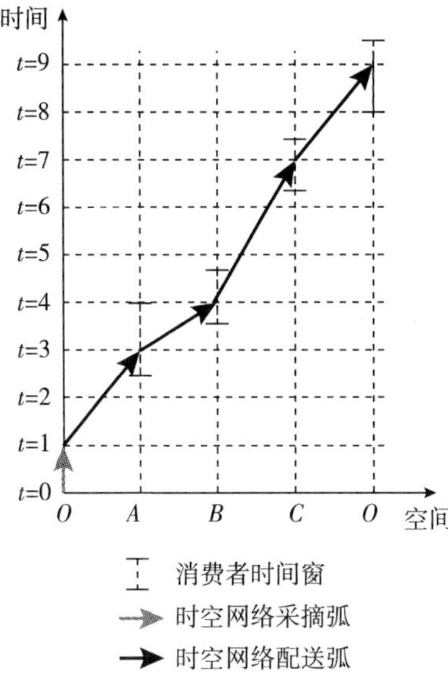

图 6-3　采摘配送时空网络路径

二、符号定义

为了便于理解模型中相关数学符号的意义，本节统一给出模型中涉及的参变量数学符号定义以供参考。

（1）集合。

K：车辆集合，$k \in K$

N：空间网络点集合，i，$j \in N$

N'：空间网络中消费者点集合，$N' = N/\{0,\ n+1\}$

T：时间网络点集合，$t \in T$

V：时空网络中时空节点集合，it，$js \in V$

A_k：时空网络中弧集合，$(it,\ js) \in A_k$

$\Psi_{i,k}$：车辆 k 对消费者 i 的服务弧集合，$i \in N'$，$k \in K$

R：水蜜桃成熟等级集合，$r \in R$

（2）变量。

$x^k_{it,js}$：车辆时空路径选择变量，$x^k_{it,js}=1$ 表示车辆 k 通过时空弧（it，js），否则 $x^k_{it,js}=0$；X：$K \times N \times T \times N \times T$

y^k_{it}：车辆时空节点服务变量，$y^k_{it}=1$ 表示车辆 k 服务于时空节点 it，否则 $y^k_{it}=0$；Y：$K \times N' \times T$。

z_r^k：鲜果成熟度采摘变量，$z_r^k=1$ 表示车辆 k 的采摘人员采摘成熟度等级 r 的水蜜桃，否则 $z_r^k=0$；Z：$K\times R$。

（3）参数。

w：车辆单位容量上限

c_{ij}：点 i 到点 j 的配送成本

d_i：消费者 i 的订单需求量

r_i：消费者 i 的鲜果期望成熟度

$[e_i,\ l_i]$：消费者 i 的配送时间窗

α：迟到时间窗单位惩罚系数

三、模型构建

在决策目标中，本章考虑三个方面因素，即配送成本、时间窗惩罚和成熟度偏差。配送成本是从成本效益角度定义的函数，通过降低配送成本以提高水蜜桃基地经营效益；时间窗惩罚是从时间约束角度定义的函数，刻画了采摘成熟度与时间、配送时间和消费者时间窗等决策间的联系性，通过时间窗约束优化采摘相关决策，以提高水蜜桃基地服务水平；成熟度偏差是从消费者满意度角度定义的函数，根据消费者购买时的期望成熟度决定采摘与配送环节相关决策，以提高水蜜桃成熟品质与消费者满意度。

（一）配送成本

本节考虑配送成本与配送时间呈正相关，计算方式如式（6-3）所示：

$$obj_1 = \sum_{k\in K}\sum_{(it,\ js)\in A_v} c_{ij}x^k_{it,\ js} \tag{6-3}$$

式中，$x^k_{it,js}$ 是车辆 k 的时空路径选择变量，车辆 k 通过时空弧（it，js）情况下，则 $s=t+TT(i,\ j)$，$TT(i,\ j)$ 为点 i 和点 j 之间的运输时间，与配送距离成正比；c_{ij} 是时空网络节点的车辆配送费用，与运输时间 $TT(i,\ j)$ 成正比。在采摘与配送联合优化模型中使所有车辆选择时空弧总成本最小，即最小化 obj_1。

（二）时间窗惩罚

农宅直销模式下，水蜜桃零售商通过决策发车时间、配送顺序等，以尽可能满足消费者时间窗要求。定义消费者订单送达的时效性约束为软时间窗约束，考虑到水蜜桃成熟度向前演化性，且一般情况下消费者更易于接受早到的水蜜桃产品，即可以等到自己选择的时间窗再取货，本章仅考虑延迟惩罚[5]，则时间窗惩罚目标表达为式（6-4）：

$$obj_2 = \sum_{k\in K}\sum_{i\in N'}\alpha\sum_{t=l_i}^{T} y^k_{it}(t-l_i)\cdot d_i \tag{6-4}$$

式中，$\sum_{t=l_i}^{T} y^k_{it}(t-l_i)$ 为订单送达消费者 i 的晚到时间，α 为单位晚到惩罚系

数。在采摘与配送联合优化模型中使得配送时间窗惩罚最小，即最小化 obj_2。

（三）成熟度偏差

考虑到水蜜桃后熟性质，在采摘和运输途中成熟状态会发生变化，通过计算水蜜桃采摘后到达消费者手中的时间差，预测其到达的成熟状态。计算每个消费者 i 的订单采后时间 $\Delta\tau_i$，如式（6-5）所示：

$$\Delta\tau_i = \sum_{t\in T} t \cdot y_{it}^k - \sum_{t\in T} t \cdot y_{0t}^k \tag{6-5}$$

式中，$\sum_{t\in T} t \cdot y_{0t}^k$ 为车辆 k 的发车时间，$\sum_{t\in T} t \cdot y_{it}^k$ 为车辆到达消费者 i 的服务时间。

考虑到采摘便利性与配送车辆匹配性，假设同一辆车配送的鲜果初始成熟度相近。则引入采摘变量 z_r^k 决策为该配送车辆 k 对应何种成熟等级 r 的水蜜桃，根据式（6-2）计算水蜜桃到达成熟度，记为式（6-6）：

$$f\left(\sum_{k\in K}\sum_{r\in R} r \cdot z_r^k,\ \Delta\tau_i\right) = \sum_{k\in K}\sum_{r\in R} r \cdot z_r^k \cdot e^{0.005\Delta\tau_i} \tag{6-6}$$

式中，$\sum_{k\in K}\sum_{r\in R} r \cdot z_r^k$ 为消费者 i 的水蜜桃采摘成熟度，代表初始成熟状态。则成熟度偏差目标表达为式（6-7）：

$$obj_3 = \sum_{i\in N'}\left(f\left(\sum_{k\in K}\sum_{r\in R} r \cdot z_r^k,\ \Delta\tau_i\right) - r_i\right)^2 \tag{6-7}$$

式中，r_i 为消费者 i 对水蜜桃的期望成熟度。为了满足消费者对水蜜桃成熟度需求的多样性，在采摘与配送联合优化模型中使得成熟度偏差最小，即最小化 obj_3。

基于成熟度的水蜜桃采摘与配送联合优化模型中包含三个不同量纲的目标函数，考虑到求解复杂性和决策偏好，采用加权和法将三个目标整合为一个等价的目标函数[6]，通过调整权重以获得更符合优化目标的解[7]。加权和法将三个目标函数的权重设置为一个凸组合，即 λ_1，λ_2，$\lambda_3 \geq 0$，$\lambda_1+\lambda_2+\lambda_3=1$。此外，为了解决 obj_1、obj_2 和 obj_3 的量纲差异，采用 min-max 标准化将多个不同量纲的目标函数转化为标量优化问题[8]。在制定采摘和配送方案时，首先需要考虑车辆容量限制、消费者时间窗约束，以及采摘变量、路径选择变量之间的耦合关系。例如，构造采摘决策约束来满足消费者订单需求，构造时空流平衡约束来描述配送车辆在时空网络中的路线轨迹，构造容量约束保证车辆不超载等。因此，基于成熟度的水蜜桃采摘与配送联合优化模型构建式（6-8）~式（6-17）：

$$\min\ obj = \lambda_1 \times \left[\frac{obj_1 - \underline{obj_1}}{\overline{obj_1} - \underline{obj_1}}\right] + \lambda_2 \times \left[\frac{obj_2 - \underline{obj_2}}{\overline{obj_2} - \underline{obj_2}}\right] + \lambda_3 \times \left[\frac{obj_3 - \underline{obj_3}}{\overline{obj_3} - \underline{obj_3}}\right] \tag{6-8}$$

$$\text{s. t.} \sum_{(it,\ js)\in A_v} x_{it,\ js}^k = 1,\ i = 0,\ \ \forall k \in K \tag{6-9}$$

$$\sum_{(it,\ js)\in A_v} x_{it,\ js}^{k} = 1,\ j = n+1,\ \forall k \in K \tag{6-10}$$

$$\sum_{js\in V} x_{it,\ js}^{k} - \sum_{j's'\in V} x_{j's',\ it}^{k} = 0,\ \forall i \in N',\ t \in T,\ k \in K \tag{6-11}$$

$$y_{js}^{k} = \sum_{it\in V} x_{it,\ js}^{k},\ \forall (j,\ s) \in V,\ k \in K \tag{6-12}$$

$$\sum_{k\in K}\sum_{t\in T} y_{it}^{k} = 1,\ \forall i \in N' \tag{6-13}$$

$$\sum_{i\in N'}\sum_{t\in T} y_{it}^{k} \cdot d_i \leqslant w,\ \forall k \in K \tag{6-14}$$

$$\sum_{r\in R} z_r^{k} = \sum_{js\in V} x_{it,\ js}^{k},\ \forall i \in N',\ it \in V,\ k \in K \tag{6-15}$$

$$\sum_{r\in R} z_r^{k} = 1,\ \forall k \in K \tag{6-16}$$

$$x_{it,js}^{k},\ y_{it}^{k},\ z_r^{k} \in \{0,\ 1\},\ \forall it\in V,\ (it,\ js)\in A_v,\ r\in R,\ k\in K \tag{6-17}$$

在式（6-8）中，$\underline{obj_1}$，$\underline{obj_2}$ 和 $\underline{obj_3}$ 是目标函数 obj_1，obj_2 和 obj_3 的下限，$\overline{obj_1}$，$\overline{obj_2}$ 和 $\overline{obj_3}$ 是目标函数 obj_1，obj_2 和 obj_3 的上限，通过处理边界约束可得。例如，$\underline{obj_1}$，$\underline{obj_2}$ 和 $\underline{obj_3}$ 可通过式（6-9）、式（6-13）、式（6-16）和式（6-17）设置为 0。$\overline{obj_1}$，$\overline{obj_2}$ 和 $\overline{obj_3}$ 可通过式（6-14）、式（6-10）和式（6-16）设置为一个较大的数。式（6-9）是车辆起点的流量平衡约束；式（6-10）是车辆终点的流量平衡约束；式（6-11）是车辆时空网络中间节点（消费者点）的流量平衡约束；式（6-12）表示在时间节点服务变量与时空网络弧选择变量之间关系，即若 $\sum_{it\in V} x_{it,\ js}^{k} = 0$，则车辆 k 不服务于时空节点 js；式（6-13）是车辆服务次数约束，每个消费者 i 有且仅有一辆车提供配送服务；式（6-14）是运输车辆运输容量约束；式（6-15）表示采摘变量与时空网络弧选择变量之间关系，即若 $\sum_{r\in R} z_r^{k} = 0$，则车辆 k 的采摘人员未采摘水蜜桃，车辆 k 不参与配送服务；式（6-16）是水蜜桃采摘次数约束，即每辆车有且仅匹配一种水蜜桃成熟度；式（6-17）表示决策变量为 0—1 变量。

第三节　基于交替方向乘子法的联合优化模型求解算法

本节考虑到模型中具有离散二元决策变量，且式（6-8）为可分离目标函数，设计基于交替方向乘子法（ADMM）的模型求解算法，并以无锡市阳山镇水蜜桃生态示范园区为例开展数值分析，验证模型与算法的有效性。本节数值仿真求解工具均采用 MATLAB 2017a，数值仿真在 Intel Core i5-8250U@ 1.60GHz CPU (four cores)，8GB RAM 平台上进行。

一、基于交替方向乘子法（ADMM）的模型求解算法

基于成熟度的水蜜桃采摘与配送联合优化模型中包含多种决策变量：$x^k_{it,js}$，y^k_{it} 和 z^k_r，且决策变量存在耦合性。将式（6-12）约束代入式（6-8）目标函数和式（6-13）约束；将方程式（6-15）约束代入式（6-8）目标函数和式（6-16）约束。将决策目标系数转化为矩阵形式相加，得到广义时空网络弧成本矩阵 GC，如式（6-18）所示：

$$(GC)_{it,js}=\begin{cases}c_{it,js},\ t<l_i, & \forall i\in N',\ js\in V\\ c_{it,js}+\alpha\cdot(t-l_i)\cdot d_i,\ l_i<t<T, & \forall i\in N',\ js\in V\end{cases} \tag{6-18}$$

则采摘与配送联合优化模型可更新为式（6-19）和式（6-20）：

$$\min_X (GC)^T X \tag{6-19}$$

$$\text{s. t.}\begin{cases}\sum_{(it,\ js)\in A_v} x^k_{it,\ js}=1,\ i=0, & \forall k\in K\\ \sum_{(it,\ js)\in A_v} x^k_{it,\ js}=1,\ j=n+1, & \forall k\in K\\ \sum_{js\in V} x^k_{it,\ js}-\sum_{j's'\in V} x^k_{j's',\ it}=0, & \forall i\in N',\ t\in T,\ k\in K\\ \sum_{k\in K}\sum_{t\in T}\sum_{js\in V} x^k_{it,\ js}=1, & \forall i\in N'\\ \sum_{i\in N'}\sum_{t\in T}\sum_{js\in V} x^k_{it,\ js}\cdot d_i\leqslant w, & \forall k\in K\end{cases} \tag{6-20}$$

对更新后模型应用 ADMM 算法，将原问题化解为 k 个子问题求解，且每个子问题采用向前动态规划算法求解。基于 Yao 等[9] 前期研究，考虑到不同车辆之间的耦合性，定义一个新变量 $\mu^k_i=\sum_{k'\in K/\{k\}}\sum_{(it,\ js)\in\Psi_{i,\ k'}} x^{k'}_{it,\ js}$，$\forall i\in N'$，表示除了车辆 k 外，消费者 i 被其他车辆服务的总次数。利用拉格朗日松弛和 ADMM 内部块坐标下降方法，将增广拉格朗日问题分解为每辆车 k 的子问题 L'_k，如式（6-21）所示：

$$L'_k=\sum_{(it,\ js)\in A_k} gc_{it,\ js}x^k_{it,\ js}+\sum_{i\in N'}\sum_{(it,\ js)\in\Psi_{i,\ k}}\lambda_i x^k_{it,\ js}+\frac{\rho}{2}\sum_{i\in N'}\left(\sum_{(it,\ js)\in\Psi_{i,\ k}} x^k_{it,\ js}+\mu^k_i-1\right)^2 \tag{6-21}$$

需要注意的是，子问题 L'_k 包含着二次惩罚项，提高了计算复杂度。考虑到决策变量的二元性，即 $x^k_{it,js}\in\{0,\ 1\}$，可以分离、简化和重组子问题中的二次项，将其转化为线性化目标函数，具体证明内容可见 Yao 等[9] 前期研究。此外，广义时空网络弧成本矩阵 GC 经过归一化，其目标函数取值与子目标系数相关，

与输入需求量、路径成本也相关，合理设置子目标系数也是求解过程中需要考虑的关键因素。

基于 ADMM 的鲜果采摘与配送联合优化研究求解流程如表 6-4 所示。

表 6-4　基于 ADMM 算法的求解流程

ADMM 算法求解流程和步骤
Step 1. 初始化
（1）拉格朗日乘子 λ_i^0 和二次惩罚项参数 ρ^0
（2）上界解 $\{X_{UB}^0\}$ 和下界解 $\{X_{LB}^0\}$
（3）下界 $LB^*=-\infty$，上界 $UB^*=+\infty$
（4）迭代次数 $iter=0$
Step 2. 成本矩阵广义化
利用式（6-18）与成本矩阵 C，计算广义时空网络弧成本矩阵 GC
For $\forall\, iter\in[0,\ 50]$ 开始迭代
Step 3. 依次求解车辆增广拉格朗日函数值
Step 3.1　调用正向动态规划算法求解每辆车子问题
For $\forall\, k\in K$
根据 $gc_{it,js}^k := \begin{cases} gc_{it,js}+\lambda_i+\rho\mu_i^k-\rho/2, & (it,\ js)\in\Psi_{i,k} \\ gc_{it,js}, & \text{otherwise} \end{cases}$，更新时空网络弧成本
调用正向动态规划算法求解车辆 k 子问题 L'_k 的最短路径
End for
Step 3.2　更新拉格朗日乘子与二次惩罚项参数
更新拉格朗日乘子：$\lambda_i^{iter+1} := \lambda_i^{iter}+\rho^{iter}\left(\sum_{k\in K}\sum_{(it,\ js)\in\Psi_{i,\ k}} x_{it,\ js}^k-1\right)$，$\forall\, i\in N'$
更新二次惩罚项参数 ρ^{iter+1}
（1）若 $f\,(r^{iter})_2^2\geqslant\mu(r^{iter-1})_2^2$ 且 $iter\geqslant\frac{1}{3}iter^{\max}$，则 $\rho^{iter+1}:=\rho^{iter}+\tau^{incr}$
（2）若 $(r^{iter})_2=0$，则 $\rho^{iter+1}=\rho^0$
（3）其他，$\rho^{iter+1}:=\rho^{iter}$
其中，μ 取值为 0.25；τ^{incr} 为步长，与需求量、路径成本、子问题目标系数相关
Step 4. 生成上界可行解并更新上界值
Step 4.1　生成上界可行解
调用 Step 3.1 中的车辆 k 子问题 L'_k 的最短路径结果
For $\forall\, i\in N'$

续表

ADMM 算法求解流程和步骤
若消费者被多辆车重复服务，指派其中一辆车给该消费者
若消费者没有被服务，安排一辆备用车给该消费者
End for
Step 4.2 计算 UB^{iter}
根据式（6-19）得到的上界解 $\{X_{UB}^{iter}\}$，计算 UB^{iter}
$UB^{*}=\min\{UB^{*}, UB^{iter}\}$
Step 5. 生成下界可行解并更新下界值
Step 5.1 生成下界可行解
For $\forall k \in K$
调用正向动态规划算法为每辆车找到拉格朗日对偶问题下的最小成本路线
End for
Step 5.2 计算 LB^{iter}
初始化 $LB^{iter}=0$
根据得到的下界解 $\{X_{LB}^{iter}\}$，计算拉格朗日对偶目标函数值，计算 LB^{iter}
$LB^{*}=\max\{LB^{*}, LB^{iter}\}$
Step 6. 生成车辆-成熟度匹配方案
For $\forall k \in K$
选择令式（6-19）最小的成熟度等级
End for
If $iter \geqslant 50$
根据停止准则，当迭代到一定次数则停止迭代，跳出循环
End for

二、数值仿真分析

为了验证模型的可行性和算法的有效性，本节以无锡市阳山镇水蜜桃生态示范园区为例开展采摘与配送联合优化案例研究。数据来源于 Solomon 标准数据集（R101）、官方网站与行业资讯。考虑到农宅直销模式下的经营范围由基地配送至周边城市，从时间与空间角度，更新 R101 算例中的地理位置与时间窗信息，对更新后数据进行了四舍五入处理，保留了 R101 算例中的需求量，并添加了消费者期望成熟度。因此，该算例以无锡市阳山镇周边城市（如苏州市、镇江市、常州市、如皋市、泰兴市等）为范围，随机选择 25 个消费点。根据谷歌地图提取无锡市阳山镇水蜜桃生态示范园区（水蜜桃基地）与消费点地理分布（见图 6-4）；并将水蜜桃基地设置为坐标原点，绘制采摘与配送空间坐标示意图（见图 6-5）。其中，五角星表示水蜜桃基地，圆圈 1~25 表示周边城市随机提取的 25 个消费点。

图 6-4　地理位置

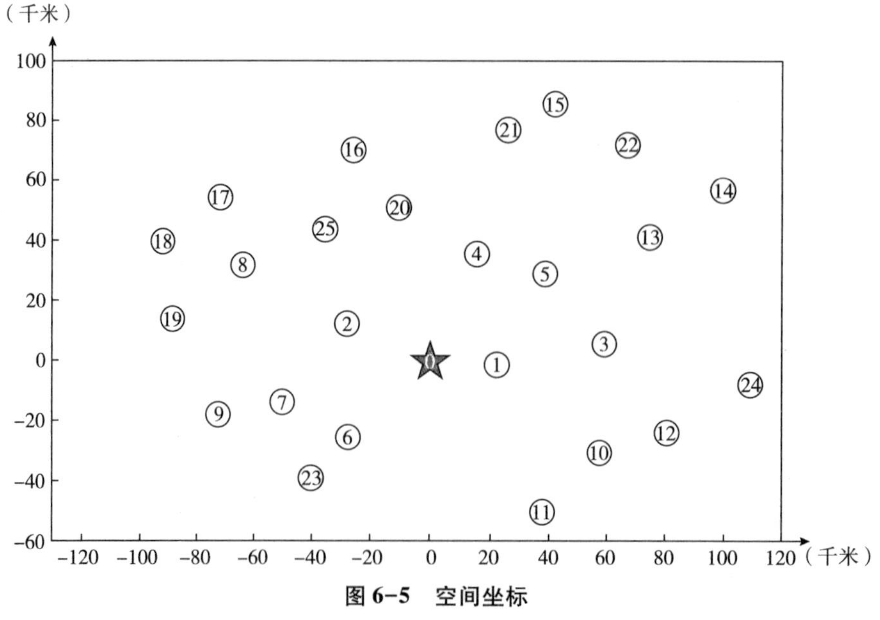

图 6-5　空间坐标

考虑水蜜桃实际采摘配送过程中的成熟度要求，算例设置可以采摘的水蜜桃成熟度为七成熟、八成熟与九成熟（由于十成熟水蜜桃质地较软且货架期较短，实际物流活动中较少配送十成熟水蜜桃），消费者订单可选择的水蜜桃成熟度为七成熟、八成熟、九成熟和十成熟。此外，根据水蜜桃基地每日经营时间（9：00~17：00），结合城市货车平均车速（50km/h）与配送距离，以半小时为单位时间间隔，设置决策周期 $T=16$。表 6-5 给出消费者水蜜桃订单具体信息。其中，NO. 为消费者点序号，COORD. 为坐标位置，DE. 为消费者需求，EXP. M. 为消费者期望成熟度，DUE. TW 为最晚时间窗（单位：unit，1unit 为 30min）。

表 6-5 消费点坐标与需求信息

NO.	COORD.（km）	DE.（kg）	EXP. M.	DUE. TW（unit）	NO.	COORD.（km）	DE.（kg）	EXP. M.	DUE. TW（unit）
1	(22.4, -1.2)	10	9	6	14	(100.2, 57.2)	20	9	9
2	(-28.3, 12.5)	7	8	11	15	(42.5, 86.3)	8	7	10
3	(59.7, 5.8)	13	9	12	16	(-26.3, 70.7)	19	8	7
4	(16.0, 35.8)	19	9	14	17	(-72.5, 54.8)	2	8	5
5	(39.2, 29.3)	26	10	15	18	(-92.3, 40.2)	12	8	7
6	(-28.1, -25.4)	3	7	12	19	(-88.9, 14.2)	17	9	1
7	(-50.5, -13.6)	5	7	13	20	(-10.7, 51.3)	9	8	6
8	(-64.5, 32.1)	9	8	11	21	(26.4, 77.4)	11	8	8
9	(-73.0, -17.7)	16	8	9	22	(67.5, 72.4)	18	9	8
10	(57.9, -30.5)	16	8	11	23	(-40.9, -39.1)	29	9	11
11	(37.9, -50.2)	12	7	6	24	(109.5, -7.9)	3	8	14
12	(81.2, -23.7)	19	8	13	25	(-36, 44.3)	6	9	3
13	(75.4, 41.7)	23	10	9					

为了体现采摘配送的联合优化，本算例假设三个目标函数系数相等，即 $\lambda_1=\lambda_2=\lambda_3=\frac{1}{3}$，且根据 Solomon 标准数据集（R101），设置模型与算法初始参数，如表 6-6 所示。

表 6-6　模型与算法初始参数

参数符号	符号说明	参数设置
w	车辆单位容量上限（kg）	200
α	迟到时间窗单位惩罚系数（元）	2
ρ	二次惩罚项参数	0.4
$iter$	迭代次数	50
λ_1	目标函数 obj_1 系数权重	1/3
λ_2	目标函数 obj_2 系数权重	1/3
λ_3	目标函数 obj_3 系数权重	1/3

基于成熟度的水蜜桃采摘配送最优路径规划如表6-7与图6-6所示，包含车辆服务消费点的时空次序、计算性能和目标函数最优值。水蜜桃基地分配6辆车为25个消费点提供服务，且均在基地配送服务时间范围内完成采摘配送任务。例如，车辆1在 $t=0$ 时刻开始采摘水蜜桃，在 $t=1$ 时刻完成采摘并开始配送，在 $t=2$ 时刻服务消费点1，在 $t=3$ 时刻服务消费点5，在 $t=5$ 时刻服务消费点22，在 $t=9$ 时刻完成该批次配送返回水蜜桃基地。在该算例背景下，迭代27次，运行7.93秒即获得采摘配送最优路径规划，UB上界与LB下界的Gap值为0.35%，说明该迭代解具有较优质量。该计划下，配送成本 $obj_1=110$ 元，时间窗惩罚 $obj_2=178$ 元，成熟度偏差 $obj_3=15.38$。

表 6-7　水蜜桃采摘配送车辆最优路径安排

车辆序号	最优路径计划					
1	(0, 0) → (0, 1) → (1, 2) → (5, 3) → (22, 5) → (0, 9)					
2	(0, 0) → (0, 1) → (2, 2) → (18, 5) → (17, 6) → (20, 8) → (4, 9) → (0, 11)					
3	(0, 0) → (0, 1) → (13, 4) → (14, 5) → (15, 8) → (21, 9) → (0, 12)					
4	(0, 0) → (0, 1) → (3, 3) → (24, 5) → (12, 6) → (10, 7) → (11, 8) → (0, 11)					
5	(0, 0) → (0, 1) → (9, 4) → (19, 5) → (8, 6) → (16, 8) → (25, 9) → (0, 11)					
6	(0, 0) → (0, 1) → (6, 3) → (23, 4) → (7, 5) → (0, 7)					
算例结果	迭代次数	CPU 时间（s）	Gap（%）	obj_1（元）	obj_2（元）	obj_3
	27	7.93	0.35%	110.00	178.00	15.38

注：$\text{Gap}=\frac{\text{UB}-\text{LB}}{\text{UB}}\times100\%$。

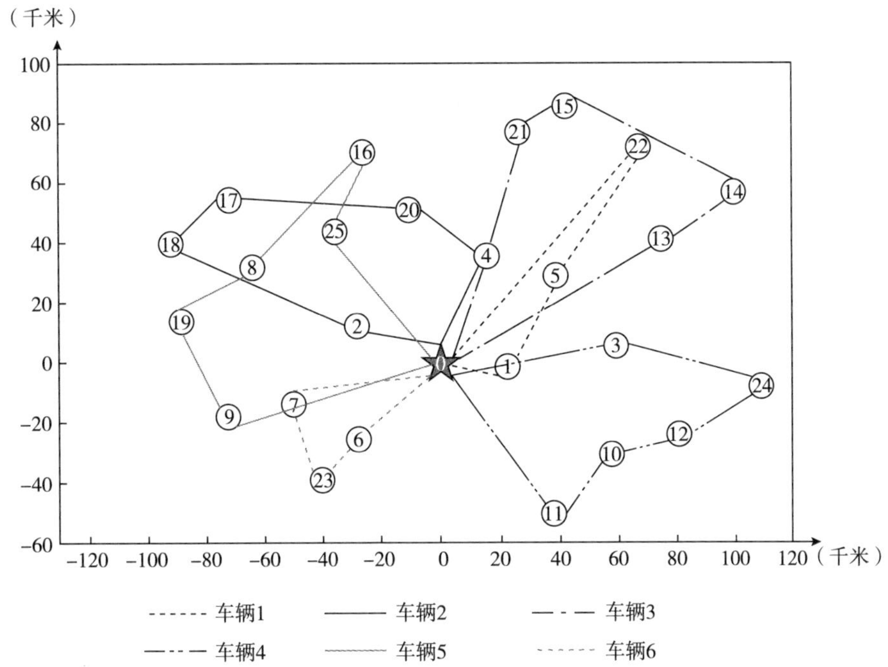

图 6-6 水蜜桃采摘配送车辆路线

采摘配送计划的时空网络调度结果如图 6-7 所示。在时空网络框架中，采摘配送的时间与空间位移直观展现。例如就车辆 2 而言，先进行保持弧（0，0）→（0，1）的采摘环节，再依次服务消费点 2→18→17→20→4，最终在 $t=11$ 时刻返回水蜜桃基地。图 6-7 标记出每个消费者的最晚时间窗，通过时空网络能够直接对比服务时间与最晚时间窗的偏差。车辆 1 均在消费者最晚时间窗内完成配送任务；车辆 2 超时服务消费点 17（晚到 1 时刻）和消费点 20（晚到 2 时刻）；车辆 3 超时服务消费点 21（晚到 1 时刻）；车辆 4 超时服务消费点 11（晚到 2 时刻）；车辆 5 超时服务消费点 16（晚到 1 时刻）和消费点 25（晚到 6 时刻）；车辆 6 均在消费者最晚时间窗内完成配送任务。通过对比计划服务时刻与消费者最晚时间窗，能够直观获取时间窗偏差值，有助于水蜜桃基地针对超时较久的消费点进行局部调整采摘配送计划。

为了进一步分析成熟度在采摘配送环节的变化，表 6-8 给出了 25 个消费点期望成熟度与订单配送到达成熟信息。其中，NO. 为消费者点序号，EXP. M. 为消费者期望成熟度，PICK. M. 为消费者采摘成熟度，P. T. 为水蜜桃采后时间（1unit 为 30min），ARR. M. 为配送到达成熟度，DEV. M. 为成熟度偏差。

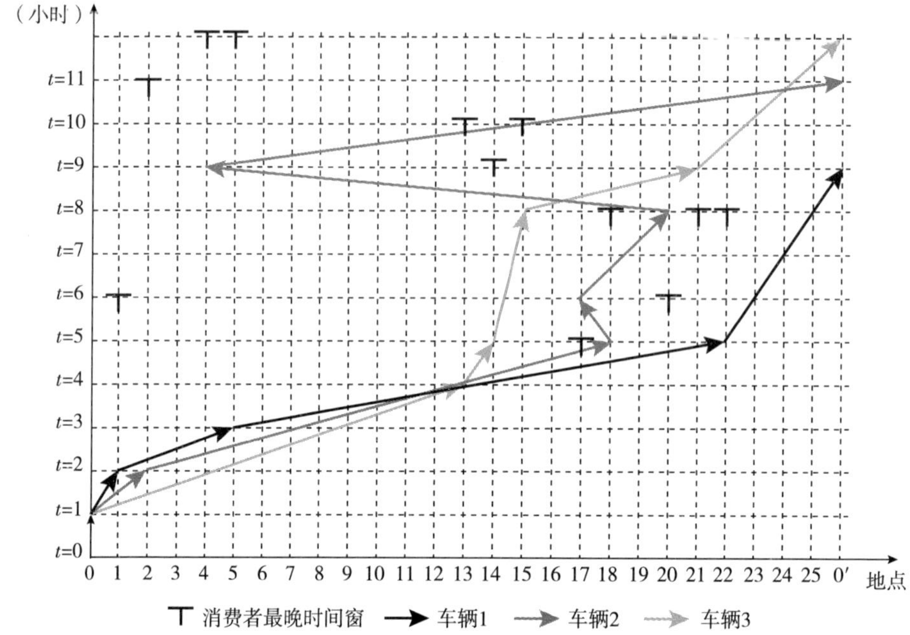

（小时）

地点

┬ 消费者最晚时间窗　车辆1　车辆2　车辆3

（a）

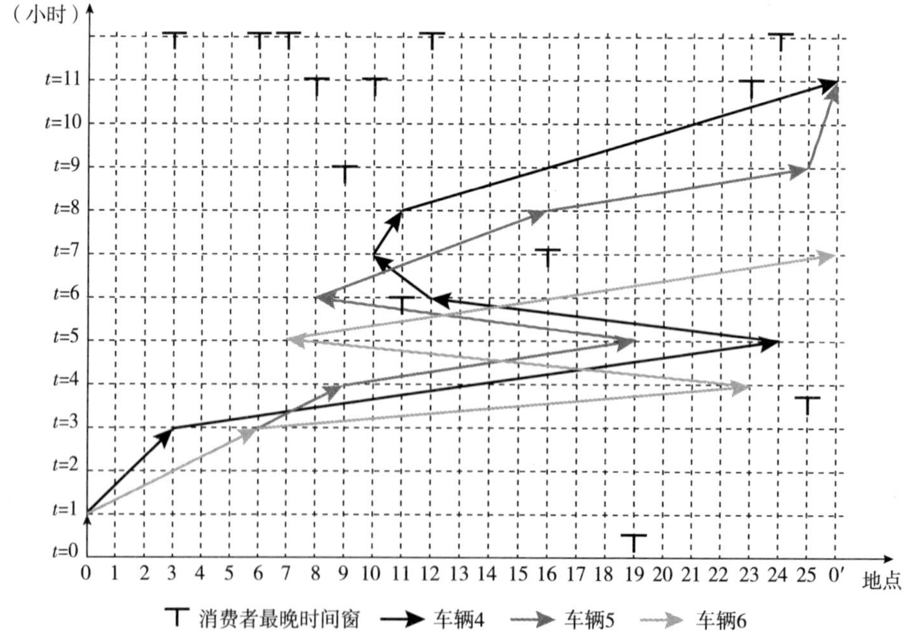

（小时）

地点

┬ 消费者最晚时间窗　车辆4　车辆5　车辆6

（b）

图 6-7　水蜜桃采摘配送车辆路线时空网络

表 6-8 水蜜桃采摘配送的成熟度演化

NO.	EXP. M.	PICK. M.	P. T. (unit)	ARR. M.	DEV. M.	NO.	EXP. M.	PICK. M.	P. T. (unit)	ARR. M.	DEV. M.
1	9	9	2	9. 13	0. 13	14	9	8	5	8. 28	-0. 72
2	8	8	2	8. 11	0. 11	15	7	8	8	8. 46	**1. 46**
3	9	8	3	8. 17	-0. 83	16	8	8	8	8. 46	0. 46
4	9	8	9	8. 52	-0. 48	17	8	8	6	8. 34	0. 34
5	10	9	3	9. 19	-0. 81	18	8	8	5	8. 28	0. 28
6	7	8	3	8. 17	**1. 17**	19	9	8	5	8. 28	-0. 72
7	7	8	5	8. 28	**1. 28**	20	8	8	8	8. 46	0. 46
8	8	8	6	8. 34	0. 34	21	8	8	9	8. 52	0. 52
9	8	8	4	8. 23	0. 23	22	9	9	5	9. 32	0. 32
10	8	8	7	8. 40	0. 40	23	9	8	4	8. 23	-0. 77
11	7	8	8	8. 46	**1. 46**	24	8	8	5	8. 28	0. 28
12	8	8	6	8. 34	0. 34	25	9	8	9	8. 52	-0. 48
13	10	8	4	8. 23	**-1. 77**						

从表 6-8 中数据可知，大多数消费者在收到水蜜桃时，成熟度与期望成熟度有轻微的偏差。考虑到水蜜桃成熟度的模糊性与区间性，对于成熟度偏差在±0. 5 范围内，可以近似认为配送到的水蜜桃符合消费者订单要求，对于水蜜桃基地而言，完全符合配送成熟度要求的占比 56%。若调整可接受成熟度偏差在±0. 8 范围内，则符合水蜜桃基地配送成熟度要求的占比 72%。此外，通过观察发现成熟度偏差值超过±1. 0 范围（表中加粗数值），所对应的期望成熟度值为 7 或者 10，因此通过多次测试进一步分析消费者不同期望成熟度下配送成熟度偏差绝对值（成熟度偏差度）的分布情况。

如图 6-8 所示，八成熟和九成熟的水蜜桃成熟度偏差度较小，七成熟和十成熟的水蜜桃成熟度偏差度较大。一方面，水蜜桃基地考虑到水蜜桃可采成熟度，最早选择七成熟水蜜桃进行配送，使无法避免造成期望成熟度为 7 的消费者成熟度偏差较大；另一方面，水蜜桃基地考虑到消费者整体的成熟度要求与配送要求，部分选择十成熟的消费者收到水蜜桃时，其成熟度状态较早，与预期偏差较大，但通过放置一段时间可以使水蜜桃后熟至期望成熟度。因此，除去期望成熟度为 7 和 10 的消费者，剩余消费者成熟度在±0. 5 范围内的匹配率为 70%，在±0. 8 范围内的匹配率为 90%，证明基于成熟度的水蜜桃采摘配送模型能够较好满足水蜜桃配送成熟度要求，有效地提高了水蜜桃基地服务能力与服务水平。

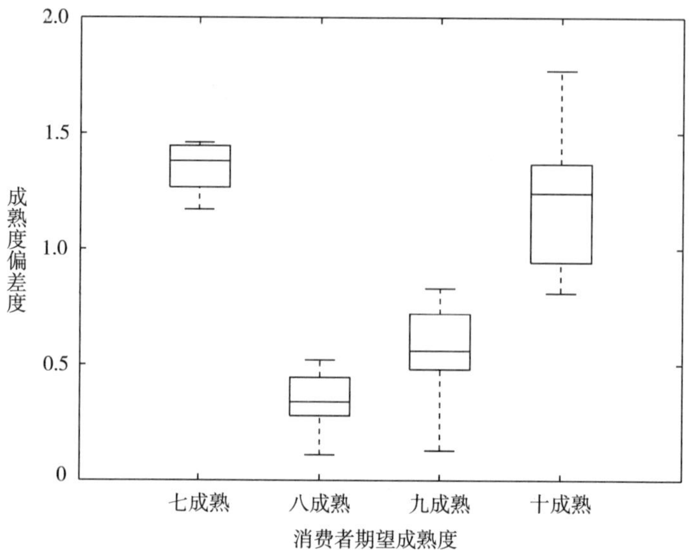

图 6-8　水蜜桃成熟度偏差度分布

为了进一步说明 ADMM 算法计算性能，表 6-9 给出了前 27 次具体迭代结果。其中，NO. ITER. 为迭代轮次，NO. VEHU. 为使用车辆数目，NO. US. 为未服务消费者数目，LB 为下界值，UB 为上界值，Gap 为上下界差值。随着迭代轮次的增加，未服务的顾客数从最大值逐渐下降，到第 27 轮次时收敛至 0，证明 ADMM 算法从刚迭代时得到的全部顾客都未服务的不可行解，而随着迭代轮次的增加，到收敛时可以得到一个全部顾客都满足需求的可行解。此外，在迭代过程中，上界逐渐下降，下界逐渐上升，解的质量也逐渐提高，即上下界 Gap 值减少。随着迭代轮次的增加直至 ADMM 收敛时，可以得到一个较好的可行解。为了进一步解释 ADMM 算法寻优过程，通过比较其中两个迭代轮次的解（选择 1 组未收敛解和 1 组收敛解），证明收敛后的解较优，即 ADMM 可以通过不断收敛使解逐渐变优。

表 6-9　采摘与配送联合优化模型迭代更新过程

NO. ITER.	NO. VEHU.（辆）	NO. US.（位）	LB	UB	Gap（%）
1	0	25	0. 00	2500. 00	100. 00
2	0	25	10. 00	2500. 00	99. 60
3	0	25	20. 00	2500. 00	99. 20

续表

NO. ITER.	NO. VEHU.（辆）	NO. US.（位）	LB	UB	Gap（%）
4	0	25	30.00	2500.00	98.80
5	5	9	40.00	930.00	95.70
6	5	8	42.60	831.00	94.87
7	3	13	43.40	1318.00	96.71
8	3	15	47.00	1516.00	96.90
9	6	5	51.60	538.00	90.41
10	6	5	53.80	538.00	90.00
11	5	8	54.60	829.00	93.41
12	5	9	55.80	930.00	94.00
13	6	5	61.20	538.00	88.62
14	5	9	62.00	928.00	93.32
15	4	11	65.60	1130.00	94.19
16	6	5	68.80	538.00	87.21
17	6	5	69.60	546.00	87.25
18	4	15	68.80	1519.00	95.47
19	6	5	74.80	540.00	86.15
20	6	5	75.60	546.00	86.15
21	4	15	74.00	1519.00	95.13
22	8	3	75.40	466.59	83.84
23	6	10	84.00	1049.59	92.00
24	7	5	100.00	557.03	82.05
25	8	2	107.20	279.61	61.66
26	7	1	102.26	190.07	46.20
27	6	0	110.00	110.38	0.35

注：$\text{Gap}=\frac{\text{UB}-\text{LB}}{\text{UB}}\times100\%$。

（一）未收敛轮次选取

选取相对方便计算的第 22 次迭代结果进行分析，第 22 次迭代的车辆使用为 8，服务点为 3，且 LB 下界值为 75.40，UB 上界值为 466.59。具体车辆路径安排信息如表 6-10 所示（0 为水蜜桃基地共同起点，26 为水蜜桃基地共同终点）。其中，NO. V. 为车辆序号，VEH. R. 为车辆路径规划，DIST. T. 为车辆配送时间

（1unit 为 30min），CAP. 为装载量，DIST. C. 为运输成本，TOT. C. 为总成本。

表 6-10 第 22 次迭代未收敛解

NO. V.	VEH. R.	DIST. T.（unit）	CAP.（kg）	DIST. C.（元）
1	0→15→21→26	9	69	22.00
2	0→8→25→16→26	9	83	16.00
3	0→9→19→26	9	70	16.00
4	0→1→5→3→12→10→11→26	10	195	18.00
5	0→2→18→17→20→4→26	11	176	20.00
6	0→6→23→7→26	7	92	12.00
7	0→24→26	9	34	16.00
8	0→24→26	9	34	16.00
9	0→26	0	0	0.00
10	0→26	0	0	0.00
TOT. C.（元）	136.00			

（二）不可行解可行化处理

首先由于第 22 次迭代时结果仍未收敛，因此表 6-10 对应的解不可行，需要先将上述结果对应的解可行化，计算更新后可行解的最小成本。

第一步：处理重复服务的消费点。其中，车辆 7 和车辆 8 重复服务了消费点 24，需要其中一辆车放弃服务消费点 24。可行的放弃服务方案：①车辆 7 放弃服务消费点 24；②车辆 8 放弃服务消费点 24。考虑到车辆 7 与车辆 8 路径完全一致，且配送路线仅涉及消费点 24，则选择放弃服务方案②，将车辆 8 运输容量释放，更新调度方案如表 6-11 所示。

表 6-11 处理重复服务消费点后更新解

NO. V.	VEH. R.	DIST. T.（unit）	CAP.（kg）	DIST. C.（元）
1	0→15→21→26	9	69	22.00
2	0→8→25→16→26	9	83	16.00
3	0→9→19→26	9	70	16.00
4	0→1→5→3→12→10→11→26	10	195	18.00
5	0→2→18→17→20→4→26	11	176	20.00

续表

NO. V.	VEH. R.	DIST. T.（unit）	CAP.（kg）	DIST. C.（元）
6	0→6→23→7→26	7	92	12.00
7	0→24→26	9	34	16.00
8	**0→26**	**0**	**0**	**0.00**
9	0→26	0	0	0.00
10	0→26	0	0	0.00
TOT. C.（元）	120.00			

第二步：安排未服务的顾客消费点。从上述车辆路径安排中可知，消费者13、14和22未被服务。以上3位消费点的需求相关信息如表6-12所示，其中，NO.为消费者点序号，DE.为消费者需求，DUE. TW为最晚时间窗（1unit为30min），PATH. C.为路径成本。

表6-12　未服务消费点基本信息

NO.	DE.（kg）	DUE. TW（unit）	PATH. C.（元）
13	23	10	（0，13）=6；（13，14）=2；（13，22）=2；（13，26）=6
14	20	9	（0，14）=10；（14，13）=2；（14，22）=2；（14，26）=10
22	18	9	（0，22）=8；（22，13）=2；（22，14）=2；（22，26）=8

消费点13、14和22的需求量为23+20+18=61<200，因此最多再补充一辆车调度即可满足配送要求。由于3位未服务的消费者最晚时间窗分别为10、9、9，配送时限均属于中间区间，若将3位消费者安排到每辆车的最后次序配送，极易产生巨额的迟到配送成本。为了保证时间窗要求与容量约束，选择车辆容量剩余且目前配送时间最短的车辆（车辆6）或者最后配送消费点时间窗要求最晚的车辆（车辆7）；或者考虑到车辆8运输容量释放，增加车辆8运输消费点13、14和22的需求。

基于以上分析，结合未服务点需求、路径相关信息，可以得到针对以上3位消费者的调度方案进行组合搭配：

①车辆6最后配送消费点13，车辆8配送消费点14和22；

②车辆6最后配送消费点14，车辆8配送消费点12和22；

③车辆6最后配送消费点22，车辆8配送消费点13和14；

④车辆7在配送消费点24前先配送消费点13，车辆8配送消费点14和22；

⑤车辆 7 在配送消费点 24 前先配送消费点 14，车辆 8 配送消费点 12 和 22；

⑥车辆 7 在配送消费点 24 前先配送消费点 22，车辆 8 配送消费点 13 和 14；

⑦车辆 8 配送消费点 13、消费点 14、消费点 22。

分别计算每种方案下车辆路径、装载量、成本变化如下所示：

方案①调整下，车辆 6 配送路径更新为 0→6→23→7→13→26，车辆 8 路径更新为 0→14→22→6 或 0→22→14→6。然而考虑到将消费点 13 分配给车辆 6，使得车辆 6 的配送最晚时间更新为 12，超过消费点 13 的时间窗，则放弃。

方案②调整下，车辆 6 配送路径更新为 0→6→23→7→14→26，车辆 8 路径更新为 0→13→22→26 或 0→22→13→26。然而考虑到将消费点 14 分配给车辆 6，使得车辆 6 的配送最晚时间更新为 14，超过消费点 14 的时间窗，则放弃。

方案③调整下，车辆 6 配送路径更新为 0→6→23→7→22→26，车辆 8 路径更新为 0→13→14→26 或 0→14→13→26。然而考虑到将消费点 22 分配给车辆 6，使得车辆 6 的配送最晚时间更新为 13，超过消费点 22 的时间窗，则放弃。

方案④调整下，车辆 7 配送路径更新为 0→13→24→26，车辆 8 路径更新为 0→14→22→26 或 0→22→14→26。此时车辆 7 配送最晚时间更新为 10，车辆配送成本更新为 18 元。车辆 8 最晚配送时间更新为 11，车辆配送成本更新为 20 元，选择路径 0→14→22→26。

方案⑤调整下，车辆 7 配送路径更新为 0→14→24→26，车辆 8 路径更新为 0→13→22→26 或 0→22→13→26。此时车辆 7 配送最晚时间更新为 13，车辆配送成本更新为 24 元。车辆 8 最晚配送时间更新为 9，车辆配送成本更新为 16 元，选择路径 0→22→13→26。

方案⑥调整下，车辆 7 配送路径更新为 0→22→24→26，车辆 8 路径更新为 0→13→14→26 或 0→14→13→26。此时车辆 7 配送最晚时间更新为 13，车辆配送成本更新为 24 元。车辆 8 最晚配送时间更新为 8，车辆配送成本更新为 14 元，选择路径 0→13→14→26。

方案⑦调整下，车辆 8 配送路径更新为：先配送消费点 13，则为 0→13→14→22→26、0→13→22→14→26；先配送消费点 14，则为 0→14→13→22→26、0→14→22→13→26；先配送消费点 22，则为 0→22→14→13→26、0→22→13→14→26。通过对比不同次序的时间窗限制与成本，得出最佳配送路径更新为车辆 8 配送 0→22→14→13→26，车辆配送成本最小为 18 元，且最晚服务时间为 10，符合未服务消费点时间窗要求。

共有四种方案提供可行解，方案④增加配送成本 22 元，方案⑤增加配送成本 24 元，方案⑥增加配送成本 22 元，方案⑦增加配送成本 18 元，则选择方案⑦调整更新后车辆调度安排，如表 6-13 所示，其中发生改变的调度计划加粗。

表 6-13　第 22 次迭代可行化处理后更新解

NO. V.	VEH. R.	DIST. T.（unit）	CAP.（kg）	DIST. C.（元）
1	0→15→21→26	9	69	22.00
2	0→8→25→16→26	9	83	16.00
3	0→9→19→26	9	70	16.00
4	0→1→5→3→12→10→11→26	10	195	18.00
5	0→2→18→17→20→4→26	11	176	20.00
6	0→6→23→7→26	7	92	12.00
7	0→24→26	9	34	16.00
8	**0→22→14→13→26**	**10**	**61**	**18.00**
9	0→26	0	0	0.00
10	0→26	0	0	0.00
TOT. C.（元）	138.00			

（三）收敛轮次选取

将第 22 次迭代得到的解可行化后，更新最小成本为 138 元，使用车辆数目为 8。选择第 50 次收敛迭代得到的收敛解与第 22 次可行化解进行对比，如表 6-14 所示。第 22 次迭代解可行化后，车辆使用数量为 8，最小配送成本为 138 元；而第 50 次收敛解车辆使用数量为 6，最小配送成本为 110 元，均小于第 22 次可行化解。因此，通过 ADMM 迭代，采摘与配送联合优化模型解会被不断优化至收敛。

表 6-14　第 22 次迭代可行化解与收敛解对比

NO. ITER.	NO. VEHU.（辆）	NO. US.（位）	TOT. C.（元）
第 22 次可行化解	8	0	138.00
第 50 次迭代解	6	0	110.00

为了进一步验证所提算法的有效性，本节设置 8 组案例，即消费者数量从 30 个增加至 100 个。根据 Solomon 标准数据集（R101）设置消费点需求与坐标，最晚时间窗为［1，16］上产生的随机数，消费者期望成熟度为［7，10］上产生的随机数，设置目标函数系数 $\lambda_1=\lambda_2=\lambda_3=\frac{1}{3}$。保持 ADMM 算法其余参数不变，测试其计算性能，包括迭代次数、CPU 时间、Gap 值，具体数值结果如表 6-15

所示。其中，SATIS. M. 为期望成熟度匹配度。

表 6-15 中大规模算例的数值结果

Case	NO. CON.	NO. VEHU.（辆）	SATIS. M.（%）	NO. ITER.	CPU（秒）	LB	UB	Gap（%）
1	30	10	60.00	34	10.26	112.00	112.45	0.40
2	40	13	57.50	39	18.89	134.00	138.80	3.46
3	50	16	66.00	41	25.19	154.80	162.00	4.44
4	60	19	61.67	49	32.04	210.20	217.00	3.13
5	70	22	65.71	61	46.07	232.00	243.40	4.68
6	80	24	56.25	67	67.54	282.00	304.00	7.24
7	90	27	62.22	81	83.71	259.36	292.00	11.18
8	100	30	58.00	89	101.62	321.58	352.00	8.64

注：$Gap=\frac{UB-LB}{UB}\times100\%$。

如表 6-15 与图 6-9 所示，当消费者个数小于 60 时，ADMM 算法能够在 30 秒内获得最优解，最大迭代次数控制在 50 次以内，且 Gap 值保持在 5.00%以内。

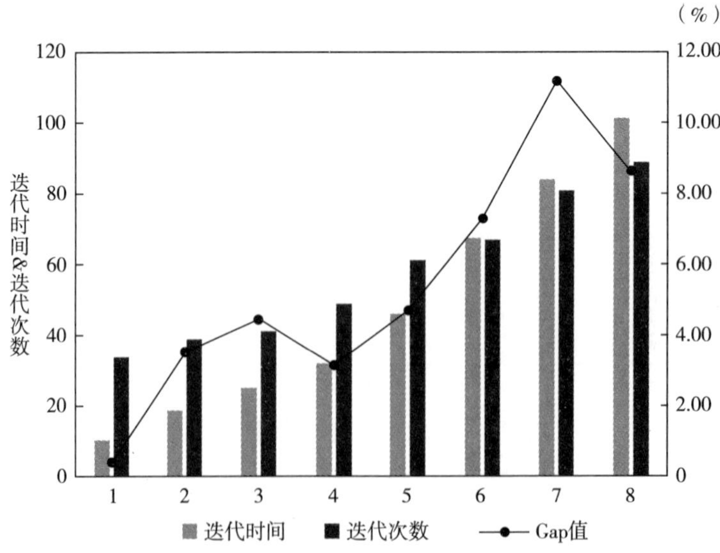

图 6-9 中大规模算例计算性能分析

随着算例规模的扩大，迭代次数逐渐增加，运行时间相对增长，且 Gap 值逐渐增加。最大规模消费者个数为 100 的算例，其迭代次数为 89，迭代时间为 101.62 秒，Gap 值为 8.64%，表明了 ADMM 算法能够很好地解决中大规模算例。此外，从采摘配送最优方案角度看，随着消费点个数增加，使用车辆数目逐渐增加，但消费者成熟度、满意度保持在 60%左右，验证了所提出的采摘与配送联合优化模型能够一定程度上保证多数消费者成熟度要求，对零售商提高鲜果品质具有重要意义。本节提出的 ADMM 框架对于解决带时间窗的车辆路径问题具有较优计算性能，能在较快时间内解决中大规模算例，并获取较佳的可行解，能够有效应用求解该类问题的其他应用场景。

第四节　本章小结

本章针对水蜜桃成熟度动态演化性和消费需求分布差异性，从时间和空间两个维度剖析基于成熟度的水蜜桃采摘与配送联合优化问题，引入成熟度偏差的决策目标与约束规则，应用时空网络理论方法，构建基于成熟度的水蜜桃采摘与配送联合优化模型，并根据模型结构特征与决策变量属性，设计基于交替方向乘子法的模型求解算法，通过数值仿真分析验证模型与算法的有效性。具体而言，本章研究工作主要包含四个方面：

第一，针对水蜜桃成熟度动态演化特性，设置连续性试验采集采摘配送环节下水蜜桃成熟度指标时序数据，挖掘采摘配送过程中成熟度与时间的关联关系，研究构建了成熟度随时间演化模型。

第二，针对成熟度与采摘配送决策的时空关联性，提出成熟度偏差，引入决策目标与约束规则，明确成熟度与采摘配送决策的耦合性，揭示采摘与配送联合优化的时空分异特征，应用时空网络理论方法，研究构建基于成熟度的水蜜桃采摘与配送联合优化模型。

第三，针对水蜜桃成熟度、时空关联度和决策变量耦合特征，挖掘水蜜桃采摘与配送联合优化模型的数学结构和数学性质，将原问题化解为多个子问题，研究提出了基于交替方向乘子法的模型求解算法。

第四，以无锡市阳山镇水蜜桃生态示范园区为例展开数值实验与仿真分析，制定满足消费者不同成熟度要求的采摘配送计划，包括采摘成熟度与时间、配送时间、配送路线，验证了模型的可行性和算法的有效性。

本章研究为水蜜桃采摘配送作业决策提供了一种可行的联合优化模式和有效

的时空建模方法，通过算例验证表明，本章研究成果在实际物流活动中是可行且合理的，因而对指导农户提高物流配送效率与水蜜桃品质具有重要的理论价值与实践意义。

参考文献

［1］卞贝．农宅直销模式下基于成熟度的水蜜桃采摘配送与双渠道定价研究［D］．南京农业大学，2021.

［2］Gonçalves R G，Couto J，Almeida D P F. On-tree maturity control of peach cultivars：Comparison between destructive and nondestructive harvest indices［J］. Scientia Horticulturae，2016（209）：293-299.

［3］van Boekel M A J S. Kinetic aspects of the Maillard reaction：A critical review［J］. Nahrung-Food，2001，45（3）：150-159.

［4］Zhang W，Lv Z Z，Shi B，et al. Evaluation of quality changes and elasticity index of kiwifruit in shelf life by a nondestructive acoustic vibration method［J］. Postharvest Biology and Technology，2021（173）：111398.

［5］Koulamas C. Common due date assignment with generalized earliness/tardiness penalties［J］. Computers & Industrial Engineering，2017（109）：79-83.

［6］Zhang W Y，Chen Z X，Zhang S，et al. Composite multi-objective optimization on a new collaborative vehicle routing problem with shared carriers and depots［J］. Journal of Cleaner Production，2020（274）：7-14.

［7］Kaddani S，Vanderpooten D，Vanpeperstraete J M，et al. Weighted sum model with partial preference information：Application to multi-objective optimization［J］. European Journal of Operational Research，2017，260（2）：665-679.

［8］Sheu J B. An emergency logistics distribution approach for quick response to urgent relief demand in disasters［J］. Transportation Research Part E：Logistics and Transportation Review，2007，43（6）：687-709.

［9］Yao Y，Zhu X N，Dong H Y，et al. ADMM-based problem decomposition scheme for vehicle routing problem with time windows［J］. Transportation Research Part B：Methodological，2019（129）：156-174.

第七章　考虑质量损失的农产品采摘与配送联合优化研究

第三章构建的成熟度拟合模型是为了研究农产品在采摘与配送过程中成熟度的变化情况，以降低采摘配送过程的质量损耗，从而保证农产品的新鲜度。本章在第三章研究工作的基础上，以质量损失[1]表征成熟度，建立二次函数的质量损失函数来衡量新鲜度[2,3]。考虑到最小化农产品的质量损失成本和运输成本，以采摘时间和配送路径优化为决策变量，将二次函数的质量损失模型引入农产品采摘与配送联合优化的混合整数规划模型中，并将该模型抽象为带时间窗的车辆路径问题。针对构建的模型，设计改进的自适应遗传算法（GAAO），提出了交叉和变异概率自适应调整的交叉和变异方法。算例实验表明，GAAO 能够明显降低目标函数值，增强种群产生新个体的能力，提高算法的搜索能力，克服了基本遗传算法易陷入局部最优的缺点，避免算法过早收敛，提高了算法的有效性与适应性。

第一节　考虑质量损失的农产品采摘与配送联合优化模型建立

一、农产品采摘与配送联合优化问题描述

本章研究了采摘基地、两种农产品、多个顾客组成的采摘与配送联合优化问题，考虑农产品的质量损失与顾客时间窗需求。采摘基地需要决策何时采摘以及到达消费者的最优配送[4]路径，决策的目标由两部分组成：农产品的质量损失成本和农产品的配送成本。

针对考虑质量损失的农产品采摘与配送联合优化问题，采摘与配送联合优化

如图 7-1 所示。假设有订单 o_1 和 o_2，采摘基地安排车辆 k_1、车辆 k_2 为消费者 c_1、c_2、c_3、c_4、c_5 提供农产品 i 和农产品 j 的配送服务，其中，车辆 k_1 服务消费者 c_3、c_2、c_5，车辆 k_2 服务消费者 c_1、c_4。$t_{k_1i}^s$ 表示车辆 k_1 对于农产品 i 的采摘开始时间，$t_{k_1j}^f$ 表示车辆 k_1 对于农产品 j 的采摘结束时间，可以看出，同一辆车上，农产品 i 的采摘结束时间等同于农产品 j 的采摘开始时间。车辆 k_1 采摘环节的结束，意味着车辆 k_1 从采摘基地配送任务的开始 $t_0^{k_1}$，配送顺序为 $0 \rightarrow c_3 \rightarrow c_2 \rightarrow c_5 \rightarrow 0$，其中 0 表示采摘基地。各个点之间不同的距离，表示相邻两点不同的配送时间，如 τ_{0c_1} 表示从采摘基地出发到消费者 c_1 的配送时间，$\tau_{c_1c_4}$ 表示从消费者 c_1 到消费者 c_4 的配送时间。

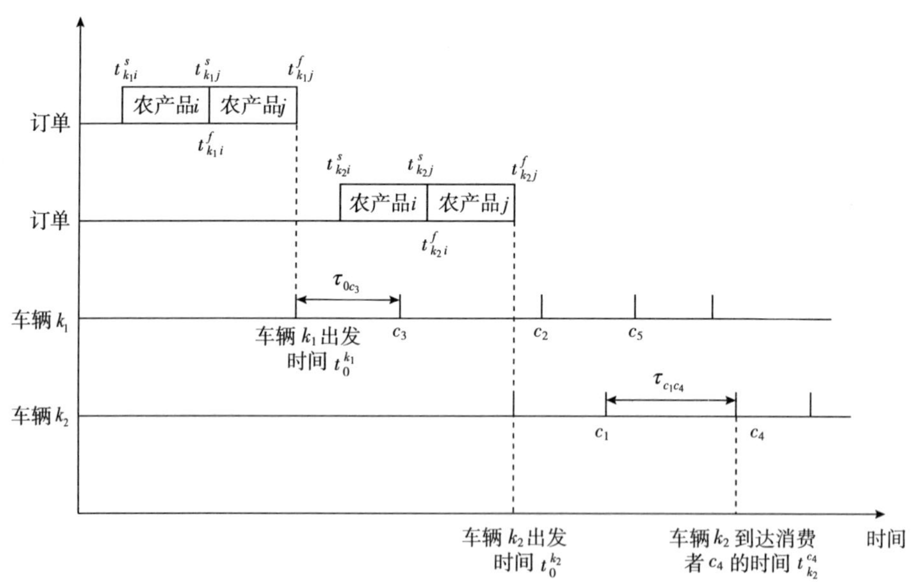

图 7-1 采摘与配送联合优化

整个配送过程包括采摘作业和配送作业，车辆接收到配送任务，就开始从采摘基地进行采摘作业。要确保质量损失成本最小和达到消费者时间窗要求，就必须合理规划采摘时间和车辆路径。当采摘任务完成，车辆根据消费者不同的时间窗要求和配送地点要求，开始进行配送任务的执行。因此，需要决策采摘与配送联合优化下的最佳采摘时间和最优配送路径。

二、模型假设及符号定义

（一）模型假设

本章研究的问题基于以下假设。

（1）农户拥有一个采摘基地，提供两种农产品，且采摘基地拥有足够的供应量来满足所有消费者的需求。

（2）采摘基地拥有有限数量的同质配送车辆，给多个消费者提供配送服务，装载容量为定值，从采摘基地出发完成配送任务后返回采摘基地。

（3）配送过程中使用的车辆数量不超过车辆的总数。

（4）配送时间远远小于农产品的生命周期。

（5）每个消费者的订单数量不大于单辆车的容量约束，且顾客订单一次性交付，不能拆分配送。

（6）车辆在配送过程中只考虑采摘时间、配送时间，不考虑装卸时间以及顾客服务时间。

（二）符号定义

（1）参数。

D：顾客点集，$d \in D$；

N：所有点集，$i \in N$；$N = D \cup \{0\}$；0 表示配送中心；

K：车辆点集，$k \in K$；

P：产品点集，$p \in P$；

d_{ip}：顾客 i 对产品 p 的需求；

γ_p：产品 p 的质量损失因子；

b_p：产品 p 的单位采摘时间；

β_p：产品 p 质量损失的初始值；

λ：单位时间的车辆行驶成本；

α：固定车辆成本；

q：单辆车的容量；

τ_{ij}：点 i 到点 j 的时间；

$[e_0, l_0]$：配送中心的时间窗；

$[e_i, l_i]$：顾客 i 的时间窗；

λ_{ij}^k：如果 $i=0$，则 $\lambda_{ij}^k = \lambda + \alpha$；否则 $\lambda_{ij}^k = \lambda$。

（2）中间变量。

t_{kp}^f：由车辆 k 运输农产品 p 的采摘结束时间；

t_i^k：车辆 k 到达顾客 i 的时间。

（3）决策变量。

t_{kp}^s：由车辆 k 运输的农产品 p 的采摘开始时间；

x_i^k：0—1 变量，如果顾客 i 由车辆 k 配送，则为 1，否则为 0；

x_{ij}^k：0—1 变量，如果车辆 k 由顾客 i 到顾客 j，则为 1，否则为 0。

三、质量损失函数的分析

本章考虑农产品质量损失率 $\theta(t)$ 为随时间增长的一次函数[5]，记为式（7-1）：

$$\theta(t)=\gamma t+\beta \tag{7-1}$$

式中，γ 表示质量损失因子，β 表示质量损失初始值，如图 7-2 所示。要实现质量损失最小化的目标，则农产品的开始采摘时间 t_k^s 到农产品到达消费者的时间 t_i^k 越短越好，所以对 t_k^s 到 t_i^k 的时间积分，以获取质量损失函数 $V(t)$，记为式（7-2）：

$$V(t)=\int_{t_k^s}^{t_i^k}(\gamma t+\beta)\mathrm{d}t \tag{7-2}$$

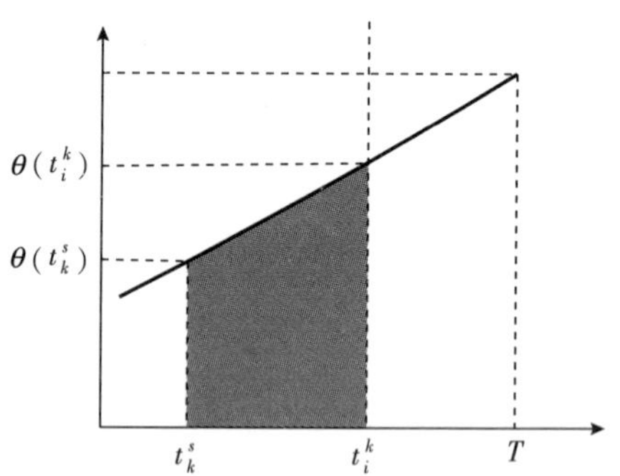

图 7-2 质量损失率随时间变化的关系

为了方便模型的计算过程，将式（7-2）对于时间的积分进行转化，得到 $V(t)$ 是关于时间的二次函数，如式（7-3）所示：

$$V(t)=\left[\frac{1}{2}r(t_i^k)^2+\beta t_i^k\right]-\left[\frac{1}{2}r(t_k^s)^2+\beta t_k^s\right] \tag{7-3}$$

图 7-2 表示质量损失率是随时间变化的一次函数，图 7-3 表示质量损失成本为质量损失率与时间的乘积关系，且为二次函数关系。由图 7-3 可知，在采摘作业的开始阶段，质量损失最小，随着时间的推移，质量损失不断上升。农产品在初始阶段质量损失增长幅度缓慢，不容易察觉，经过一段时间后，质量损失增长较快，当达到农产品的生命周期极限 T 时，农产品全部损耗，质量损失达到最大值，而本章研究的配送时间远远小于农产品的生命周期。考虑到农产品质量损失随时间增长的特点，为达到总成本最小化的目标，采摘时间与车辆的配送时间越短，越有利于降低质量损失成本。因此，本章需要决策出何时采摘与何时送达，以确保农产品质量损失最小。

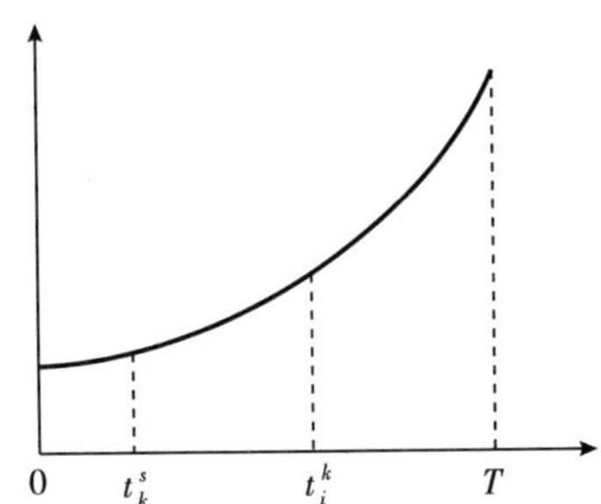

图 7-3　质量损失成本随时间变化的关系

四、考虑质量损失的农产品采摘与配送联合优化模型

本节构建考虑质量损失的采摘与配送联合优化模型，该模型从农户角度出发以最小化农产品质量损失成本和配送成本，同时满足消费者时间窗的要求。农户面临的问题是决策何时采摘，以及采摘后的配送最优路径。根据本章研究的问题，我们将农产品的采摘与配送联合优化问题定义为考虑时间窗的车辆路径问题[6]（Vehicle Routing Problem with Time Window，VRPTW），并建立一个混合整数规划模型来描述该问题。

$$\min \sum_{i\in D}\sum_{p\in P}\left\{\left[\frac{1}{2}r_p(t_{ip}^k)^2+\beta_p t_{ip}^k\right]-\left[\frac{1}{2}r_p(t_{kp}^s)^2+\beta_p t_{kp}^s\right]\right\}d_{ip}+\sum_{i\in N}\sum_{j\in N}\sum_{k\in K}\tau_{ij}x_{ij}^k+\alpha\sum_{j\in D}\sum_{k\in K}x_{0j}^k \tag{7-4}$$

$$\text{s. t. }\sum_{i\in N}\sum_{k\in k}x_{ij}^k=1,\ \forall j\in D,\ i\neq j \tag{7-5}$$

$$\sum_{j\in N}\sum_{k\in k}x_{ij}^k=1,\ \forall i\in D,\ i\neq j \tag{7-6}$$

$$\sum_{i\in N}x_{ij}^k-\sum_{i\in N}x_{ji}^k=0,\ \forall j\in D,\ k\in K \tag{7-7}$$

$$\sum_{j\in D}x_{0j}^k\leqslant 1,\ \forall k\in K \tag{7-8}$$

$$\sum_{i\in D}x_{i0}^k\leqslant 1,\ \forall k\in K \tag{7-9}$$

$$\sum_{j\in N}x_{ij}^k\leqslant x_i^k,\ \forall i\in D,\ \forall k\in K \tag{7-10}$$

$$\sum_{i\in N}\sum_{j\in D}\sum_{p\in P}d_{jp}x_{ij}^k\leqslant q,\ \forall k\in K \tag{7-11}$$

$$\sum_{j\in D}\sum_{k\in K}x_{0j}^k\leqslant K,\ \forall h\in H \tag{7-12}$$

$$t_{kp}^s+b_p\sum_{i\in D}d_{ip}x_i^k\leqslant t_{kp}^f,\ \forall k\in K,\ \forall p\in P \tag{7-13}$$

$$t_{kp}^f=t_{kp+1}^s,\ \forall k\in K,\ \forall p\in P-1 \tag{7-14}$$

$$t_{k|P|}^{f} \leqslant t_0^k, \ \forall k \in K \tag{7-15}$$

$$t_0^k \leqslant t_i^k, \ \forall i \in D, \ \forall k \in K \tag{7-16}$$

$$t_i^k + \tau_{ij} - t_j^k \leqslant M(1 - x_{ij}^k), \ \forall i \in N, \ j \in D, \ k \in K \tag{7-17}$$

$$e_i \leqslant t_i^k \leqslant l_i, \ \forall i \in D, \ k \in K \tag{7-18}$$

$$e_0 \leqslant t_{k,1}^s, \ \forall k \in K \tag{7-19}$$

$$t_{k|P|}^{f} \leqslant l_0, \ \forall k \in K \tag{7-20}$$

$$x_i^k, \ x_{ij}^k \in \{0, \ 1\}, \ \forall i, \ j \in N, \ k \in K \tag{7-21}$$

式（7-4）为目标函数，表示最小化农产品成本，包括质量损失成本和配送总成本。式（7-5）~式（7-9）为车辆路径约束，其中，式（7-5）和式（7-6）表示每个顾客只能由一辆车服务；式（7-7）表示网络流约束，即车辆到达某点后，必须离开该点；式（7-8）和式（7-9）表示每辆车最多只能离开或返回采摘中心一次；式（7-10）表示车辆仅对分配给它的消费者提供服务；式（7-11）表示车辆容量约束；式（7-12）表示使用的车辆数量约束；式（7-13）表示采摘开始时间与采摘结束时间的关系；式（7-14）表示车辆 k 的农产品 p 的采摘结束时间等同于农产品 $p+1$ 的采摘开始时间；式（7-15）表示采摘结束时间与开始配送时间的关系；式（7-16）表示开始配送时间与配送车辆到达消费者时间的关系；式（7-17）表示配送车辆到达消费者的时间表达式，该约束还可以消除回路子圈。对于式（7-17），若 $x_{ij}^k=1$，则 $t_i^k+\tau_{ij} \leqslant t_j^k$ 为模型成立需要的约束；若 $x_{ij}^k=0$，则 $t_i^k+\tau_{ij}-t_j^k \leqslant M$ 同样成立，因为 M 是一个无穷大的数；式（7-18）~式（7-20）表示消费者需求时间窗和采摘基地工作时间窗；式（7-21）表示决策变量为 0—1 变量。

上述 VRPTW 问题可以描述为包含旅行商问题（Travelling Salesman Problem，TSP）以及车辆路径问题（Vehicle Routing Problem，VRP）的一般性问题。如果去掉式（7-18）~式（7-20）关于时间窗的约束，或者令 $e_i=0$，$l_i=M$ 实现，那么该模型可看作一个 VRP 模型；如果只提供一辆车进行服务，那么问题即转换为 TSP 问题。

第二节　基于改进遗传算法的联合优化模型求解算法

针对前文建立的 VRPTW 数学模型，本节将设计基于遗传算法求解的农产品采摘与配送联合优化问题。遗传算法主要包括染色体编码、种群初始化、适应度函数、遗传算子设计等步骤[7]。

一、染色体编码

VRPTW 是一种基于次序的组合优化问题，本章对染色体采用自然数编码，染色体编码对应着模型求解问题的可行解[8]。设计的染色体结构包括位置坐标、需求量、时间窗要求等关键信息。若问题的解为：0 4 6 9 0 1 5 3 0 7 8 2，表示需要 3 辆车对 9 个消费者提供配送服务，且每辆车的路径如下：

车辆 1：采摘基地 0→消费者 4→消费者 6→消费者 9→采摘基地 0

车辆 2：采摘基地 0→消费者 1→消费者 5→消费者 3→采摘基地 0

车辆 3：采摘基地 0→消费者 7→消费者 8→消费者 2→采摘基地 0

为减少无效解的生成，缩小遗传算法的搜索空间，本章编码未将作为路径分隔符的采摘基地 0 加入染色体结构中，即将各个车辆路线的需求点首尾连接得到染色体编码为 4 6 9 1 5 3 7 8 2，采用这种比较直观的基于点直接排列的染色体编码方式，可保证每个节点均被访问且只访问一次，从而简化模型约束条件的处理。

按照以上方式初始化一条路径，将染色体中的基因值顺序插入当前路径，若插入的基因值导致超过车辆容量约束或者消费者时间窗约束或其他约束条件，则重新生成一条路径，重复上述步骤，直至所有点都插入路径。

二、种群初始化

影响遗传算法效率和数值结果优劣的最大因素就是初始种群，初始种群设置是否得当、初始种群位置是否均匀地分布在可行域范围，都会影响遗传算法的全局最优解和算法是否早熟收敛[9,10]。因此，对于本章节的 VRPTW 求解多峰的 NP-hard 难题，算法能否寻找到全局最优解，取决于种群初始化的合理性。本章采用随机方式生成的初始种群，采用自然数（1，…，n）编码方式，此种方法有助于快速寻找到最优解。

三、适应度函数

适应度函数 f_i 用于评估种群中个体或解的优劣程度，即对环境的适应程度。适应度函数通常由目标函数转换而来，且目标函数值非负。适应度越大，表示个体被复制到子代的概率越大，则个体的性能越好[11]。本章研究的采摘与配送联合优化问题是最小化组合优化问题，即求解目标函数值最小。适应度函数通过模型的目标函数转换为：$f_i=\dfrac{1}{Z_i} i\in\{1,\ 2,\ \cdots,\ popsize\}$。式中，$Z_i$ 为群体中第 i 条染色体对应的目标函数值，反映了第 i 条染色体所对应的总成本函数；f_i 为群体中第 i 条染色体对应的适应度。

四、遗传算子设计

在上述基础上对遗传算法进行选择算子、交叉算子和变异算子的设计[12,13]。

（一）选择算子

选择算子指在群体个体中，以优胜劣汰的方式，保留优秀个体，淘汰劣质个体。本章算法将排序和加大随机数次数的思想加入轮盘赌中，采用改进的轮盘赌选择算子与最佳个体保存选择相结合的策略，以提高选择算子的优化性能。

（二）交叉算子

交叉是将父代的个体的部分重组替换得来的，产生后代。交叉算子提供了新个体的来源，提高群体的方差。交叉算子在遗传算法中的作用举足轻重：它既能在一定程度上保持群体中的优良个体，又能使编译的算法寻找到新的解集空间。本章采用自然数编码的类 PMX 法进行两点交叉[14]，其操作过程分为三步，如图 7-4 所示：

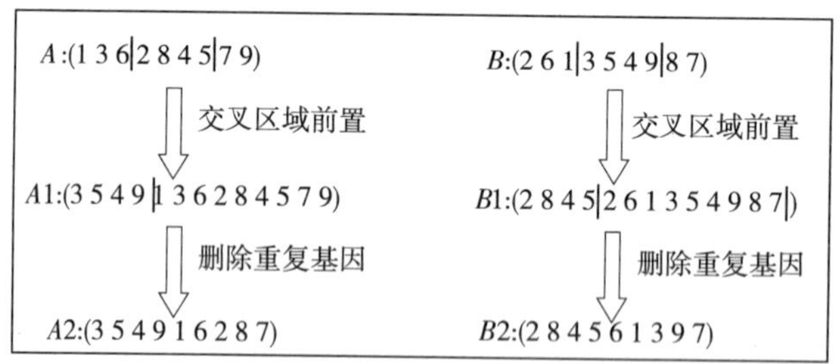

图 7-4　交叉操作

Step 1：随机选择父代中的两个染色体，并随机交叉区域｜｜，如：

$A=1\quad 3\quad 6\,|\,2\quad 8\quad 4\quad 5\,|\,7\quad 9$；

$B=2\quad 6\quad 1\,|\,3\quad 5\quad 4\quad 9\,|\,8\quad 7$。

Step 2：将 B 的交叉区域加到 A 的前面，同样，将 A 的交叉区域加到 B 的前面，得到两个中间个体为：

$A1=3\quad 5\quad 4\quad 9\,|\,1\quad 3\quad 6\quad 2\quad 8\quad 4\quad 5\quad 7\quad 9\,|$；

$B1=2\quad 8\quad 4\quad 5\,|\,2\quad 6\quad 1\quad 3\quad 5\quad 4\quad 9\quad 8\quad 7\,|$。

Step 3：在 $A1$ 和 $B1$ 中，自交叉区域后依次删除与交叉区域相同的基因，得到最终的两个个体 $A2$ 和 $B2$：

$A2=3 \quad 5 \quad 4 \quad 9 \quad 1 \quad 6 \quad 2 \quad 8 \quad 4 \quad 7$；

$B2=2 \quad 8 \quad 4 \quad 5 \quad 6 \quad 1 \quad 3 \quad 9 \quad 7$。

（三）变异算子

变异操作是对个体串的某些等位基因值的变动，由此产生新个体。变异算子的设计是为了改善算法的局部搜索能力，防止收敛早熟以保持种群的多样性。本章采用的倒位变异算子操作步骤分为两步，变异操作过程如图 7-5 所示：

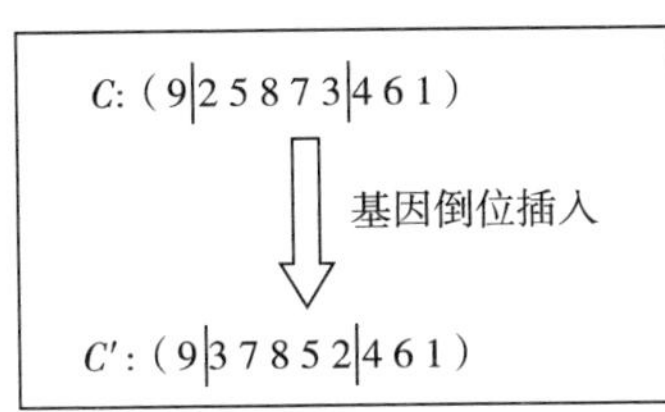

图 7-5 倒位变异操作

Step 1：随机产生一个体“$C=9 \quad 2 \quad 5 \quad 8 \quad 7 \quad 3 \quad 4 \quad 6 \quad 1$”和两个变异点，如 2 和 3，即 $C=9 \mid 2 \quad 5 \quad 8 \quad 7 \quad 3 \mid 4 \quad 6 \quad 1$，其中“| |”表示交叉区域。

Step 2：将变异区域基因按反序插入位置中得到新个体为：$C'=9 \mid 3 \quad 7 \quad 8 \quad 5 \quad 2 \mid 4 \quad 6 \quad 1$。

五、基于变异交叉算子的 GAAO 策略研究

基本遗传算法，对于参数的控制是事先已确定且在进化过程中一直保持不变的定值，而如何确保有关控制参数的最优，使遗传算法的性能达到最优，本身是一个极其困难和复杂的优化问题。本章提出一种改进的遗传算法，主要从交叉概率和变异概率入手。

（一）评价种群早熟指标

种群过早收敛表现在：种群中那些因适应度大被保留下来的个体出现重复或者趋同现象，暂时没有突破现存解空间，而他们被选中参与到下一代的选择或者复制操作的概率很大，这样父代种群和交叉后的子代之间变化不大，容易降低搜索效率，导致寻优过程缓慢[8]。因此，如何判断一个种群是否会收敛过早，主要看该种群当前适应度的个体重复或趋同的现象是否明显。基于这种判断，本章提出了评价种群“早熟”的一种新指标 Δ，如式（7-22）所示：

$$\Delta=F_{t\max}-\overline{F}_{t\max} \tag{7-22}$$

式中，Δ 代表的是衡量种群早熟程度的指标，$F_{t\max}$ 为最优个体适应度，$\overline{F}_{t\max}$ 表示适应度大于 $\overline{F}_t$ 的个体平均适应度，计算 $F_{t\max}$ 和 $\overline{F}_{t\max}$ 的差值，是为了清晰地反映种群中当前适应度最大的个体之间的趋同程度，从而准确判断个体过

早收敛的程度，避免计算 Δ 时那些较差个体对整体优化的不利影响。

（二）交叉概率和变异概率的自适应方法

遗传算法中，用固定的选择概率和交叉概率控制遗传进化，很容易导致收敛过早。如果交叉概率设置得过大，容易产生过多的新个体，容易使算法收敛缓慢，不利于找到最优解；如果交叉概率设置得过小，算法容易收敛过快，导致陷入局部最优解[15]。调整控制参数比较好的方法是自适应，它能够在 p_c、p_m 的进化过程中自适应地调整大小。基于式（7-22）中叙述的新指标 Δ，提出自适应调整遗传算子的新策略，使交叉概率 p_c 和变异概率 p_m 在进化过程中随着 Δ 的变换而变换，如式（7-23）和式（7-24）所示[16]：

$$p_c=\frac{1}{1+\exp(-k_1\cdot\Delta)} \tag{7-23}$$

$$p_m=\frac{1}{1+\exp(-k_2\cdot\Delta)} \tag{7-24}$$

在式（7-23）和式（7-24）中，k_1，$k_2>0$，由于 $\Delta\geqslant 0$ 一直成立，所以 $0.5\leqslant p_c\leqslant 1$，$0\leqslant p_m\leqslant 0.5$。

六、终止条件

本章采用事先确定进化代数作为终止条件，即判断进化的代数是否满足要求，若是，则停止进化。

七、GAAO 流程

基于前文的讨论，GAAO 步骤为 Step 0～Step 6，相应的 GAAO 的流程如图 7-6 所示[17]。

Step 0：初始化种群规模 N，迭代次数 T，交叉概率 p_c 和变异概率 p_m；

Step 1：根据式（7-5）～式（7-9），生成初始种群 P；

Step 2：根据式（7-4）计算每个个体的适应度值；

Step 3：根据适应度函数，运用轮盘赌从当前的种群中选择父代 P_1；

Step 4：通过 Step 4.1 和 Step 4.2 从父代 P_1 中生成子代 P_2；

Step 4.1：基于式（7-22）～式（7-24），通过交叉算子和变异算子自适应生成子代 P_2；

Step 4.2：检查子代 P_2 中的每个染色体是否满足式（7-18）～式（7-20），如果满足条件，则转到 Step 4.1，否则，进入下一步；

Step 5：通过式（7-4）再次计算每个个体的适应度值；

Step 6：检查是否满足终止条件。如果尚未到达设定的迭代次数 T，则返回 Step 3；否则，算法终止并输出最优解。

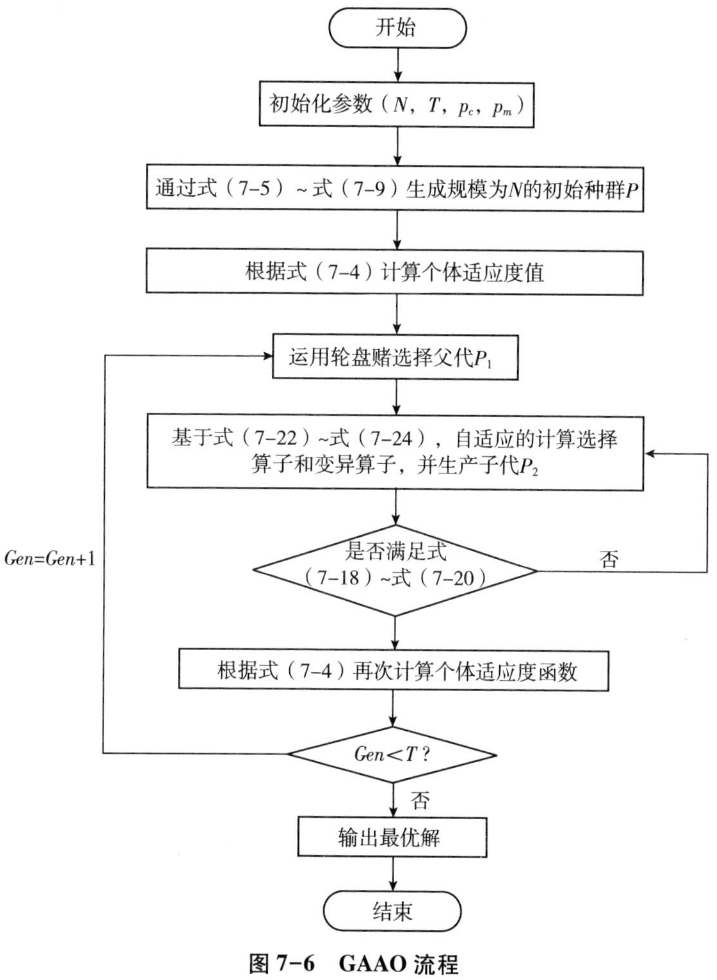

图 7-6 GAAO 流程

第三节 数值案例结果分析

基于 GAAO 求解采摘与配送联合优化问题的可行性，本节进行算例构造，并与基本的遗传算法进行对比分析，验证该 GAAO 求解采摘与配送联合优化问题的有效性及优越性。

一、算例设置

假设该物流配送网络是由一个采摘基地（0）和 50 个消费者（1~50）组成

的直供直销配送模式。

采摘基地有多辆容量为300单位的同质车型为消费者提供配送服务，平均车速为60千米/小时。采摘基地提供两种水果供消费者选择购买，假设采摘两种水果的单位采摘时间分别为0.007小时和0.008小时，且采摘基地的工作时间窗为[8：00，20：00]（表7-1中时间窗取值换算为[0，12]）。两种水果的损失因子分别为0.8和0.9，质量损失初始值分别为0.4和0.3。图7-7是各点的空间坐标分布，表7-1给出各消费者的订单信息，其中采摘基地的坐标为（17.5，17.5），各点的空间坐标借用VRP的Solomon标准测试算例中的R201算例。

表7-1 消费者订单信息

客户	坐标（千米）	需求量	时间窗	客户	坐标（千米）	需求量	时间窗
1	(0.5，24.5)	(15，23)	[5.5，8]	26	(8.5，17)	(13，28)	[5.2，10.3]
2	(17.5，8.5)	(18，14)	[5.8，7.9]	27	(6，12)	(12，15)	[2.5，8.1]
3	(27.5，22.5)	(30，20)	[6.2，9]	28	(12，29)	(19，17)	[2，7.4]
4	(27.5，10)	(19，16)	[2.7，6]	29	(28，19.5)	(10，12)	[4.5，9.8]
5	(7.5，15)	(15，26)	[4.2，7]	30	(18.5，23.5)	(14，22)	[2.7，9]
6	(12.5，15)	(20，24)	[3.2，8.3]	31	(28.5，28)	(15，23)	[3.6，8.8]
7	(10，25)	(10，23)	[4.5，7.1]	32	(23.5，8)	(18，14)	[4.7，9.2]
8	(25，17.5)	(25，16)	[4，9]	33	(22，8.5)	(30，20)	[5.2，10.6]
9	(15，12.5)	(11，19)	[5.5，7.8]	34	(24.5，5.5)	(19，16)	[3.7，8.7]
10	(10，20)	(13，28)	[3.7，7]	35	(24.5，21)	(15，26)	[2.8，7]
11	(22.5，10)	(7，25)	[4.6，6.8]	36	(26.5，21.5)	(20，24)	[1.6，7.3]
12	(22.5，15)	(12，15)	[5.7，7.2]	37	(28.5，24)	(10，23)	[2.2，9.1]
13	(17.5，20)	(19，17)	[6.2，8.6]	38	(27.5，27)	(25，16)	[4.4，10]
14	(20.5，18.5)	(10，12)	[4.7，6.7]	39	(7.5，23.5)	(25，16)	[2，9.6]
15	(15.5，26)	(14，22)	[3.8，5]	40	(7，18.5)	(11，19)	[3.5，9.9]
16	(26.5，26)	(15，23)	[2.6，5.3]	41	(14，9)	(13，28)	[3.5，10.3]
17	(20，12.5)	(18，14)	[3.2，7.1]	42	(13，26)	(12，15)	[3.8，8.1]
18	(12，6)	(30，20)	[5.4，8]	43	(13，17.5)	(19，17)	[4.2，7.4]
19	(6.5，26)	(19，16)	[3，7.6]	44	(7.5，9.5)	(10，12)	[5.7，9.8]
20	(23.5，23.5)	(19，16)	[4.5，7.9]	45	(11，11)	(14，22)	[2.2，9]
21	(13.5，21.5)	(15，26)	[3.5，9]	46	(9，12)	(15，23)	[5.2，8.8]
22	(18.5，15.5)	(20，24)	[3.8，8.9]	47	(11，13.5)	(18，14)	[2.5，9.2]
23	(28.5，14.5)	(10，23)	[4.2，10]	48	(12.5，10.5)	(30，20)	[2，10.6]
24	(16，6)	25，16	[5.7，11]	49	(10，13)	(19，16)	[4.5，8.7]
25	(18，13)	11，19	[2.2，8]	50	(9，9)	(15，26)	[2.7，7]

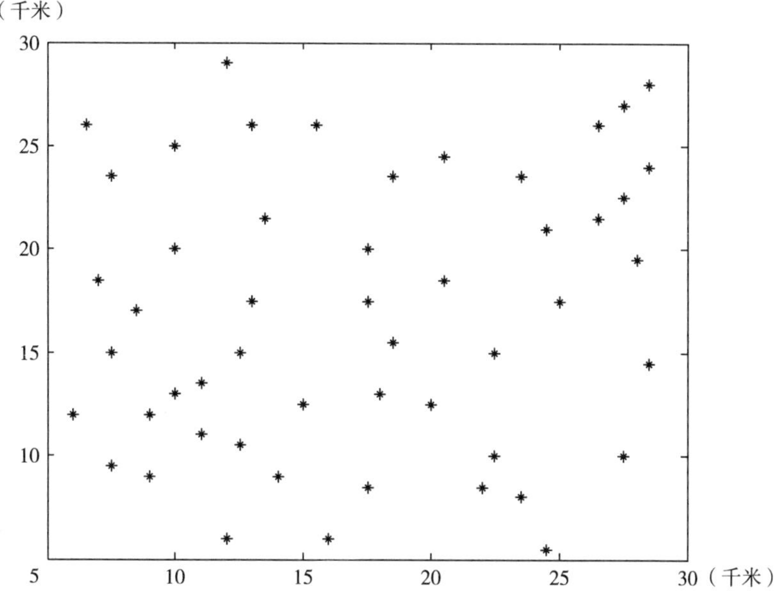

图 7-7 各点的空间坐标分布

二、小规模的数值案例结果分析与比较

根据表 7-1 给出的消费者订单信息，分别运用基本遗传算法和 GAAO，对比分析算法的优劣程度。改进的遗传算法参数设置为：群体规模 $N=100$，仿真代数 $T=1000$，交叉概率 $pc=0.8$，变异概率 $pm=0.05$，采用 MatlabR2014a 语言编程实现本章的算法，在 Intel(R) Core(TM) i3-7100 CPU@ 3.90GHz、4GB RAM 计算机和 Windows 7 平台上运行。分别采用基本遗传算法和 GAAO 对实例求解 20 次，最优结果如表 7-2 和表 7-3 所示，自适应遗传算法的最优路线如图 7-8 所示。

表 7-2 基本遗传算法最优测试结果

车辆序号	车辆最优路径
1	0→45→48→9→0
2	0→5→26→21→30→0
3	0→10→49→27→4→0
4	0→6→41→0
5	0→36→35→14→0

续表

车辆序号	车辆最优路径		
6	0→15→28→39→19→0		
7	0→34→8→23→0		
8	0→43→44→42→0		
9	0→37→3→29→40→47→0		
10	0→25→24→17→0		
11	0→3→36→0		
12	0→16→38→31→20→0		
13	0→2→11→32→33→0		
14	0→1→7→13→0		
15	0→12→22→0		
最优目标	最优值	车辆数	迭代次数
结果	12283. 5	15	423

表 7-3　优化的 GAAO 最优测试结果

车辆序号	车辆最优路径		
1	0→14→22→11→33→0		
2	0→20→35→13→9→47→45→0		
3	0→37→31→16→38→29→0		
4	0→5→40→49→17→0		
5	0→15→42→30→6→48→0		
6	0→10→26→27→46→44→50→0		
7	0→8→12→32→34→4→0		
8	0→1→43→0		
9	0→2→24→23→0		
10	0→25→21→41→18→0		
11	0→3→36→0		
12	0→19→39→7→28→0		
最优目标	最优值	车辆数	迭代次数
结果	11671. 1	12	408

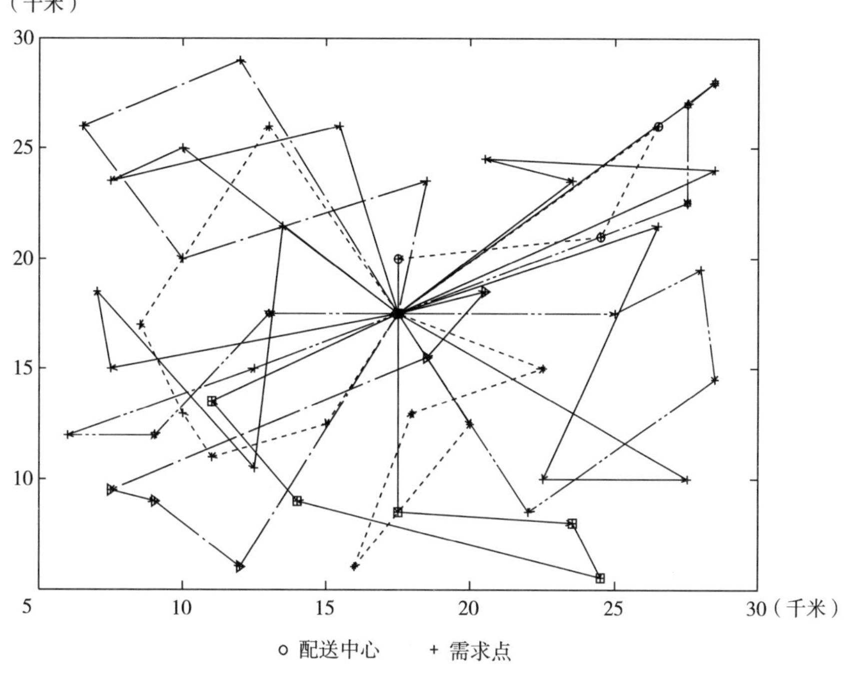

图 7-8 最优配送路线

根据表 7-1 提供的数据信息，通过基本遗传算法进行 20 次随机测试，得到平均运行时间 160.3 秒，20 次测试中取最优测试结果如表 7-2 所示。最终求得适应度函数值为 12283.5 元，共由 15 条路径组成最优的配送路径。这 15 条路径为：车辆 1 从采摘基地出发，最终又回到采摘基地，车辆 1 的配送次序为：0→45→48→9→0；车辆 2 的配送次序为：0→5→26→21→30→0；车辆 3 的配送次序为：0→10→49→27→4→0；车辆 4 的配送次序为：0→6→41→0；车辆 5 的配送次序为：0→36→35→14→0；车辆 6 的配送次序为：0→15→28→39→19→0；车辆 7 的配送次序为：0→34→8→23→0；车辆 8 的配送次序为：0→43→44→42→0；车辆 9 的配送次序为：0→37→3→29→40→47→0；车辆 10 的配送次序为：0→25→24→17→0；车辆 11 的配送次序为：0→3→36→0；车辆 12 的配送次序为：0→16→38→31→20→0；车辆 13 的配送次序为：0→2→11→32→33→0；车辆 14 的配送次序为：0→1→7→13→0；车辆 15 的配送次序为：0→12→22→0。

同样地，以表 7-1 数据为测试算例，通过 GAAO 进行 20 次随机测试，得到平均运行时间 158.4 秒，20 次测试中取最优测试结果如表 7-3 所示。最终求得适应度函数值为 11671.1 元，共由 12 条路径组成最优的配送路径，最优路线如图 7-8 所示。这 12 条路径为：车辆 1 从采摘基地出发，最终又回到采摘基地，车辆 1 的配送次序为：0→14→22→11→33→0；车辆 2 的配送次序为：0→20→35→13→9→47→45→0；车辆 3 的配送次序为：0→37→31→16→38→29→0；车辆 4 的配送次序为：0→5→40→49→17→0；车辆 5 的配送次序为：0→15→42→30→6→48→0；车辆 6 的配送次序为：0→10→26→27→46→44→50→0；车辆 7 的配送次序为：0→8→12→32→34→4→0；车辆 8 的配送次序为：0→1→43→0；车辆 9 的配送次序为：0→2→24→23→0；车辆 10 的配送次序为：0→25→21→41→18→0；车辆 11 的配送次序为：0→3→36→0；车辆 12 的配送次序为：0→19→39→7→28→0。

基本遗传算法与 GAAO 的染色体种群进化过程如图 7-9 所示，通过比较可以看出，采用基本遗传算法的最优值明显劣于 GAAO，收敛速度相对较慢，在 423 次才收敛；而 GAAO 的运算前期，搜索最优解的速度很快，每一代的最优值优化曲线下降较快，随着进化过程的进行，进化曲线渐渐趋于平缓，并在 408 次收敛。

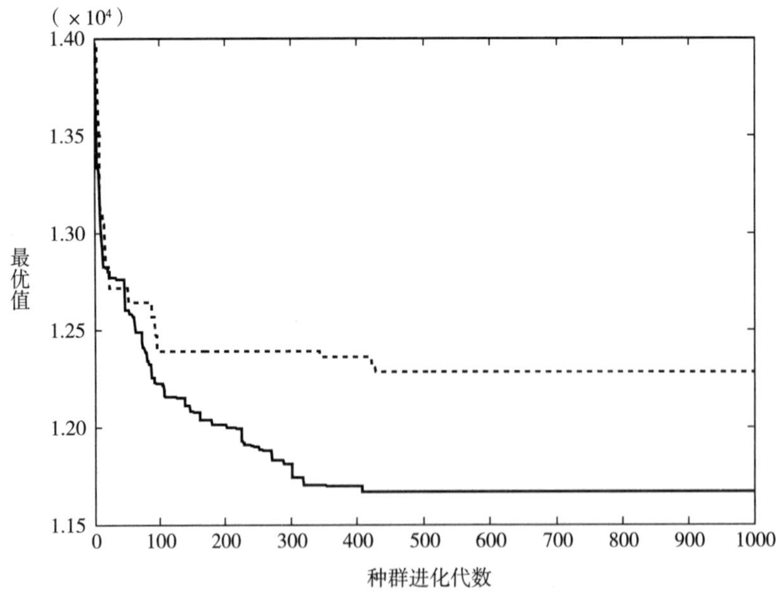

图 7-9　染色体种群进化过程

基本遗传算法与 GAAO 优化结果的对比如表 7-4 所示。由于研究问题要满足采摘基地时间窗和消费者对配送时间窗的要求，因此两种算法都不能达到车辆容量高利用率的效果，但 GAAO 求得的利用率明显高于基本遗传算法；同时，GAAO 的车辆使用数也少于基本遗传算法；GAAO 的车辆运输时间、最优迭代次数和目标总成本都低于基本遗传算法，并且目标总成本节约值为 612.4 元。综合比较可知，GAAO 在求解该问题上比基本遗传算法具有一定的优越性。

表 7-4 优化结果对比

对比内容	求解算法	
	GA	GAAO
车辆使用数	15	12
车辆容量利用率（%）	74	89
车辆运输时间（小时）	48.8	57.1
最优迭代次数	423	408
目标总成本（元）	12283.5	11671.1

三、中大规模的数值案例结果分析与比较

基本遗传算法和 GAAO 的结果分析与有效性检验已经在前文呈现，结果显示 GAAO 对比基本遗传算法在小规模数值案例方面有明显的优越性。为了证明 GAAO 在中大规模方面的有效性和优越性，本章从算法的运行时间、迭代次数、时间差值和迭代差值四个方面与基本遗传算法进行比对。运用 10 组数据验证 GAAO 的优越性。假设采摘基地提供两种可选择的农产品，消费者订单数从 20 组增加到 110 组。因此，消费者需求和时间窗也相应地增加，中大规模的数值案例设置如表 7-5 所示。

表 7-5 中大规模数值案例结果展示

案例	变量规模		GA		GAAO		迭代差值	时间差值
	Con.	产品	时间（秒）	迭代数	时间（秒）	迭代数		
1	20	2	49	641	21	176	57.14	72.54
2	30	2	57	421	33	87	42.11	79.33
3	40	2	65	475	43	234	33.85	50.74
4	50	2	75	180	58	123	22.67	31.67
5	60	2	92	882	82	301	10.87	65.87
6	70	2	109	633	87	191	20.18	69.83

续表

案例	变量规模		GA		GAAO		迭代差值	时间差值
	Con.	产品	时间（秒）	迭代数	时间（秒）	迭代数		
7	80	2	124	489	103	328	16.94	32.92
8	90	2	142	405	115	148	19.01	63.46
9	100	2	175	462	121	390	30.86	15.58
10	110	2	223	573	144	226	35.43	60.56

注：迭代差值 $=\frac{GA-GAAO}{GA}\times100\%$，时间差值 $=\frac{GA-GAAO}{GA}\times100\%$，Con. 为消费者订单数的缩写。

由表 7-5 可知，根据运行时间、迭代次数、时间差值和迭代差值得出 GAAO 比 GA 具有更好的性能和结果。例如，对于 GAAO，案例 8、案例 9 和案例 10 的运行时间分别为 115 秒、121 秒、144 秒。而对于 GA，案例 8、案例 9 和案例 10 的运行时间分别为 142 秒、175 秒、223 秒。每个案例的 GA 与 GAAO 的时间差值如图 7-10 所示。

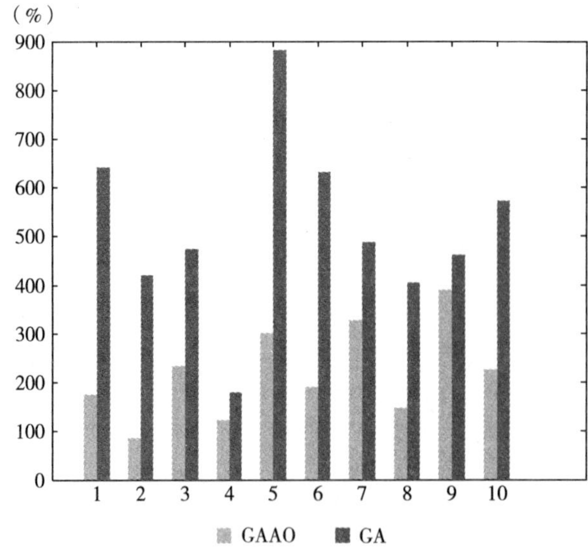

图 7-10 GA 与 GAAO 迭代次数比较

从图 7-10 可以看出，运用 GAAO 进行计算时，迭代次数明显减少。随着案例规模的不断扩大，观察 GA 发现，迭代次数分布在 400~650，而 GAAO 的迭代

次数有明显的降低，平均分布在100~300。因为改进的遗传算法在解空间结构上有了一次优化过程，降低了无效约束的个数，简化求解过程，从而使迭代次数也随之减少。与GA相比，GAAO的迭代差值节约比率在15%~45%，即迭代次数降低了15%~45%，效果非常显著。

从图7-11可以看出，当消费者规模在80以下时，无论是传统遗传算法还是改进的遗传算法，都可以在较短的时间内求解出最优结果。但随着规模的不断扩大，求解时间不断增加，这是因为随着规模的不断扩大，决策变量的个数不断增多，导致求解空间结构也随之增大而复杂，改进的遗传算法迭代次数由100增加到400，而遗传算法的迭代次数由200增加到900，迭代差值节约比率在30%~70%，即在求解时间上缩减了30%~70%。

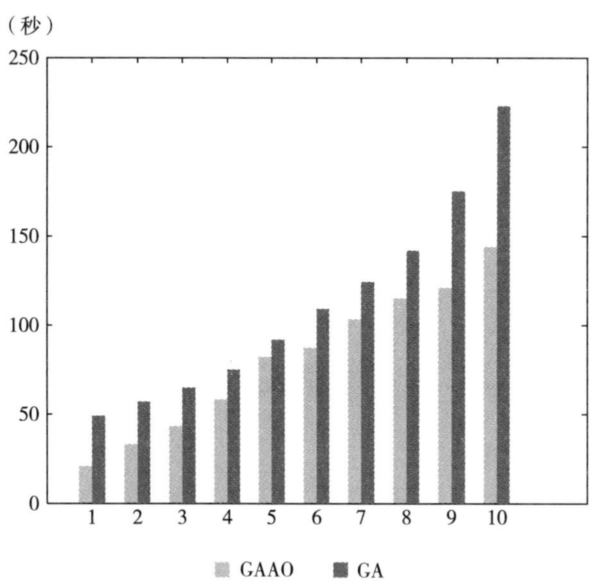

图7-11　GA与GAAO迭代时间比较

第四节　本章小结

本章研究了农产品采摘与配送联合优化问题，考虑质量损失成本为随时间推移的二次函数，建立农产品采摘与配送联合优化的混合整数规划模型。以质量损失成本和配送成本最小化为目标，以最优采摘时间和配送路径为决策变量，根据模型的特点和结构设计自适应的遗传算法，提出了自适应调整的交叉概率和变异概率方法，最终通过数值算例验证模型的有效性和算法的优越性。具体来说，本章的研究工作内容主要包含两个方面：

第一，针对农产品的易腐性和时效性，识别采摘与配送两个环节对农产品质量损耗和成熟度的重要影响。将质量损失函数与采摘时间、配送时间相结合，构建质量损失成本为二次函数的农产品采摘与配送的联合优化混合整数规划模型。该模型从农户角度出发，以最小化农产品质量损失成本和配送成本为目标，同时满足消费者时间窗的要求。

第二，针对构建的质量损失成本为二次函数的农产品采摘与配送的联合优化混合整数规划模型，设计改进的自适应遗传算法，提出了自适应调整交叉和变异概率的方法。并运用小规模案例验证模型的准确性，用 10 组大规模案例验证算法和模型的有效性及合理性。

本章研究了考虑质量损失的农产品采摘与配送联合优化问题，还有很多可以扩展的研究领域，例如，农产品的车辆路径问题，除了遗传算法以外，还有其他启发式算法可用于求解该类问题。另外，复杂的采摘与配送联合优化模型中应考虑更多不确定因素，例如，天气、温度等不确定性因素。

参考文献

[1] 于风宏，杨广峰，王卫蛟．农产品运输距离与变质关系的数学建模分析 [J]．科技通报，2014，30 (11)：13-16.

[2] Nekvapil F，Brezestean I，Barchewitz D，et al. Citrus fruits freshness assessment using Raman spectroscopy [J]．Food Chemistry，2018 (242)：560-567.

[3] 陈亮启．基于成熟度的果蔬农产品采摘与配送联合优化研究 [D]．南京农业大学，2019.

[4] Higgins A，Antony G，Sandell G，et al. A framework for integrating a complex harvesting and transport system for sugar production [J]．Agricultural Systems，2004，82 (2)：99-115.

[5] Besik D，Nagurney A. Quality in competitive fresh produce supply chains with application to farmers' markets [J]．Socio-Economic Planning Sciences，2017 (60)：62-76.

［6］曹二保，陈东．物流配送车辆路径问题模型及算法研究［M］．北京：科学出版社，2020.

［7］冯宪彬，丁蕊．改进型遗传算法及其应用［M］．北京：冶金工业出版社，2016.

［8］彭国勇，吴升．时间窗约束车辆路径问题求解的遗传模拟退火算法［J］．测绘科学，2007（6）：107-109+207.

［9］葛显龙，尹秋霜．考虑越库作业的连锁超市配送路径优化研究［J］．数学的实践与认识，2019，49（18）：61-74.

［10］戴庆，申静波．基于遗传算法的运输问题最优解研究［J］．天津理工大学学报，2008（3）：43-45.

［11］裴小兵，赵璇子，王秀丽．基于改进遗传算法的复杂产品 DSM 最优开发模块划分研究［J］．工业工程与管理，2021，26（6）：84-94.

［12］Katoch S，Chauhan SS，Kumar V. A review on genetic algorithm：past，present，and future［J］. Multimedia Tools And Applications，2021，80（5）：8091-8126.

［13］周明，孙树栋．遗传算法原理及应用［M］．北京：国防工业出版社，1999.

［14］黄敏镁，袁际军．基于遗传算法的设施布局问题研究［J］．物流技术，2015，34（12）：75-78.

［15］弭宝福，徐梅，文士发，何梦莹，孙鲁宁．交叉概率对改进遗传算法运算速度影响的测试与分析［J］．数学的实践与认识，2014，44（12）：215-218.

［16］吴聪，陈侃松，姚静．基于改进自适应遗传算法的物流配送路径优化研究［J］．计算机测量与控制，2018，26（2）：236-240.

［17］颜雪松，伍庆华，胡成玉．遗传算法及其应用［M］．武汉：中国地质大学出版社，2018.

第八章　基于时空网络的农产品采摘与配送联合优化研究

本章考虑农产品的采摘与配送协同规划，利用时空网络流方法[1,2]构建单层时空网络模型，从时间和空间双重维度刻画农产品在采摘基地、分销商和需求市场之间的物流配送作业。本章与第七章在研究内容上是一致的，都是研究农产品的采摘与配送联合优化问题，在研究方法上是不同的，本章运用时空网络方法研究联合优化问题；在研究目标上，第七章以质量损失成本和运输总成本最小化为目标，本章以新鲜度和顾客满意度最大为目标，从不同角度研究采摘与配送联合优化问题。本章假设对于需求市场各时间节点上的需求量是确定的，同时假设采摘基地能够完全满足需求市场对农产品的需求量。农产品具有高腐烂率的生理特性导致其高损耗率，配送需求和配送地点的多样性需要合理安排配送策略，要确保配送到达的农产品新鲜度满足需求市场的要求，保证顾客满意度最高，又要确保新鲜度最佳。基于以上假设，本章建立基于时空网络的农产品采摘与配送联合优化模型[3]。

农产品采摘与物流配送的协同决策问题研究，既包括采摘时间和配送时间等时间维度的协同，又包括采摘地点和配送地点等空间维度的协同，直销模式下采摘与配送是两个相互促进又相互制约的有机整体。果农的决策基于采摘与配送时空二维的协同关系，因此运用时空网络方法，研究农产品采摘与配送联合优化问题是一个新的探索与创新。

首先，考虑农产品采摘与配送联合调度决策信息的动态变化特性，从时间和空间这两个维度分析和解决农产品的动态配送问题，构建基于时空网络的农产品动态决策规划模型；其次，考虑到配送能力问题，将配送的容量限制作为模型的其中一个约束；最后，用顾客满意度最高和新鲜度最佳刻画目标函数，作为农产品采摘与配送联合优化的决策目标。另外，为方便后文的研究分析，再次对本章的研究问题进行以下界定：

（1）在对模型构建和分析时，需求点指需求市场，因此不考虑具体的一种农产品，是多种农产品的统称。

（2）为了研究农产品在网络流中的调度特性并且降低构建模型的复杂程度，在调度计划中不考虑具体的车辆配送优化问题。

第一节 基于时空网络的农产品采摘与配送联合优化模型建立

考虑到农产品的易腐特性和需求市场对农产品新鲜度的要求，本节运用时空网络流方法对物流网络中的农产品动态调度进行建模和分析，从时间和空间两个维度揭示农产品在网络流中调度计划的动态性。时空网络指对空间的物理网络从时间维度的扩展，是一种有效的动态网络流建模方法[4]。根据此定义，对问题进行描述，并将数学符号引入下文。

一、基于时空网络的农产品采摘与配送调度网络

设农产品采摘与配送联合优化的时空网络记为 $TS=(N,\ A,\ T)$，N 代表时空网络中所有节点的集合；A 代表时空网络中的所有弧的集合；T 代表时空网络中时间维度的长度。对于时空网络 TS，$(j,\ t)$ 为时空网络中的网络节点，其中，j 仅表示物理节点，t 是时间节点；$(jt,\ j't')$ 代表时空网络中的节线，表达的思想为时空网络中 $(j,\ t)$ 到 $(j',\ t')$ 之间存在的某条流量弧，此种表达意味着从物理节点 j 到物理节点 j' 的流通时间为 $t'-t$（$t'-t\geqslant 0$），只有在这个条件成立的基础上，在对应的时空网络的节点之间才存在流量节线 $(jt,\ j't')$。此外，除了节点 $(j,\ t)$ 和节点 $(j',\ t')$ 之间存在流量节线，对于同一个物理节点 j，在时间 t 和 $t+1$ 之间，还存在一条滞留节线，即节点 $(j,\ t)$ 和节点 $(j,\ t+1)$，这表示在物理节点内，只有时间的流逝，没有物理空间量的流通。

为更加清晰地说明时空网络动态特性，假设在物理意义上存在一个物理上的农产品运输网络，如图 8-1 所示。网络由 1 个采摘基地 H，2 个分销商 D1 和

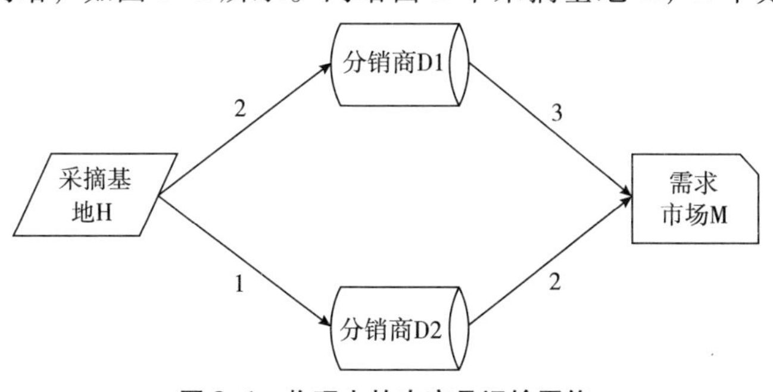

图 8-1 物理上的农产品运输网络

D2，1 个需求市场 M 组成，采摘基地 H 到分销商 D1 和分销商 D2 的时间分别为 2 个时间单位和 1 个时间单位，分销商 D1 和分销商 D2 到需求市场 M 的时间分别为 3 个时间单位和 2 个时间单位。则根据物理运输网络可搭建其对应的时空网络结构，如图 8-2 所示。

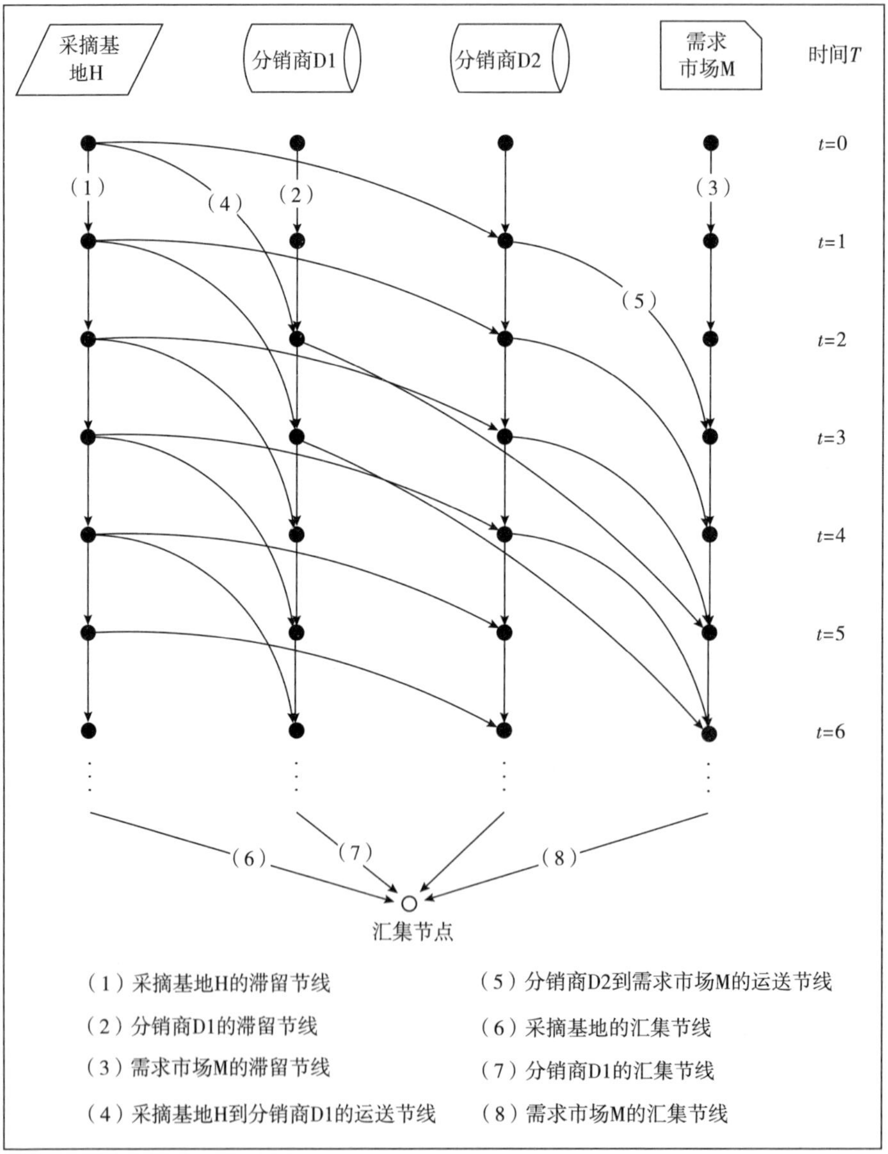

采摘基地H
分销商D1
分销商D2
需求市场M
时间T

t=0
t=1
t=2
t=3
t=4
t=5
t=6

（1）（2）（3）（4）（5）（6）（7）（8）

汇集节点

（1）采摘基地H的滞留节线
（2）分销商D1的滞留节线
（3）需求市场M的滞留节线
（4）采摘基地H到分销商D1的运送节线
（5）分销商D2到需求市场M的运送节线
（6）采摘基地的汇集节线
（7）分销商D1的汇集节线
（8）需求市场M的汇集节线

图 8-2　农产品采摘与配送时空网络结构

可以看出，图 8-1 中每一条物理上的弧在图 8-2 中都在时间上进行了延续，在空间上进行了扩展。时空网络中的每条弧都反映了空间点和时间点之间的流量关系，因此在网络结构上体现出了网络流的动态性。这种方法为阐述易腐农产品从采摘基地到需求市场和节点之间时空动态变化的规律提供了有效的建模方法。如图 8-2 所示，图中的横轴表示采摘基地、分销商和需求市场的“空间分布”，纵轴表示各空间分布在时间上的延续。在时空网络时间的设计上，考虑到实际的采摘配送情形，网络的时间长度以“月”为作业规划长度，而作业排程的时间为“天”。

如图 8-2 所示，此物流时空网络中包含节点、节线等元素，节点意味着一个物理点在某一特定时间的时空点，节线则代表两个时空点之间的流量活动。

（一）节点

节点代表采摘基地 H→分销商 D1/分销商 D2→需求市场 M 在某一规定时间的时空点。本章的节点可细分为采摘基地 H 节点、分销商节点、需求市场 M 节点三种情形。

就采摘基地 H 节点而言，该节点定义成供给节点，是时空网络中农产品的供给来源。本章假设采摘基地能够完全满足需求市场，因此采摘基地节点的供给量超过计划周期所有市场需求的总量。就分销商节点而言，采摘基地需要将农产品进行初步整理再运往分销市场，由分销市场做整合后，再配送到需求市场。就需求市场 M 节点而言，此节点为需求节点，各需求节点需要分销商提供农产品的配送服务，其节点需求为各需求市场在每个时间点的农产品需求量。

（二）节线

节线是空间的时空网络连接线，代表农产品在不同时空间的流通情况，即代表农产品的配送路线。节线上的弧流量表示农产品的流动数量。

（1）运送节线：此类节线为农产品在不同时空点之间的流通情况，代表不同时空下的运送情况。图 8-2 中，采摘基地到分销商在不同时空点的连接，表示采摘基地向分销商的运送服务情况，节线流量上限为分销商的通行能力上限，流量下限为 0；分销商到需求市场的运送节线，表示分销商将农产品配送至多个需求市场，节线流量上限为需求市场的需求量，流量下限为 0。

（2）滞留节线：滞留节线描述了采摘基地 H/分销商 D1/分销商 D2/需求市场 M 在相同地点的不同时刻的时空连接线，是农产品在某个物理点停留了一段时间。如图 8-2 所示，本问题的滞留节线有采摘基地 H 的滞留节线，分销商 D1/分销商 D2 的滞留节线，需求市场 M 的滞留节线。

（3）汇集节线：汇集节线是采摘基地 H/分销商 D1/分销商 D2/需求市场 M 的节点与汇集节点的连接线，其设计目的是将未被采摘基地 H/分销商 D1/分销商 D2/需求市场 M 动用的农产品汇集至此节点，以维持时空网络的流量守恒。

二、模型假设

（1）参数。

T：时空网络中的最大决策周期，决策时间点 $t \in \{0, 1, \cdots, T\}$；

D：物理空间上顾客需求点集合，$d_j \in D$；

N：时空网络中所有网络节点集合，$(j, t) \in N$；

A：时空网络中所有弧，$(jt, j't') \in A$；

S：采摘基地时空节点集合，$\forall j \in S$；

γ：顾客满意度函数的系数；

β：顾客满意度函数的常数；

d_j：物理空间上，顾客需求点 j 的农产品需求量；

s_{jt}：在决策周期 T 内，节点（j，t）的采摘基地供应量，$\forall t \in T$，$\forall j \in S$；

$\theta_{jt,j't'}$：弧（jt，$j't'$）通行能力上限。

（2）决策变量。

y_{jt} 在决策周期 T 内，每个时间点 t 到达顾客需求点 j 的配送量；

$x_{jt,j't'}$：节点（j，t）到节点（j'，t'）的弧（jt，$j't'$）上的流量。

三、模型构建

基于以上说明，该线性规划模型如式（8-1）~式（8-6）所示：

$$\min \sum_{t=0}^{T} \sum_{j=1}^{D} (-\gamma t + \beta) y_{jt} \tag{8-1}$$

$$\text{s.t.} \sum_{(j't'):(j't',jt) \in A} x_{j't',jt} - \sum_{(j't'):(jt,j't') \in A} x_{jt,j't'} = y_{jt} - s_{jt}, \quad \forall (j, t) \in N \tag{8-2}$$

$$0 \leqslant x_{jt,j't'} \leqslant \theta_{jt,j't'}, \quad \forall (jt, j't') \in A \tag{8-3}$$

$$\sum_{t=0}^{T} y_{jt} \leqslant d_j, \quad \forall j \in D \tag{8-4}$$

$$y_{jt} \geqslant 0, \quad \forall j, t \in D \tag{8-5}$$

$$y_{jt} = 0, \quad \forall j, t \notin D \tag{8-6}$$

目标式（8-1）表示最大化顾客满意度和新鲜度，顾客满意度和新鲜度均为线性一次函数。约束式（8-2）表示时空网络流节点的流量守恒约束；约束式（8-3）是对运送节线的通行能力约束，即对弧（jt，$j't'$）的通行能力约束；约束式（8-4）表示需求点 j 在决策周期 T 内运达的农产品数量与该需求点的需求量之间的约束；约束式（8-5）表示在决策周期 T 的任何时间点，需求点 j 的农产品需求量为非负；约束式（8-6）表示在决策周期 T 的任何时间点，非需求点

j 的农产品需求量为 0。

通过上述约束，可以明显看出约束式（8-2）和约束式（8-3）对采摘基地、分销商、需求市场的约束以及时空网络中的节点均成立，约束式（8-4）和约束式（8-5）是对需求市场需求的约束。

需要特别说明的是，为了确保在决策周期 T 内，时空网络流的守恒性，需要增加一个额外节点，如图 8-2 中的汇集节点所示，记该节点为（$m+1$，T），到达该节点的农产品的调度量为 $y_{m+1,T}$，且到达该点的供应量恒为 0。因此，可以在约束中增加如下约束式（8-7）：

$$y_{m+1,\ T} \leqslant \sum_{(jt):\ s_{jt}} s_{jt},\quad \forall j,\ t \in S \tag{8-7}$$

第二节　基于差分进化的联合优化模型求解算法

差分进化算法（Differential Evolution，DE）是 Storn 和 Price 提出为解决多项式拟合问题，是一种基于不同候选解集的以种群为基础的并行直接优化搜索算法[5]。差分进化算法由简单的算术运算符与变异、交叉、选择等经典算子组合而成，与其他算法不同之处在于，它从随机生成的初始种群开始，每个候选解不能自己寻找新的解，需要借助其他候选解的差异性来发现新的解，然后对种群中个体进行变异操作、交叉操作与选择操作，把优秀的变异个体保留下来作为下一代种群，通过种群一代代的更新以寻找最优的解决方案。

差分进化算法的思想是通过实验参数向量获取新的种群，种群规模在进化过程中不发生变化，初始向量随机选取并覆盖整个参数空间[5]。差分进化算法通过将两个个体向量的加权差异添加到第三个向量上，以此生成新的参数向量，此操作称为变异；目标向量与参数向量按照一定的规则进行混合，产生新的向量，此操作称为交叉；若获得的新向量产生更低的目标函数值则保留至下一代，作为新的目标变量，此操作为选择[6]。另外，为了跟踪最小化过程中所取得的进展，对每一代都会评估出一个最佳参数向量值。与演化算法相比，差分进化算法利用贪婪且较少随机的方法解决问题[7]。在优化系统性能的同时，找出相对较好的系统参数值，在一些给定条件下，使系统的整体性能最优。

一、差分进化算法的原理

差分进化的设计是基于一种随机、并行的搜索算法，运用了进化计算中的共同点，但其需要的参数更少。基本的差分进化算法步骤描述如下[5,8]：

（一）初始化种群

差分进化算法是基于浮点数编码的，所以无论变量是整数的还是离散的，在编码时都将它们看成是浮点值。生成 NP 个 D 维的个体构成原始种群，则原始种群第 i 个个体的第 j 个原始的生成方式如式（8-8）所示：

$$x_{i,0}^{j}=rand(0,\ 1)\times(x_{j,\max}-x_{j,\min})+x_{j,\min} \tag{8-8}$$

式中，$x_{j,\min}$ 和 $x_{j,\max}$ 是其约束搜索空间第 j 维的最小值和最大值，$rand$（0，1）表示生成（0，1）之间的一个随机数，其范围是 0~1。

$$P^{t}=(X_{i}^{t}),\ i=1,\ \cdots,\ N;\ t=1,\ \cdots,\ t_{\max} \tag{8-9}$$

$$X_{i}^{t}=(X_{i,j}^{t}),\ j=1,\ 2,\ \cdots,\ D \tag{8-10}$$

式中，P^{t} 是在代数 t 的种群，$t_{\max}$ 为最大代数，N 为种群大小，X_{i}^{t} 指其中一个在第 t 代的候选解，也称为个体 i，$X_{i,j}$ 为第 j 维的解，总维数为 D。

（二）种群适应度评估

将所有个体一次代入测试函数中，计算目标向量 $X_{i}(G)$ 的适应度值 $f[X_{i}(G)]$，记录最优值、最差值、均值和标准差等相关参数值。

（三）变异操作

变异操作是差分进化的核心操作步骤，变异向量由种群个体和其他个体矢量的缩放差共同构成。主要分为差分向量和基向量两部分，根据不同变异向量的不同方法能得到多种变异策略。常用的变异操作策略如式（8-11）~式（8-17）所示[9]：

"*DE/rand/1*"

$$V_{i,G}=X_{r_{1}^{j},G}+F\times(X_{r_{2}^{j},G}-X_{r_{3}^{j},G}) \tag{8-11}$$

"*DE/rand/2*"

$$V_{i,G}=X_{r_{1}^{j},G}+F\times(X_{r_{2}^{i},G}-X_{r_{3}^{i},G})+F\times(X_{r_{4}^{i},G}-X_{r_{5}^{i},G}) \tag{8-12}$$

"*DE/best/1*"

$$V_{i,G}=X_{best,G}+F\times(X_{r_{1}^{i},G}-X_{r_{2}^{i},G}) \tag{8-13}$$

"*DE/best/2*"

$$V_{i,G}=X_{best,G}+F\times(X_{r_{1}^{i},G}-X_{r_{2}^{i},G})+F\times(X_{r_{3}^{i},G}-X_{r_{4}^{i},G}) \tag{8-14}$$

"*DE/rand to best/1*"

$$V_{i,G}=X_{best,G}+K\times(X_{best,G}-X_{i,G})+F\times(X_{r_{1}^{i},G}-X_{r_{2}^{i},G}) \tag{8-15}$$

"*DE/rand to best/2*"

$$V_{i,G}=X_{i,G}+K\times(X_{best,G}-X_{i,G})+F\times(X_{r_{1}^{i},G}-X_{r_{2}^{i},G}+X_{r_{3}^{i},G}-X_{r_{4}^{i},G}) \tag{8-16}$$

"*DE/current to best/2*"

$$V_{i,G}=X_{i,G}+K\times(X_{r_{1}^{i},G}-X_{i,G})+F\times(X_{r_{2}^{i},G}-X_{r_{3}^{i},G}) \tag{8-17}$$

（四）交叉操作

交叉操作主要用来提高种群的多样性，将目标向量与变异向量进行交叉混合。最常见的交叉操作有二项交叉和指数交叉。

二项交叉的具体执行方式如式（8-18）所示[10]，二项交叉如图 8-3 所示。

$$u_{i,j,G}=\begin{cases}v_{i,j,G} & rand(0,\ 1)\leqslant CR \text{ or } j=j_{rand}\\ x_{i,j,G} & \text{其他}\end{cases} \tag{8-18}$$

其中，j_{rand} 是 $[1,\ D]$ 内的随机整数，条件 $j=j_{rand}$ 是为了保证试验向量中一定有元素来自变异向量，在避免算法停滞的同时保证交叉操作的有效性。

指数交叉如图 8-4 所示，指数交叉的具体执行方式如式（8-19）所示[10]。

$$u_{i,j,G}=\begin{cases}v_{i,j,G} & j=\langle l\rangle_D,\ \langle l+1\rangle_D,\ \cdots,\ \langle l+L-1\rangle_D\\ x_{i,j,G} & \text{其他}\end{cases} \tag{8-19}$$

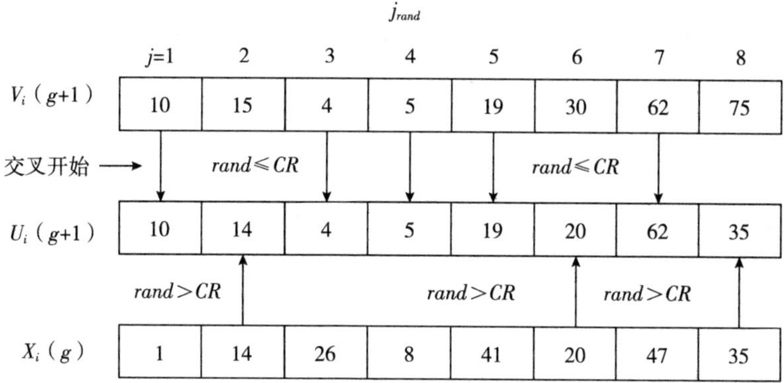

图 8-3 二项交叉

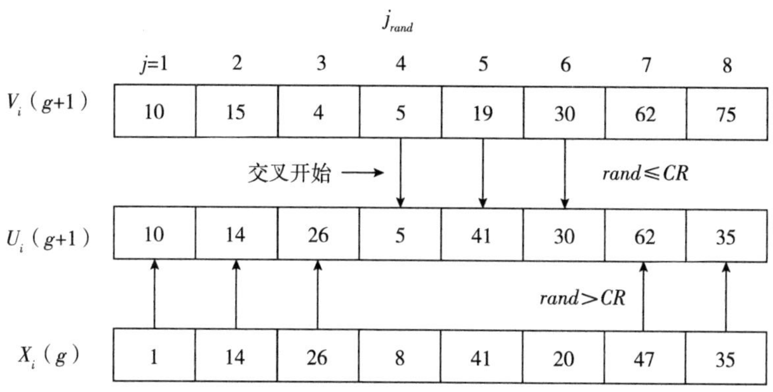

图 8-4 指数交叉

其中，指数 l 是［0，$D-1$］的随机整数，表示指数交叉开始的地方；指数 L 也是［0，$D-1$］之间的随机整数，L 的大小由 CR 决定，$\langle l \rangle_D$ 表示以 D 为模的取模函数。

（五）选择操作

通常而言，差分进化算法采用 1 对 1 的淘汰机制，即贪婪选择的策略。一个个体的好坏，通常用适应度函数评判。一个新的个体将会和一个已经存在的个体进行竞争。如果新的个体 $X_i^{t+\frac{1}{2}}$ 要好于个体 X_i^t，个体 $X_i^{t+\frac{1}{2}}$ 将会进入下一代，选择过程表示为式（8-20）[10]。

$$X_{i,G+1}=\begin{cases}U_{i,G} & f(U_{i,G})<f(X_{i,G})\\ X_{i,G} & \text{其他}\end{cases} \tag{8-20}$$

（六）差分进化算法伪代码

经过变异、交叉和选择操作之后，旧种群的部分个体被替换，形成新的种群。新的种群以此方式不断更迭，向全局最优解的方向发展，直至到达终止条件或者收敛到全局最优解，算法停止。因此，差分进化算法的伪代码如表 8-1 所示[11]。

表 8-1　差分进化算法的伪代码

算法参数初始化：种群个体 $\overrightarrow{x_{i,G}}$，种群规模 $NP=200$，进化代数 $Gmax=1000$，$G=0$，$F=0.2$，$CR=0.8$

种群采用随机的方式初始化 $\overrightarrow{x_{i,G-0}}$，$i=$［0，10］

评价种群的个体：$f_i=fitness$（$\overrightarrow{x_{i,G=0}}$）。评价原则是按照个体的每个路线的值，计算运输需求量的百分比，计算得到每条路线的运输量，利用惩罚法处理流量约束和最大周期时间约束，进而得到个体的适应度

while（$G\leqslant Gmax$）

　　%变异操作

　　for $i=1$ to N

　　　　选择 j、k、p 且不等于 i

　　　　差分变异 $\overrightarrow{xn_{i,G}}=\overrightarrow{x_{j,G}}+F\times$（$\overrightarrow{x_{k,G}}-\overrightarrow{x_{p,G}}$）

　　end for

　　%交叉操作

　　for $i=1$ to N

　　　　$j_{rand}=rand$（1，D）

　　　　for $j=1$ to D

续表

```
            If rand () >CR & j≠jrand
                xn_{ij,G} = x_{ij,G}
            Else
                xn_{ij,G} = xn_{ij,G}

            end if
        end for
    end for
    %选择操作
    for i=1 to N

        评价种群的个体 fn_i =fitness(xn_{i,G})
        If fn_i<f_i
            newx_{i,G} = xn_{i,G}
            保存种群最优的个体至 x_best
        Else
            newx_{i,G} = x_{i,G}
        end if
    end for

    更新种群 x_{i,G} = newx_{i,G}
end while
    输出最优的个体 x_best
```

二、差分进化算法的基本步骤和流程

差分进化算法利用种群中向量个体的差分变量实现个体之间的扰动以实现优化效果，推动变异个体的产生[12]，差分进化能够有效利用种群的特性提高搜索效率。本章的差分进化算法由以下操作步骤组成，差分进化算法的流程如图 8-5 所示[13,14]。

Step 1：种群初始化，通过 $\{x_i(0) \mid x_{j,i}^L \leqslant x_{j,i}(0) \leqslant x_{j,i}^U, i=1, 2, \cdots, NP; j=1, 2, \cdots, D\}$ 随机产生初始种群。$x_{j,i}(0)=x_{j,i}^L+rand(0, 1)\times(x_{j,i}^U-x_{j,i}^L)$，其中 $x_i(0)$ 中的“0”表示产生的第 0 代种群，i 表示种群代数的第 i 个个体。NP 是产生的种群，$rand(0, 1)$ 是（0，1）之间均匀分布的随机数。

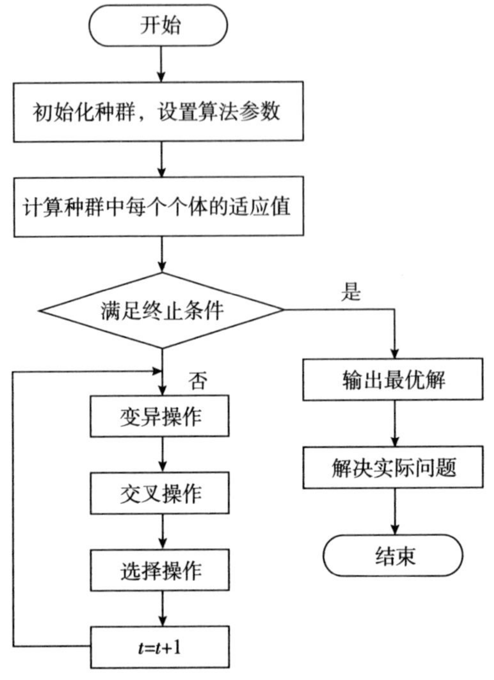

图 8-5　差分进化算法流程

Step 2：产生随机的初始种群，进化代数 $t=1$。

Step 3：计算种群中所有个体的适应度值。

Step 4：对适应度值进行判断，决策是否满足算法终止条件，是则终止算法，输出最优解，否则继续。

Step 5：变异操作：对种群中的个体进行变异操作。

Step 6：交叉操作：对种群中的个体进行交叉操作。

Step 7：选择操作：对种群中的个体进行选择操作。

Step 8：进化代数 $t=t+1$，转入 Step 3。

第三节　数值案例结果分析

一、算例设置

为验证本章提出的基于时空网络的农产品采摘与配送联合优化模型的合理

性，以及在集成模型条件下农产品分配策略的有效性，本章运用差分进化算法对构建的模型进行求解。在算例构造和思路的分析上，本章设计了两种算例，一是小规模数值案例，二是中大规模数值案例。需要强调的是，由于数值案例需要考虑时空网络的时间延续性，因此本章的联合优化问题，选取时空网络的节点数目来大致界定研究问题的规模大小。小规模数值案例用于描述模型建立的准确性和算法求解结果的合理性，而大规模数值案例用来检验算法求解模型的计算时间、收敛速度和算法稳定性等计算性能。本节采用 MatlabR2014a 语言编程实现本章的算法，在 Intel(R)Core(TM)i3-7100 CPU@ 3.90GHz、4GB RAM 计算机和 Windows 7 平台上运行。

二、小规模的数值案例结果分析与比较

本节运用小规模数值案例检验求解算法得出的结果在具有时效性的农产品采摘与配送调度时是否具有合理性。在小规模数值案例的构造与设计上，物理上的物流网络由两个供应节点/采摘基地（A，B），两个路网中转节点/分销商（C，D）和四个需求节点/需求市场（E，F，G，H）组成，物理网络如图 8-6 所示，图中每条弧的数值表示两相连节点之间的运输时间。

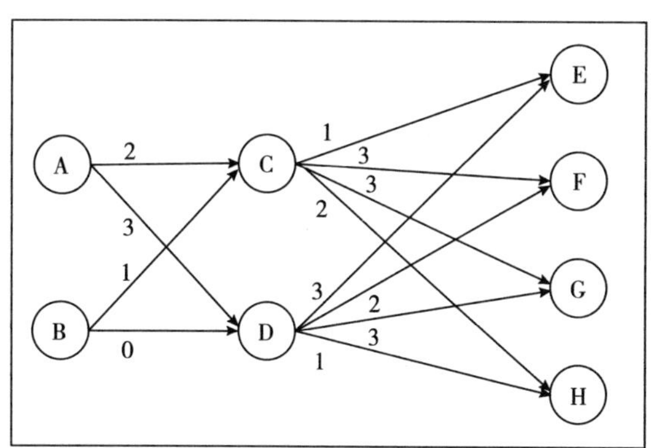

图 8-6　农产品运输物理网络

在算例中，设定决策周期的长度为 5，决策时间点以天为单位，即时间点 $t \in \{0, 1, \cdots, 5\}$。供应节点 A 和 B 在决策周期的第 0 时间的农产品供应量分别为 70 和 80，γ 为 3，β 为 20，节点弧的最大流量为 40，需求点 E，F，G，H 的需求量分别为 35，35，40，45。表 8-2 是小规模案例的参数信息。

表 8-2　小规模案例的参数信息

节点间的时间									供应量	需求量	时间周期
	A	B	C	D	E	F	G	H			
A	0	0	2	3	0	0	0	0	70	0	5
B	0	0	1	2	0	0	0	0	80	0	5
C	0	0	0	0	1	3	3	2	0	0	5
D	0	0	0	0	3	2	3	1	0	0	5
E	0	0	0	0	0	0	0	0	0	35	5
F	0	0	0	0	0	0	0	0	0	35	5
G	0	0	0	0	0	0	0	0	0	40	5
H	0	0	0	0	0	0	0	0	0	45	5

基于以上假设，运用差分进化算法对该小规模案例进行求解，如图 8-7 所示。由于采摘基地 A 和 B 对于农产品有足够的供应量，所以在需求市场 E，F，G，H 点的需求量都能够满足。可以看出，E 点的配送量来源于两条路线：从采摘基地 A 的第 0 时刻配送到分销商 C 的第 2 时刻再配送到需求市场 E 的第 3 时刻运送了 28 个单位的农产品；对于采摘基地 A 点的另一部分需求的配送路线，则由从采摘基地 B 的第 0 时刻配送到分销商 C 的第 1 时刻再配送到需求市场 E 的第 2 时刻运送了 7 个单位的农产品。类似的配送路线还有 F 点和 G 点，不同于 E，F，G 点的配送路径，H 点的配送路径由三个部分组成：①从采摘基地 A 的第 0 时刻配送到分销商 D 的第 3 时刻再配送到需求市场 H 的第 4 时刻运送了 22 个单位的农产品；②从采摘基地 B 的第 0 时刻配送到分销商 C 的第 1 时刻再配送到需求市场 H 的第 3 时刻运送了 6 个单位的农产品；③从采摘基地 B 的第 0 时刻配送到分销商 D 的第 2 时刻再配送到需求市场 H 的第 3 时刻运送了 7 个单位的农产品。此种配送规划不一定得到单个需求的满意度最高，但却能达到总的顾客满意度最高的效果，因此，通过小规模数值算例发现，运用差分进化算法得到的分配调度计划是合理可行的，体现了农产品在需求点 E，F，G，H 间的动态分配和动态调度问题，表明本章所构建的模型是合理正确的。

通过运行差分进化算法程序，可以获得农产品采摘与配送联合优化模型的最优目标函数结果，如图 8-8 所示。随着差分进化算法的优胜劣汰，目标函数值不断上升（顾客满意度不断上升），直至在第 32 代趋于稳定，得到模型的最优解，即整个规划模型的最大顾客满意度。

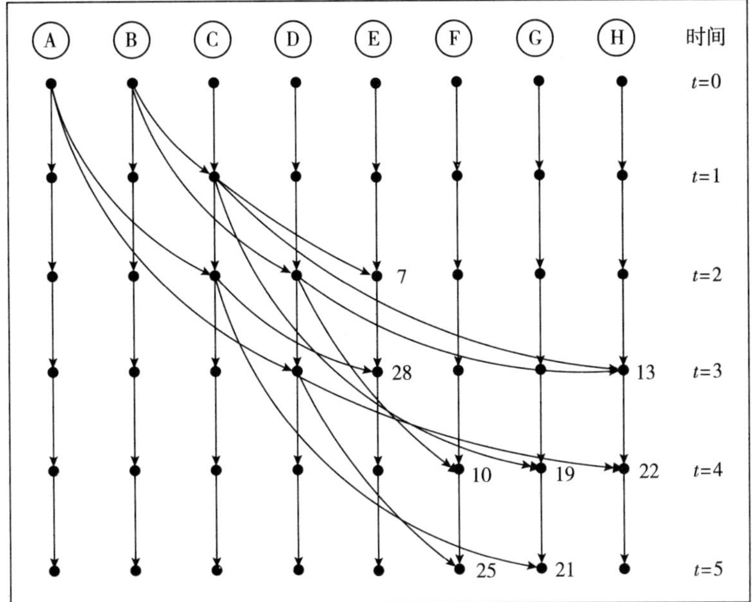

图 8-7　农产品运输调度的数值结果

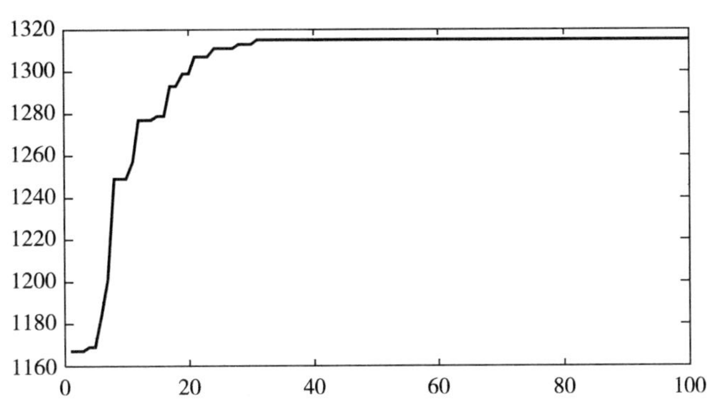

图 8-8　小规模案例的目标函数值结果

对于小规模案例不同参数的设置，构建的模型会有不同的绩效表现和规划结果。为了验证不同参数设置对目标函数的影响程度，本节对需求市场进行敏感性分析，并整理分析结果，为决策者农产品的采摘与配送联合优化统筹安排提供参考。

对于需求市场的敏感性分析，保持其他参数值不变，分别针对原来农产品需求市场的需求量 100%上下浮动 50%、60%、70%、80%、90%、100%、110%、120%、130%、140%和 150%（上下浮动表示对原来农产品需求市场需求量缩小和放大倍率)，测试平均需求量的变化对于模型目标函数值的影响。需求市场的敏感性分析如图 8-9 所示。

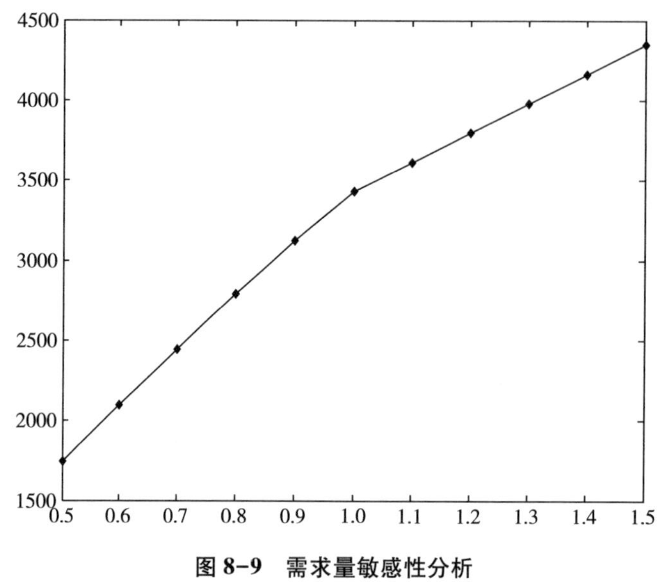

图 8-9　需求量敏感性分析

如图 8-9 所示，随着需求市场对农产品需求量变动倍率的增加，目标函数最优值随之呈现上升趋势。这是因为，为提高顾客满意度，保证农产品的新鲜度，当需求量增加时，物流配送的网络路线增多，配送次数增加，因此运营成本会大量增加。

三、中大规模的数值案例结果分析与比较

通过前文对模型的验证和分析，基于时空网络的采摘与配送联合优化模型运用差分进化算法是正确和可行的，因此本节将对案例进行中大规模的研究，以确保算法的有效性。本部分设计了 10 组大规模数值案例以测试算法性能；10 组算例中考虑农产品物流网络的物理节点数目逐步增大，假定采摘基地和分销商的个数是区间［1，10］上产生的随机整数，需求市场的数量分别为 45 个、50 个、55 个、60 个、65 个、70 个、75 个、80 个、85 个、90 个。在每个案例中，决策时间周期为 $t=0$，1，…，10。本节以农产品采摘与配送联合优化决策问题为例，分析求解算法的迭代过程和数值求解性能。在物理网络结构上，考虑的物理节点集合有三类，即采摘基地集合、分销商集合和需求市场集合，并且三类物理节点在时空网络上是联通的。此外，在参数设置上，网络节点上的运输时间为［0，10］上随机产生的整数，需求市场对农产品的需求量为［30，50］的随机整数，

对于目标函数的设定，α 设为2，β 设为20，算法的迭代步数设置为1000~3000。通过参数的设置，可以构建和产生每个算例的时空网络结构，并计算出各个算例中的决策变量模型规模的大小，测试该算法的 CPU 计算时间、迭代次数、最优值等，大规模数值仿真的结果如表 8-3 所示。

表 8-3　大规模案例的参数信息

案例	采摘基地	分销商	需求市场	物理节点	需求量	α	β	时间周期
1	3	2	40	45	[30，50]	2	20	[0，10]
2	3	2	45	50	[30，50]	2	20	[0，10]
3	3	2	50	55	[30，50]	2	20	[0，10]
4	5	5	50	60	[30，50]	2	20	[0，10]
5	5	5	55	65	[30，50]	2	20	[0，10]
6	5	5	60	70	[30，50]	2	20	[0，10]
7	5	5	65	75	[30，50]	2	20	[0，10]
8	5	5	70	80	[30，50]	2	20	[0，10]
9	5	10	70	85	[30，50]	2	20	[0，10]
10	5	10	75	90	[30，50]	2	20	[0，10]

注：α 为顾客满意度函数和新鲜度函数的系数，β 为顾客满意度函数和新鲜度函数的常数。

针对大规模案例的参数信息，运用差分进化算法对上述的 10 个案例分别计算，计算结果如表 8-4 所示。根据结果，可对 CPU 计算时间、迭代次数和最优值进行分析与比较，如图 8-10、图 8-11、图 8-12 所示。随着数值案例规模的不断扩大，CPU 计算时间、案例的迭代次数和最优值都呈现不同程度的上升，差异变化显著。根据图 8-10 和图 8-11 的对比，虽然案例 9 和案例 10 的迭代次数有明显的增大，但对 CPU 的计算时间并没有非常明显的影响。10 个案例的最优值基本随着案例规模的线性增大，呈现线性增长的趋势。

表 8-4　大规模案例的仿真结果

案例	决策变量		时空网络节点数	时空网络节线数	CPU 计算时间（秒）	迭代次数	最优值
	t	y					
1	450	880	450	860	1075.1	617	20862
2	500	990	500	960	1272.5	680	23414
3	550	1100	550	1060	1609.3	1082	25844
4	600	1100	600	2750	1993.84	1129	27898
5	650	1210	650	3000	2325.38	1198	30766
6	700	1320	700	3250	2818.16	1366	33418

续表

案例	决策变量		时空网络节点数	时空网络节线数	CPU 计算时间（秒）	迭代次数	最优值
	t	*y*					
7	750	1430	750	3500	3173. 2	1413	36030
8	800	1540	800	3750	3440. 0	1418	38876
9	850	1540	850	7500	5348. 6	1641	42514
10	900	1650	900	8000	7126. 08	2185	45644

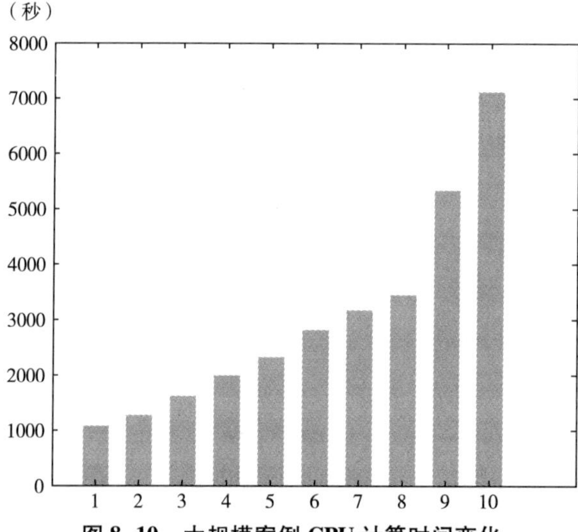

图 8-10　大规模案例 CPU 计算时间变化

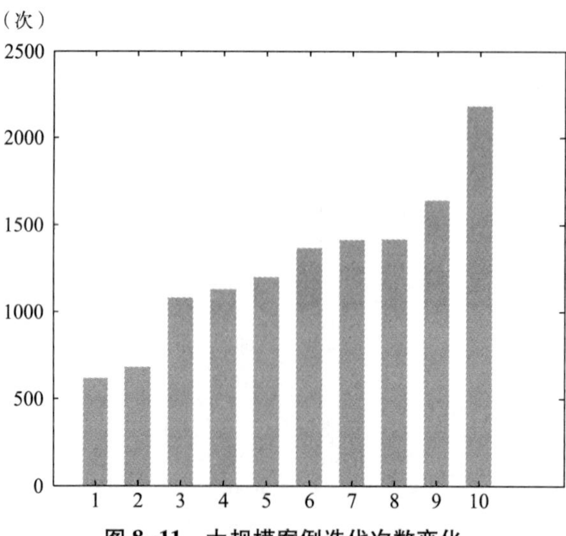

图 8-11　大规模案例迭代次数变化

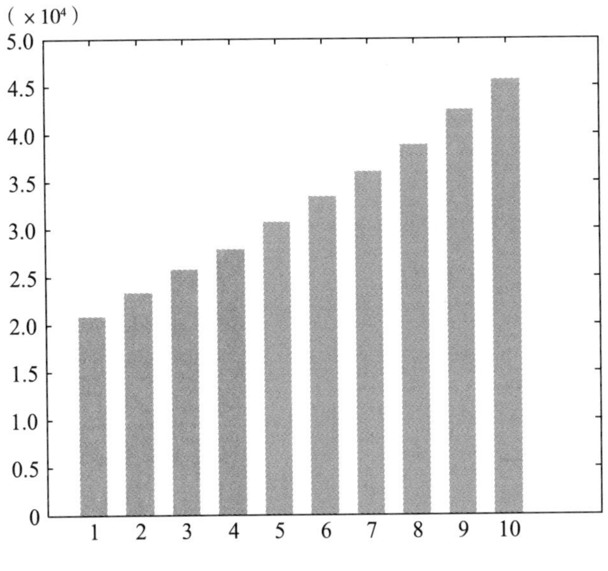

图 8-12 大规模案例最优值变化

总之，通过数值案例仿真与分析表明，本章提出的差分进化算法在处理大规模问题的 CPU 计算时间和迭代时间上是有效的，不会因为迭代次数的增加而导致迭代时间的延长，因而验证了本章节模型的结构特征，说明差分进化算法在求解此类问题时是可行有效的。因此，本章运用的差分进化算法具有良好的计算性能，可以推广到其他问题背景的研究中。

第四节 本章小结

本章针对农产品的时效性和易腐性，从时间和空间双重维度刻画农产品在采摘基地、分销商和需求市场之间的物流配送作业，研究农产品采摘与配送联合优化模型的求解问题。在此基础上，根据采摘时间与配送时间的耦合性，采摘地点与顾客需求地点的耦合性，将农产品的采摘与配送联合优化模型抽象成线性耦合约束的时空网络流优化模型。针对时空网络问题，利用差分进化算法进行求解，从理论上和数值上验证算法的准确性及有效性。具体而言，本章研究工作主要体现在两个方面：

第一，针对农产品时效性和顾客地理位置的区域性，从时间和空间两个维度研究分析农产品采摘配送决策问题，运用时空网络流理论，构建农产品采摘与配送联合优化的时空网络流模型。

第二，针对构建的基于时空网络的采摘与配送联合优化模型的内部特征，结合时空网络流的复杂性，分析和设计差分进化算法，从小规模案例和大规模案例两方面分别进行数值实验和仿真分析，运用小规模案例验证模型的准确性，并用10组大规模案例验证算法和模型的有效性和合理性。

总之，本章研究了基于时空网络的农产品采摘与配送联合优化问题，对于提高顾客满意度，降低农产品损腐，促进农民增收有理论指导意义。针对建立的联合优化模型，提出差分进化算法，通过大规模数据分析，验证模型的有效性，保证了优化时间，对指导和辅助实际农产品的采摘配送问题具有重要意义。

参考文献

[1] White W W, Bomberault A M. A network algorithm for empty freight car allocation [J]. IBM Systems Journal, 1969, 2 (8): 147-169.

[2] Fleischer L, Tardos é. Efficient continuous-time dynamic network flow algorithms [J]. Operations Research Letters, 1998, 23 (3): 71-80.

[3] 陈亮启. 基于成熟度的果蔬农产品采摘与配送联合优化研究 [D]. 南京农业大学, 2019.

[4] Rostami M, Kheirandish O, Ansari N. Minimizing maximum tardiness and delivery costs with batch delivery and job release times [J]. Applied Mathematical Modelling, 2015, 39 (16): 4909-4927.

[5] Storn R, Price K. Differential evolution-a simple and efficient heuristic for global optimization over continuous spaces [J]. Journal of Global Optimization, 1997, 11 (4): 341-359.

[6] 戈剑武，祁荣宾，钱锋，陈晶. 一种改进的自适应差分进化算法 [J]. 华东理工大学学报（自然科学版），2009, 35 (4): 600-605.

[7] 张春美. 差分进化算法理论与应用 [M]. 北京：北京理工大学出版社，2014.

[8] Price K V. Differential evolution: A fast and simple numerical optimizer [Z]. 1996 Biennial Conference of the North-American-Fuzzy-Information-Processing-Society, 1996.

[9] Castillo O, Ochoa P, Soria J. Differential evolution algorithm [M]. Berlin:

Springer，2020.

［10］王杰文．差分进化算法研究进展［J］．湖南第一师范学报，2009，9（6）：144-147.

［11］宋晓宇，朱加园，孙焕良．一种求解带时间窗车辆路径问题的混合差分进化算法［J］．计算机科学，2014，41（12）：220-225.

［12］汪慎文，丁立新，张文生，郭肇禄，谢承旺．差分进化算法研究进展［J］．武汉大学学报（理学版），2014，60（4）：283-292.

［13］肖婧，许小可，张永建，刘丹凤．差分进化算法及其高维多目标优化应用［M］．北京：人民邮电出版社，2017.

［14］孙哲，刘晨磊，孙知信．基于差分进化算法的多式联运物流运输问题研究［J］．物流科技，2019，42（8）：82-86.

供应链网络均衡研究篇

第九章　考虑有机肥替代化肥的农产品供应链网络均衡研究

本章以农产品供应链为研究对象，建立考虑有机肥替代化肥行为的农产品供应链网络均衡模型[1]，重点研究农产品供应链中各主体最优决策问题。首先，对农产品供应链网络各主体目标进行分析，利用变分不等式理论转换与整合目标函数，建立农产品供应链的网络均衡模型。其次，介绍自适应投影预测校正算法的计算步骤与实现流程。最后，结合鲜食葡萄供应链的数值案例分析验证模型的可行性与算法的有效性，分析相关参数对供应链网络均衡状态以及各节点决策的影响，并根据数值结果提出相应的管理建议。本章研究内容为农业鲜果种植生产过程中的科学生产决策提供理论依据，有助于推动生态绿色的环境友好型农业发展。

第一节　考虑有机肥替代化肥的鲜果供应链网络均衡模型

近年来，鲜果等农产品受到广大消费者的青睐，需求市场逐步扩大，其背后的农产品供应链逐渐成熟；与此同时，人们越来越关注农业污染问题，果品质量安全与环境问题成为热点。影响这两个方面的一项重要因素是农业种植中的施肥问题决策，如何进行科学的施肥决策成为生产者亟待解决的问题。施肥决策表面上只影响农产品的种植，实际上会对整个农产品供应链的产销网络产生影响。在整个农产品供应链中，农户作为生产者，其有机肥替代化肥的施肥决策将影响农产品的种植、销售与消费。在种植端，不同的施肥计划会影响到鲜果的产量、质量、生产成本以及补贴的获得。此外，计划中的有机耕作将有效地改善环境，将促使具有社会责任感的农户调整施肥计划以获取环境效益。在销售过程中，由施肥决策差异导致的质量差异，会影响向零售商出售农产品的多个农户之间的竞争，以及向需求市场出售时零售商们的竞争。也就是说，该网络中存在同层级内部多成员的竞争以及层级间的竞合关系。在消费端，鲜果质量提升将扩大具有质量偏好消费者的确定性需求。由“种植—销售—消费”构成的供应链网络随之形成，这是一个多层级、多节点的供应链网络结构，如图 9-1 所示。

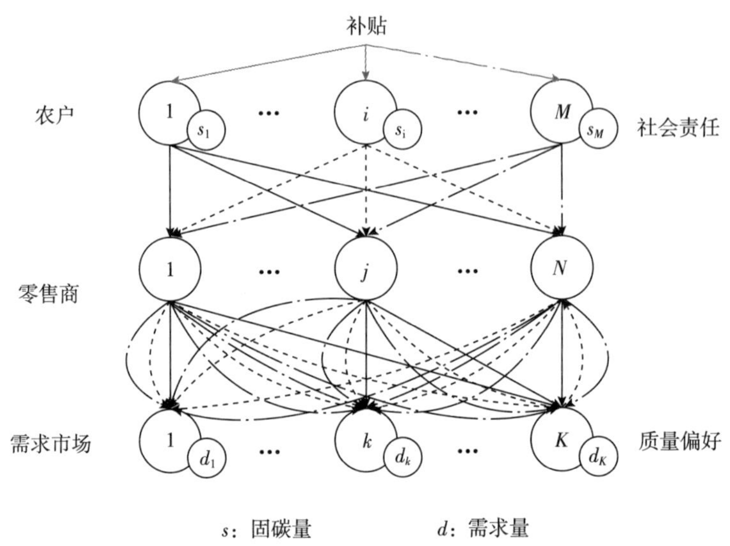

图 9-1 考虑有机肥替代化肥的农产品供应链网络结构

在图 9-1 中，农户位于供应链网络结构的顶层，零售商位于中间层，需求市场位于该结构的底层。其中，除补贴与农户之间的线条表示补贴金额的发放外，其他线条均表示各实体节点间鲜果农产品的交易与流通。可以发现，每一个农户均可以与任何一个下级的零售商进行交易，同样地，每一个零售商与需求市场的交易也是“一对多”的状态，卖方均会选择出价更高的买方进行交易以获取更高的利润；同样地，每个买方在交易时也会选择来自多个卖方中性价比最高的产品，即具有更低价格与更高质量的鲜果农产品。因此，不仅施肥决策会影响供应链网络均衡状态的变化，供应链其他节点的决策变化也将导致农户生产计划的变动，即网络中的每个节点与整体网络都将互相影响，任何一个节点的变动都将引起其他节点乃至整体网络的变动，这正是供应链网络结构的特点。本章以农户为例，不仅需要考虑自身的种植情况，还需要考虑其他农户、零售商和需求市场的决策对自身经营目标的影响，供应链的所有决策者都将受到其他决策者的影响。

在此背景下，三层农产品供应链网络中，鲜果分别在农户与零售商、零售商

与需求市场之间进行交易，同时农户还会考虑到种植行为对环境的影响，需求市场也会对鲜果品质变化表现出需求量的变动反馈，各个经营节点都会追求自身经营目标的最大化，节点间的持续性博弈过程最终达到均衡状态，包含施肥计划的供应链各主体最优决策会被确定下来。

一、问题假设

考虑到农业生产过程中的复杂性，为保证建模过程的严谨性，本节对本章模型设置以下假设条件：

（1）种植过程中影响鲜果农产品产量和质量的因素包括施肥、浇水、光照等很多条件。该供应链网络均衡模型中仅考虑施肥决策对产量和质量的影响，不考虑其他因素的影响，即假设其他影响产量与质量的因素均保持一致。

（2）假设每单位农产品对应使用的化肥量为固定量，进行有机肥替代化肥时，参照 Liu 等[2] 的作物肥料试验，使用含与化肥相同氮含量的有机肥进行替代。

（3）当使用有机肥来进行农业生产、提升农产品质量时，需要实施部分纯化肥种植时不需要的额外操作，农户将以不同的形式进行耕作活动，为此要付出额外成本，如劳动力支出和运输成本等[3]。

（4）假设所有网络节点决策者均为理性决策者，分别都追求着自身目标的最大化。

（5）采用确定性需求函数为需求市场决策依据，不考虑市场不确定性带来的影响。

（6）鲜果流通过程中，所有交易成本均由卖方支付，即农户与零售商分别负责与下一层级交易的成本。

二、相关参数及变量设置

根据供应链网络结构特征，负责种植的农户将鲜果农产品直接销售至零售商，零售商将鲜果农产品销售至需求市场。本章考虑由 M 个农户、N 个零售商与 K 个需求市场所组成的供应链网络，网络模型中涉及的符号，包括参数、变量与函数等，如表 9-1 所示。

表 9-1　鲜果供应链网络均衡模型符号说明

节点	定义
i	表示第 i 个农户，$i=1, \cdots, M$，其中 M 为农户总数
j	表示第 j 个零售商，$j=1, \cdots, N$，其中 N 为零售商总数

续表

节点	定义
k	表示第 k 个需求市场，$k=1$，…，K，其中 K 为需求市场总数
	决策变量
Q_i	表示农户 i 的鲜果产量（纯化肥种植情况下），所有 Q_i 形成 M 维矩阵 Q
q_{ij}	表示农户 i 与零售商 j 的鲜果农产品交易量，所有 q_{ij} 形成 MN 维矩阵 Q^1
e_i	表示农户 i 决策的使用有机肥替代化肥的比例，$e_i \in [0,\ 1]$，且所有的 e_i 形成 M 维矩阵 e
q_{jk}^i	表示零售商 j 与需求市场 k 之间交易的农户 i 的鲜果农产品交易量，所有的 q_{jk}^i 形成 MNK 维矩阵 Q^2
p_k^i	零售市场 k 愿意为农户 i 的鲜果农产品支付的价格，每个需求市场 k 愿意为所有农户支付的价格形成 M 维矩阵 $p_k=(p_k^1,\ \cdots,\ p_k^M)$，所有 p_k 形成 KM 维矩阵 p
	内生变量
p_{ij}	农户 i 向零售商 j 出售的鲜果农产品的价格
p_{jk}^i	零售商 j 向需求市场 k 出售的农户 i 的鲜果农产品的价格
	参数
r	政府为农户提供的单位有机肥量补贴
P_c	单位化肥量的价格
L_c	单位鲜果农产品化肥用量（纯化肥）
P_o	单位有机肥量的价格
L_o	单位鲜果农产品有机肥用量（纯有机肥）
E_c	单位鲜果农产品使用单位量化肥时的碳排放量
E_o	单位鲜果农产品使用单位量有机肥时的土壤固碳量
t	农户的环境效益权重，即社会责任感
τ	需求市场对鲜果农产品的质量偏好
$\underline{e}$	需求市场对鲜果农产品的质量要求，与其质量偏好相关
	函数
$G_i(e_i)$	有机肥代替化肥生产鲜果农产品的产量影响乘数
$f_i(Q_i,\ e_i)$	农户 i 的鲜果农产品种植成本
$c_{ij}(q_{ij})$	农户 i 与零售商 j 之间的鲜果农产品交易成本
$c_{jk}^i(q_{jk}^i)$	零售商 j 与需求市场 k 之间的关于农民 i 的鲜果农产品的交易成本
$d_k^i(p_k,\ e_i)$	需求市场 k 对农民 i 的鲜果农产品的需求

三、农户最优决策分析及均衡模型的建立

农户的主要决策目标是其个体利润最大化，其决策内容为纯化肥情况下的初始产量 Q_i，有机肥替代化肥的比例 e_i，与零售商之间的交易量 q_{ij}，农户间将通过调整这些决策进行关于价格与质量的非合作竞争。为追求更高的利润，农户将制定最优的施肥决策以控制肥料的购买与种植成本，并获得补贴。对于农户 i 来说，其利润是由销售与补贴收入减去各项运营成本得出的。假设农户的各项成本函数均为连续可微凸函数，则农户 i 的利润决策目标函数可表示为式（9-1）：

$$\max \sum_{j=1}^{N} p_{ij}q_{ij} + re_iL_oQ_i - \sum_{j=1}^{N} c_{ij}(q_{ij}) - f_i(Q_i,\ e_i) - (1-e_i)P_cL_cQ_i - e_iP_oL_oQ_i \tag{9-1}$$

$$\text{s.t.} \sum_{j=1}^{N} q_{ij} \leqslant Q_iG_i(e_i) \tag{9-2}$$

$$\underline{e} \leqslant e_i \tag{9-3}$$

$$Q_i,\ q_{ij},\ e_i \geqslant 0,\ j=1,\ \cdots,\ N \tag{9-4}$$

式中，第一项表示农户 i 与所有零售商交易所获得的总收入，第二项表示施用有机肥带来的补贴收入，第三项表示交易成本，第四项表示鲜果种植成本，第五项表示使用化肥的购入成本，第六项表示使用有机肥的购入成本。约束条件式（9-2）表示农户 i 实际出售的鲜果总量不大于其最终产量，不等式右侧表示最终产量为初始产量与施用有机肥带来的产量乘数之积。约束条件式（9-3）为质量约束，表示实际施用有机肥的比例大于需求市场的要求下限。约束条件式（9-4）为各项决策变量的非负约束，表明种植与交易行为是存在的。

农户除了追求利润最大化以外，另一个目标是碳效益最大化。差异化的施肥决策将导致不同的土壤固碳量。其中，有机肥的施用能够有效提升土壤有机与无机碳含量，发挥土壤碳库作用；过量的化肥施用将会导致土壤碳含量的流失与空气碳排放量的增加。实际上，有机种植还能够有效提升土壤质量，培肥地力，改善土壤的理化指标与生物活性，防止过量化肥施用对土壤造成的危害，本章选取的是可以衡量的碳指标，该目标是农户的环境效益目标，其组成是有机肥料使用带来的固碳量减去化肥种植过程中的碳排放，农户 i 的固碳量决策目标函数可表示为式（9-5）：

$$\max E_oe_iL_oQ_i - E_c(1-e_i)L_cQ_i \tag{9-5}$$

参照 Nagurney 和 Matsypura[4] 对企业利润和风险的多准则决策处理，徐静[5] 对企业利润与企业碳排放量用多准则决策处理，本章中将非负权重 t 设定为对环境的重视程度。实际上，权重 t 在目标函数中扮演着碳交易价格的角色，用于补偿碳减排额度，但是，目前中国对农业固碳量的补偿还比较少且不普及。通过权重 t 合并利润与环境目标，则农民 i 的综合目标函数可表示为式（9-6）：

$$\max \sum_{j=1}^{N} p_{ij} q_{ij} + re_i L_o Q_i - \sum_{j=1}^{N} c_{ij}(q_{ij}) - f_i(Q_i, e_i) - (1 - e_i) P_c L_c Q_i - P_o L_o Q_i + t[E_o e_i L_o Q_i - E_c(1 - e_i) L_c Q_i] \tag{9-6}$$

$$\text{s. t.} \sum_{j=1}^{N} q_{ij} \leqslant Q_i G_i(e_i) \tag{9-7}$$

$$\underline{e} \leqslant e_i \tag{9-8}$$

$$Q_i, q_{ij}, e_i \geqslant 0, j=1, \cdots, N \tag{9-9}$$

考虑到供应链第一层级内部各农户之间的非合作竞争关系，且生产、交易等成本均连续可微，可将综合目标（9-6）下的最优决策行为转化为变分不等式，即确定（Q_i^*，q_{ij}^*，e_i^*，μ_i^*，θ_i^*）$\in \Omega^1$，以满足式（9-10）：

$$\begin{aligned}
&\sum_{i=1}^{M} \left[\frac{\partial f_i(Q_i^*, e_i^*)}{\partial Q_i} + (1 - e_i^*) P_c L_c + e_i^* P_o L_o - re_i^* L_o - t(E_o e_i^* L_o - E_c L_c + E_c e_i^* L_c) - \mu_i^* G_i(e_i^*) \right] \times (Q_i - Q_i^*) + \\
&\sum_{i=1}^{M} \sum_{j=1}^{N} \left[\frac{\partial c_{ij}(q_{ij}^*)}{\partial q_{ij}} - p_{ij} + \mu_i^* \right] \times (q_{ij} - q_{ij}^*) + \\
&\sum_{i=1}^{M} \left(\frac{\partial f_i(Q_i^*, e_i^*)}{\partial e_i} - P_c L_c Q_i^* + P_o L_o Q_i^* - r L_o Q_i^* - tE_c L_c Q_i^* - tE_o L_o Q_i^* - \mu_i^* Q_i^* \frac{\partial G_i(e_i^*)}{\partial e_i} - \theta_i^* \right) \times (e_i - e_i^*) + \sum_{i=1}^{M} \left(Q_i^* G_i(e_i^*) - \sum_{j=1}^{N} q_{ij}^* \right) \times \\
&(\mu_i - \mu_i^*) + \sum_{i=1}^{M} (e_i^* - \underline{e}) \times (\theta_i - \theta_i^*) \geqslant 0 \\
&\forall (Q_i, q_{ij}, e_i, \mu_i, \theta_i) \in \Omega^1, \ \Omega^1 = R_+^{M+MN} \times R_{[0,1]}^{M} \times R_+^{M+M}
\end{aligned} \tag{9-10}$$

式中，M 维列向量 $\mu_i = (\mu_1, \mu_2, \cdots, \mu_i)^T$ 与 $\theta_i = (\theta_1, \theta_2, \cdots, \theta_i)^T$ 为农户 i 关于式（9-7）与式（9-8）中约束条件成立的拉格朗日乘子。

由式（9-10）第二项可知，当农产品供应链网络处于均衡状态下时，农户出售价格 $p_{ij} = \frac{\partial c_{ij}(q_{ij}^*)}{\partial q_{ij}} + \mu_i^*$，即交易价格可由均衡解进一步得出；此时关注第一项，发现网络均衡状态下，拉格朗日乘子式为：

$$\mu_i^* = \frac{\left(\frac{\partial f_i(Q_i^*, e_i^*)}{\partial Q_i} + (1-e_i^*) P_c L_c + e_i^* P_o L_o - re_i^* L_o - t(E_o e_i^* L_o - E_c L_c + E_c e_i^* L_c) \right)}{G_i(e_i^*)} \tag{9-11}$$

可得内生价格式（9-12）：

$$p_{ij}=\frac{\partial c_{ij}(q_{ij}^*)}{\partial q_{ij}}+\frac{\left(\frac{\partial f_i(Q_i^*,\ e_i^*)}{\partial Q_i}+(1-e_i^*)P_cL_c+e_i^*P_oL_o-re_i^*L_o-t(E_oe_i^*L_o-E_cL_c+E_ce_i^*L_c)\right)}{G_i(e_i^*)} \tag{9-12}$$

也就是说，只有当鲜果销售价格等于生产环节中边际支出除以产量乘数，加上边际交易成本时，农户 i 才会考虑与鲜果零售商进行交易，否则不会有交易行为产生。

四、零售市场最优决策分析及均衡模型的建立

如图 9-1 所示，鲜果零售商处于供应链网络的中间层级，同时与上、下不同层级发生交易，其经营目标为个体利润最大化。首先，零售商需要在保质保量的基础上，以尽量低的价格从农户处购入鲜果；其次，需要将购入的鲜果以尽可能高的价格销售到不同的零售市场，需要承担相应的交易成本，零售商正是在购入与销售的过程中以两端的销售价格差为利润源的。假设鲜果零售商的各项成本函数均为连续可微的凸函数，则零售商 j 的利润目标函数为：

$$\max \sum_{i=1}^{M}\sum_{k=1}^{K}p_{jk}^iq_{jk}^i-c_{jk}^i(q_{jk}^i)-\sum_{i=1}^{M}p_{ij}q_{ij} \tag{9-13}$$

$$\text{s. t.}\ \sum_{k=1}^{K}q_{jk}^i\leqslant q_{ij},\ i=1,\ \cdots,\ M \tag{9-14}$$

$$q_{ij},\ q_{jk}^i\geqslant 0,\ i=1,\ \cdots,\ M;\ k=1,\ \cdots,\ K \tag{9-15}$$

式中，对于零售商 j 来说，其利润组成为鲜果农产品出售收入，减去出售过程的交易成本与鲜果的购入成本。约束条件式（9-14）表示对于零售商 j，其向需求市场售出的农户 i 的鲜果总量，都不大于其向农户 i 购入的鲜果量。需要注意，零售商的决策变量 q_{jk}^i 为 MNK 维向量，而传统模型中一般为 NK 维向量，区别在于本模型中零售商 j 购入不同农户的鲜果，并非直接作为其鲜果总量进行销售，而是在鲜果质量上有所区别的，即在市场上竞争的是同种异质鲜果，随着有机肥替代化肥比例的不同而有所差异。约束条件式（9-15）为零售商决策变量的非负约束，表明其与需求市场的交易行为是实际存在的。

利用 MN 维向量 φ_{ij} 作为拉格朗日乘子，将约束条件式（9-14）并入利润目标函数中，则可将鲜果零售商的利润目标函数转化为变分不等式，即确定（q_{ij}^*，q_{jk}^{i*}，φ_{ij}^*）$\in\Omega^2$，以满足式（9-16）：

$$\sum_{i=1}^{M}\sum_{j=1}^{N}(p_{ij}-\varphi_{ij}^*)\times(q_{ij}-q_{ij}^*)+$$

$$\sum_{i=1}^{M}\sum_{j=1}^{N}\sum_{k=1}^{K}\left[\frac{\partial c_{jk}^i(q_{jk}^{i*})}{\partial q_{jk}^i}-p_{jk}^i+\varphi_{ij}^*\right]\times(q_{jk}^i-q_{jk}^{i*})+$$

$$\sum_{i=1}^{M}\sum_{j=1}^{N}\left[q_{ij}^*-\sum_{k=1}^{K}q_{jk}^{i*}\right]\times(\varphi_{ij}-\varphi_{ij}^*)\geqslant 0$$

$$\forall (q_{ij},\ q_{jk}^{i},\ \varphi_{ij}) \in \Omega^2,\ \Omega^2 = R_{+}^{MN+MNK+MN} \tag{9-16}$$

由式（9-16）可知，零售商最优决策处于均衡状态下时，第一项表明，若与农户的交易行为发生，q_{ij}^{*} 为正，则零售商的购入价格与农户的供给价格 p_{ij} 相等，则第二项表明当零售商向需求市场出售鲜果农产品时，若 q_{jk}^{i*} 为正，则零售商的销售价格为其边际交易成本$\frac{\partial c_{jk}^{i}(q_{jk}^{i*})}{\partial q_{jk}^{i}}$与鲜果供应成本 φ_{ij}^{*} 之和，即式（9-17）：

$$p_{jk}^{i} = \frac{\partial c_{jk}^{i}(q_{jk}^{i*})}{\partial q_{jk}^{i}} + \varphi_{ij}^{*} \tag{9-17}$$

第三项表明，若拉格朗日乘子 φ_{ij}^{*} 为正，则满足流量守恒，零售商所有购入的鲜果农产品均被全部清空售出。

五、需求市场最优决策分析及均衡模型的建立

如图 9-1 所示，需求市场位于农产品供应链网络的第三层级，从零售商处购入鲜果农产品进行消费。消费者将对比多个零售商出售的鲜果，选择性价比最高的产品进行消费，其目标并非利润最大化，而是满足自身的需求效用。根据 Wardrop 用户均衡理论，以及 Nagurney 等[6] 与 Qiang[7] 对需求市场层级空间均衡价格理论的运用，本节对需求市场中消费者的最优决策行为进行如式（9-18）、式（9-19）的建模：

$$p_{jk}^{i}\begin{cases} = p_{k}^{i*}, & q_{jk}^{i*} > 0 \\ \geqslant p_{k}^{i*}, & q_{jk}^{i*} = 0 \end{cases} \tag{9-18}$$

$$d_{k}^{i}(p_{k}^{*},\ e_{i}^{*})\begin{cases} = \sum_{j=1}^{N} q_{jk}^{i*}, & p_{k}^{i*} > 0 \\ \leqslant \sum_{j=1}^{N} q_{jk}^{i*}, & p_{k}^{i*} = 0 \end{cases} \tag{9-19}$$

式（9-18）表示，当 $q_{jk}^{i*}>0$，即需求市场与零售商之间的交易行为存在时，零售商的出售价格必然不能大于需求市场愿意支付的价格，否则交易行为无法发生，即 $q_{jk}^{i*}=0$；式（9-19）表示，当 $p_{k}^{i*}>0$，即需求市场愿意支付的价格为正时，交易量才能与零售商的出售量和需求市场的需求量达成均衡，否则，当供大于求时，需求价格为 0，即表示零售商与需求市场之间的交易未发生。在需求函数的设置上，将其与自身价格、竞争的其他鲜果产品价格和品质相关联。将需求市场的最优决策行为转化为变分不等式，即确定 $(q_{jk}^{i*},\ p_{k}^{i*}) \in \Omega^3$，以满足式（9-20）：

$$\sum_{i=1}^{M}\sum_{j=1}^{N}\sum_{k=1}^{K}(p_{jk}^{i} - p_{k}^{i*}) \times (q_{jk}^{i} - q_{k}^{i*}) +$$
$$\sum_{i=1}^{M}\sum_{k=1}^{K}\left(\sum_{j=1}^{N} q_{jk}^{i*} - d_{k}^{i}(p_{k}^{*},\ e_{i}^{*})\right) \times (p_{k}^{i} - p_{k}^{i*}) \geqslant 0$$

$$\forall (q_{jk}^{i}, p_{k}^{i}) \in \Omega^3, \ \Omega^3 = R_{+}^{MNK+MK} \tag{9-20}$$

六、供应链网络均衡模型的建立

在整个农产品供应链网络达到均衡状态时，必然满足农户、零售商与需求市场三个层级的最优决策。与此同时，上下层级之间的鲜果农产品流量必然相等，即上一层级售出的鲜果量与下一层级购入的鲜果量必然相等，且在出售价格与愿意支付的购买价格上达成一致[8]。因此，农产品供应链网络均衡模型可通过整合式（9-10）、式（9-16）、式（9-20）来构建，则整体供应链网络的均衡条件可表示为，确定均衡解 $X^* = (Q^*, Q^{1*}, e^*, Q^{2*}, p^*, \mu_i^*, \theta_i^*, \varphi_{ij}^*)$，以满足式（9-21）：

$$\begin{aligned}
&\sum_{i=1}^{M}\Big[\frac{\partial f_i(Q_i^*, e_i^*)}{\partial Q_i} + (1-e_i^*)P_cL_c + e_i^*P_oL_o - re_i^*L_o - \\
&t(E_oe_i^*L_o - E_cL_c + E_ce_i^*L_c) - \mu_iG_i(e_i^*)\Big] \times (Q_i - Q_i^*) + \\
&\sum_{i=1}^{M}\sum_{j=1}^{N}\Big[\frac{\partial c_{ij}(q_{ij}^*)}{\partial q_{ij}} + \mu_i^* - \varphi_{ij}^*\Big] \times (q_{ij} - q_{ij}^*) + \\
&\sum_{i=1}^{M}\Big(\frac{\partial f_i(Q_i^*, e_i^*)}{\partial e_i} - P_cL_cQ_i^* + P_oL_oQ_i^* - rL_oQ_i^* - tE_cL_cQ_i^* - tE_oL_oQ_i^* - \\
&\mu_i^*Q_i^*\frac{\partial G_i(e_i^*)}{\partial e_i} - \theta_i^*\Big) \times (e_i - e_i^*) + \\
&\sum_{i=1}^{M}\sum_{j=1}^{N}\sum_{k=1}^{K}\Big[\frac{\partial c_{jk}^{i}(q_{jk}^{i*})}{\partial q_{jk}^{i}} - p_k^{i*} + \varphi_{ij}^*\Big] \times (q_{jk}^{i} - q_{jk}^{i*}) + \\
&\sum_{i=1}^{M}\sum_{k=1}^{K}\Big(\sum_{J=1}^{N}q_{jk}^{i*} - d_k^i(p_k^*, e_i^*)\Big) \times (p_k^i - p_k^{i*}) + \\
&\sum_{i=1}^{M}\Big(Q_i^*G_i(e_i^*) - \sum_{j=1}^{N}q_{ij}^*\Big) \times (\mu_i - \mu_i^*) + \\
&\sum_{i=1}^{M}(e_i^* - \underline{e}) \times (\theta_i - \theta_i^*) + \\
&\sum_{i=1}^{M}\sum_{j=1}^{N}\Big[q_{ij}^* - \sum_{k=1}^{K}q_{jk}^{i*}\Big] \times (\varphi_{ij} - \varphi_{ij}^*) \geqslant 0
\end{aligned}$$

$$\forall X \in \Omega, \ \Omega = \Omega^1 \times \Omega^2 \times \Omega^3 \tag{9-21}$$

除决策变量的求解外，相应的内生变量农户出售价格 p_{ij} 与零售商出售价格 p_{jk}^{i} 可由式（9-12）与式（9-17）求解得出。

第二节　基于自适应投影预测校正算法的供应链网络均衡模型求解

一、考虑有机肥替代化肥的鲜果供应链网络均衡模型标准形式

在本节中，将采用自适应投影预测校正算法（Self-Adaptive Projection-Based Prediction Correction Algorithm，SPPCA）对考虑有机肥替代化肥的农产品供应链网络均衡模型进行求解。为了便于说明，我们可以将式（9-21）化为标准的变分不等式形式[9] 以进行后续的算法说明，即确定 $X^* \in \Omega$，满足式（9-22）：

$$\langle F(X^*)^T,\ (X-X^*)\rangle \geqslant 0,\ \forall X \in \Omega \tag{9-22}$$

在式（9-22）中，均衡解 X 为向量形式，为供应链网络中各个变量的系数矩阵，可分为决策变量与拉格朗日乘子两部分，其组成为式（9-23）：

$$\begin{aligned} &X_1 := (Q_i,\ q_{ij},\ e_i,\ q_{jk}^i,\ p_k^i)_{i\in M, j\in N, k\in K} \\ &X_2 := (\mu_i,\ \theta_i,\ \varphi_{ij})_{i\in M, j\in N} \\ &X := (X_1,\ X_2) \end{aligned} \tag{9-23}$$

在式（9-22）中，$F(X)$ 被称为单调算子，为供应链网络中各变量的梯度稀疏矩阵，也可以分为决策变量梯度系数矩阵 $f(X)$ 与约束条件矩阵 $g(X_1)$ 两部分，如式（9-24）所示：

$$F(X) = \begin{pmatrix} f(X) \\ g(X_1) \end{pmatrix} \tag{9-24}$$

其中：

$$\begin{aligned} &f(X) := (f_i^1,\ f_{ij},\ f_i^2,\ f_{jk}^i,\ f_k^i)_{i\in M, j\in N, k\in K} \\ &g(X_1) := (g_i^1,\ g_i^2,\ g_{ij})_{i\in M, j\in N} \end{aligned} \tag{9-25}$$

根据式（9-21），$F(X)$ 中各具体组成部分如式（9-26）所示：

$$f_i^1 := \Big[\frac{\partial f_i(Q,\ e)}{\partial Q_i} + (1-e_i)P_cL_c + e_iP_oL_o - re_iL_o - t(E_oe_iL_o - E_c(1-e_i)L_c) - \mu_iG_i(e_i)\Big]$$

$$f_{ij} := \left(\frac{\partial c_{ij}(Q^1)}{\partial q_{ij}} + \mu_i - \varphi_{ij}\right)$$

$$f_i^2 := \Big(\frac{\partial f_i(Q,\ e)}{\partial e_i} - P_cL_cQ_i + P_oL_oQ_i - rL_oQ_i - tE_cL_cQ_i - tE_oL_oQ_i -$$

$$\mu_i Q_i \frac{\partial G_i(e_i)}{\partial e_i} - \theta_i \Big)$$

$$f_{jk}^i := \left(\frac{\partial c_{jk}^i(Q^2)}{\partial q_{jk}^i} - p_k^i + \varphi_{ij}\right)$$

$$f_k^i := \left[\sum_{j=1}^N q_{jk}^i - d_k^i(p_k, e_i)\right]$$

$$g_i^1 := \left[Q_i G_i(e_i) - \sum_{j=1}^N q_{ij}\right]$$

$$g_i^2 := (e_i - \underline{e})$$

$$g_{ij} := \left(q_{ij} - \sum_{k=1}^K q_{jk}^i\right) \tag{9-26}$$

二、自适应投影预测校正算法步骤分析

针对农产品供应链网络均衡模型，本章将使用自适应投影预测校正算法进行求解。SPPCA 算法与传统的投影算法相似之处在于，都是在投影的基础上寻找有利方向，以一定的步长前进，将迭代解集 $\{x^t\}$ 逐渐收敛至最优解 x^* 处。区别在于，投影算法对函数 $F(x)$ 结构要求较高，计算成本高；修正投影算法一定程度上降低了函数 $F(x)$ 在收敛时对性质的要求，但仍用到函数值进行计算，计算速度慢。

本章所采用的 SPPCA 算法通过其自适应的步长，在计算的不同阶段对步长进行缩放，避免不合适的步长影响收敛效率，有效提升函数收敛速度，且在计算过程中仅使用到梯度值，具有较小的计算成本，对于该算法的收敛性证明与详细步骤可参阅文献[10]。SPPCA 算法流程如下：

Step 0：初始化相关参数：初始步长 $\beta_0=1$，步长控制参数 $v_0>0$，$\Gamma>0$，$\eta<1$，$\gamma=1.95$，停机标准 $\epsilon>0$，$k=0$，决策变量 $x^0\in\mathfrak{X}>0$，拉格朗日乘子 $y^0\in\mathcal{Y}=R_+^m$。

Step 1：如果误差值 $\|e(u^k)\|_\infty<\epsilon$，满足停机标准，计算停止，输出最优结果；否则，继续。

Step 2：（预测阶段）

生成预测算子 $\tilde{u}^k=(\tilde{x}^k,\ \tilde{y}^k)$：

其中，

①$\tilde{y}^k=P_{\mathcal{Y}}\left\{y^k+\dfrac{\beta_k}{v_k}(A^Tx^k-b)\right\}$

$\tilde{x}^k=P_{\mathfrak{X}}\{x^k+\beta_k[f(x^k)+A\tilde{y}^k]\}$

$d_x^k:=x^k-\tilde{x}^k$，$d_y^k:=y^k-\tilde{y}^k$

$\xi_x^k:=\beta_k(f(\tilde{x}^k)-f(x^k))$，$\xi_y^k:=\beta_kA^T(x^k-\tilde{x}^k)$

$$r_k := \sqrt{\frac{\| \xi_x^k \|^2 + v_k^{-1} \| \xi_y^k \|^2}{\| d_x^k \|^2 + v_k \| d_y^k \|^2}} \tag{9-27}$$

②如果 $r_k > \eta$，通过 $\beta_k := \beta_k \times \frac{0.8}{r_k}$ 缩小 β_k，并转 Step 2。

Step 3：根据参数 r_k 的值，判断 β_k 是否需要调整以满足下一次迭代计算，如果 r_k 的值过于小，则需要扩大 β_k，

$$\beta_{k+1} := \begin{cases} \beta_k \cdot 0.7/r_k, & r_k \leq 0.5 \\ \beta_k, & \text{otherwise} \end{cases} \tag{9-28}$$

Step 4：计算校正部分步长，用于校正迭代，如式（9-29）所示：

$$a_k^* := \frac{(d_x^k + \xi_x^k)^T d_x^k + (v_k d_y^k + \xi_y^k)^T d_y^k}{[d_x^k + \xi_x^k]^T [d_x^k + \xi_x^k] + (v_k d_y^k + \xi_y^k)^T}, \quad a_k = \gamma a_k^* \beta_k \tag{9-29}$$

Step 5：（校正阶段）

计算新的迭代解：

$$x^{k+1} := P_{\mathfrak{X}} \{ x^k - a^k [f(\tilde{x}^k) + A\tilde{y}^k] \}$$

$$y^{k+1} := P_{\mathcal{Y}} \left\{ y^k + \frac{a^k}{v^k} (A^T \tilde{x}^k - b) \right\} \tag{9-30}$$

Step 6：调整步长控制参数 v

$$v_{k+1} = \begin{cases} v_k \cdot \Gamma, & \| \xi_x^k \|^2 > 4(\| \xi_y^k \| / \sqrt{v_k}) \\ v_k / \Gamma, & \| \xi_x^k \|^2 / \sqrt{v_k} > 4 \| \xi_y^k \| \\ v_k, & \text{otherwise} \end{cases} \tag{9-31}$$

$k := k+1$；转 Step 1。

三、自适应投影预测校正算法实现过程

根据前文介绍的 SPPCA 算法步骤，结合本章中考虑有机肥替代化肥的农产品供应链网络均衡模型结构，给出本章模型求解算法的具体实现过程伪代码，如表 9-2 所示。

表 9-2　供应链网络均衡模型（9-21）SPPCA 算法求解伪代码

Algorithm Specific implementation procedure of SPPCA
Initialization：$\beta_0>0$；$v_0>0$；$(Q_i^0, q_{ij}^0, e_i^0, q_{jk}^{i0}, p_k^{i0}, \mu_i^0, \theta_i^0, \varphi_{ij}^0)_{i\in M, j\in N, k\in K}$；$\epsilon>0$
for $t=0 \to$ Max Iteration Number **do**
Marker：
Prediction step：produce the predictor，i. e.

续表

Algorithm Specific implementation procedure of SPPCA
$\widetilde{\mu}_i^t = \Pi_+ \left[\mu_i^t - \frac{\beta_t}{v_t} \left(Q_i^t G_i(e_i^t) - \sum_{j=1}^N q_{ij}^t \right) \right]$
$\widetilde{\theta}_i^t = \Pi_+ \left[\theta_i^t - \frac{\beta_t}{v_t} (e_i^t - \underline{e}) \right]$
$\widetilde{\varphi}_{ij}^t = \Pi_+ \left[\varphi_{ij}^t - \frac{\beta_t}{v_t} \left(q_{ij}^t - \sum_{k=1}^K q_{jk}^{i\,t} \right) \right]$
$\widetilde{Q}_i^t = \Pi_+ \left[Q_i^t - \beta_t \left(\frac{\partial f_i(Q_i^t, e_i^t)}{\partial Q_i} + (1-e_i^t) P_c L_c + e_i^t P_o L_o - r e_i^t L_o + t(E_c(1-e_i^t) L_c - e_i^t L_o) - \widetilde{\mu}_i^t G_i(e_i^t) \right) \right]$
$\widetilde{q}_{ij}^t = \Pi_+ \left[q_{ij}^t - \beta_t \left(\frac{\partial c_{ij}(q_{ij}^t)}{\partial q_{ij}} + \widetilde{\mu}_i^t - \widetilde{\varphi}_{ij}^t \right) \right]$
$\widetilde{e}_i^t = \Pi_+ \left[e_i^t - \beta_t \left(\frac{\partial f_i(Q_i^t, e_i^t)}{\partial e_i} - P_c L_c Q_i^t + P_o L_o Q_i^t - r L_o Q_i^t - t E_c L_c Q_i^t - t E_o L_o Q_i^t - \widetilde{\mu}_i^t Q_i^t \frac{\partial G_i(e_i^t)}{\partial e_i} - \widetilde{\theta}_i^t \right) \right]$
$\widetilde{q}_{jk}^{it} = \Pi_+ \left[q_{jk}^{it} - \beta_t \left(\frac{\partial c_{jk}^i(q_{jk}^{it})}{\partial q_{jk}^i} - p_k^{it} + \widetilde{\varphi}_{ij}^t \right) \right]$
$\widetilde{p}_k^{it} = \Pi_+ [p_k^{it} - \beta_t (q_{jk}^{it} - d_k^i(p_k^t, e_i^t))]$
$dQ_i^t = Q_i^t - \widetilde{Q}_i^t$
$dq_{ij}^t = q_{ij}^t - \widetilde{q}_{ij}^t$
$de_i^t = e_i^t - \widetilde{e}_i^t$
$dq_{jk}^{it} = q_{jk}^{it} - \widetilde{q}_{jk}^{it}$
$dp_k^{it} = p_k^{it} - \widetilde{p}_k^{it}$
$d\mu_i^t = \mu_i^t - \widetilde{\mu}_i^t$
$d\theta_i^t = \theta_i^t - \widetilde{\theta}_i^t$
$d\varphi_{ij}^t = \varphi_{ij}^t - \widetilde{\varphi}_{ij}^t$
$dF_i^{1t} = \beta_t \left(\frac{\partial f_i(\widetilde{Q}_i^t, \widetilde{e}_i^t)}{\partial Q_i} - \frac{\partial f_i(Q_i^t, e_i^t)}{\partial Q_i} \right)$
$dF_{ij}^t = \beta_t \left(\frac{\partial c_{ij}(\widetilde{q}_{ij}^t)}{\partial q_{ij}} - \frac{\partial c_{ij}(q_{ij}^t)}{\partial q_{ij}} \right)$
$dF_i^{2t} = \beta_t \left(\frac{\partial f_i(\widetilde{Q}_i^t, \widetilde{e}_i^t)}{\partial e_i} - \frac{\partial f_i(Q_i^t, e_i^t)}{\partial e_i} \right)$
$dF_{jk}^{it} = \beta_t \left(\frac{\partial c_{jk}^i(\widetilde{q}_{jk}^{it})}{\partial q_{jk}^i} - \frac{\partial c_{jk}^i(q_{jk}^{it})}{\partial q_{jk}^i} - (\widetilde{p}_k^{it} - p_k^{it}) \right)$
$dF_k^{it} = \beta_t (\widetilde{q}_{jk}^{it} - q_{jk}^{it} - (d_k^i(\widetilde{p}_k^t, \widetilde{e}_i^t) - d_k^i(p_k^t, e_i^t)))$

续表

Algorithm Specific implementation procedure of SPPCA

$$dG\mu_i^t = \beta_t\left(\widetilde{Q}_i^t G_i(\widetilde{e}_i^t) - Q_i^t G_i(e_i^t) - \left(\sum_{j=1}^{N}\widetilde{q}_{ij}^t - q_{ij}^t\right)\right)$$

$$dG\theta_i^t = \beta_t(\widetilde{e}_i^t - e_i^t)$$

$$dG\varphi_{ij}^t = \beta_t\left(\widetilde{q}_{ij}^t - q_{ij}^t - \left(\sum_{k=1}^{K}\widetilde{q}_{jk}^{it} - q_{jk}^{it}\right)\right)$$

Choose an appropriate β_t in the prediction step, i. e.

$$dist_1^t = \sum_{i\in M}((dF_i^{1t})^2 + (dF_i^{2t})^2) + \sum_{i\in M}\sum_{j\in N}(dF_{ij}^t)^2 + \sum_{i\in M}\sum_{j\in N}\sum_{k\in K}(dF_{jk}^{it})^2 + \sum_{i\in M}\sum_{k\in K}(dF_k^{it})^2$$

$$dist_2^t = \sum_{i\in M}((dG\mu_i^t)^2 + (dG\theta_i^t)^2) + \sum_{i\in M}\sum_{j\in N}(dG\varphi_{ij}^t)^2$$

$$dist_3^t = \sum_{i\in M}((dQ_i^t)^2 + (de_i^t)^2) + \sum_{i\in M}\sum_{j\in N}(dq_{ij}^t)^2 + \sum_{i\in M}\sum_{j\in N}\sum_{k\in K}(dq_{jk}^{it})^2 + \sum_{i\in M}\sum_{k\in K}(dp_k^{it})^2$$

$$dist_4^t = \sum_{i\in M}((d\mu_i^t)^2 + (d\theta_i^t)^2) + \sum_{i\in M}\sum_{j\in N}(d\varphi_{ij}^t)^2$$

$r_{1t} := dist_1^t + v_t^{-1} dist_2^t$; $r_{2t} := dist_3^t + v_t dist_4^t$

$$r_t := \sqrt{\frac{r_{1t}}{r_{2t}}}$$

if $r_t > 0.95$ **then**

$\beta_t = \beta_t \times 0.8/r_t$, go to the **Marker**

end if

if $dist_3^t + dist_4^t \leqslant \epsilon$ **then**

The incumbent solution is optimal. Exit

end if

Adjust β for the next iteration, i. e.

$$\beta_{t+1} = \begin{cases}\beta_t \times 0.7/r_t, & r_t \leqslant 0.5\\ \beta_t, & \text{otherwise}\end{cases}$$

$$\alpha_{1t} = \sum_{i\in M}(dQ_i^t + dF_i^{1t})dQ_i^t + \sum_{i\in M}(de_i^t + dF_i^{2t})de_i^t + \sum_{i\in M}\sum_{j\in N}(dq_{ij}^t + dF_{ij}^t)dq_{ij}^t + \sum_{i\in M}\sum_{j\in N}\sum_{k\in K}(dq_{jk}^{it} + dF_{jk}^{it}) + \sum_{i\in M}\sum_{k\in K}(dp_k^{it} + dF_k^{it})dp_k^{it} + \sum_{i\in M}(d\mu_i^t + dG\mu_i^t)d\mu_i^t + \sum_{i\in M}(d\theta_i^t + dG\theta_i^t)d\mu_i^t + \sum_{i\in M}\sum_{j\in N}(d\varphi_{ij}^t + dG\varphi_{ij}^t)d\varphi_{ij}^t$$

续表

Algorithm Specific implementation procedure of SPPCA

$$\alpha_{2t} = \sum_{i\in M}((dQ_i^t + dF_i^{1t})^2 + (de_i^t + dF_i^{2t})^2) + \sum_{i\in M}\sum_{j\in N}(dq_{ij}^t + dF_{ij}^t)^2 + \sum_{i\in M}\sum_{j\in N}\sum_{k\in K}(dq_{jk}^{it} + dF_{jk}^{it})^2 + \sum_{i\in M}\sum_{k\in K}(dp_k^{it} + dF_k^{it})^2 + \sum_{i\in M}(d\mu_i^t + dG\mu_i^t)^2 + \sum_{i\in M}(d\theta_i^t + dG\theta_i^t)^2 + \sum_{i\in M}\sum_{j\in N}(d\varphi_{ij}^t + dG\varphi_{ij}^t)^2$$

$$\alpha_t = \frac{\alpha_{1t}}{\alpha_{2t}}\times 1.95\times\beta_t$$

Correction step: calculate the corrector, i. e.

$$Q_i^{t+1} = \Pi_+\left[Q_i^t - \alpha_t\left(\widetilde{Q}_i^t - \beta_t\left(\frac{\partial f_i(\widetilde{Q}_i^t, \widetilde{e}_i^t)}{\partial Q_i} + (1-\widetilde{e}_i^t)P_cL_c + \widetilde{e}_i^tP_oL_o - r\widetilde{e}_i^tL_o + t(E_c(1-\widetilde{e}_i^t)L_c - \widetilde{e}_i^tL_o) - \widetilde{\mu}_i^tG_i(\widetilde{e}_i^t)\right)\right)\right]$$

$$q_{ij}^{t+1} = \Pi_+\left[q_{ij}^t - \alpha_t\left(\frac{\partial c_{ij}(\widetilde{q}_{ij}^t)}{\partial q_{ij}} + \widetilde{\mu}_i^t - \widetilde{\varphi}_{ij}^t\right)\right]$$

$$e_i^{t+1} = \Pi_+\left[e_i^t - \alpha_t\left(\frac{\partial f_i(\widetilde{Q}_i^t, \widetilde{e}_i^t)}{\partial e_i} - P_cL_c\widetilde{Q}_i^t + P_oL_o\widetilde{Q}_i^t - rL_o\widetilde{Q}_i^t - tE_cL_c\widetilde{Q}_i^t - tE_oL_o\widetilde{Q}_i^t - \widetilde{\mu}_i^t\widetilde{Q}_i^t\frac{\partial G_i(\widetilde{e}_i^t)}{\partial e_i} - \widetilde{\theta}_i^t\right)\right]$$

$$q_{jk}^{it+1} = \Pi_+\left[q_{jk}^{it} - \alpha_t\left(\frac{\partial c_{jk}^i(\widetilde{q}_{jk}^{it})}{\partial q_{jk}^i} - \widetilde{p}_k^{it} + \widetilde{\varphi}_{ij}^t\right)\right]$$

$$p_k^{it+1} = \Pi_+[p_k^{it} - \alpha_t(\widetilde{q}_{jk}^{it} - d_k^i(\widetilde{p}_k^t, \widetilde{e}_i^t))]$$

$$\mu_i^{t+1} = \Pi_+\left[\mu_i^t - \frac{\alpha_t}{v_t}\left(\widetilde{Q}_i^tG_i(\widetilde{e}_i^t) - \sum_{j=1}^N\widetilde{q}_{ij}^t\right)\right]$$

$$\theta_i^{t+1} = \Pi_+\left[\theta_i^t - \frac{\alpha_t}{v_t}(\widetilde{e}_i^t - \underline{e})\right]$$

$$\varphi_{ij}^{t+1} = \Pi_+\left[\varphi_{ij}^t - \frac{\alpha_t}{v_t}\left(\widetilde{q}_{ij}^t - \sum_{k=1}^K\widetilde{q}_{jk}^{it}\right)\right]$$

Adjust v for the next iteration, i. e.

$$v_{t+1}\begin{cases} v_t\times 0.5, & \sqrt{dist_1^t} > 4\times(\sqrt{dist_2^t}/\sqrt{v_t}) \\ v_t/0.5, & \sqrt{dist_2^t}/\sqrt{v_t} > 4\times\sqrt{dist_1^t} \\ v_t, & \text{otherwise} \end{cases}$$

end for, return the incumbent solution and optimal objective value

第三节　数值案例结果分析

本节以鲜食葡萄供应链的案例对前文中考虑有机肥替代化肥的农产品供应链网络均衡模型进行分析。

本节中所有数值模拟实验的参数设置为：$\beta_0=10$，$v_0=5$，$epsilon=10^{-4}$。所有计算均在 MTALAB R2018b 上运行，其电脑配置为 AMD Ryzen 5 3550H CPU@2. 10GHz 处理器，内存为 16GB RAM，操作系统为 Windows 10。

一、案例背景和函数设定

作为一种重要的经济作物，葡萄的流通与贸易是一个典型的鲜果农产品供应链网络结构，包括种植、销售与消费等环节。在葡萄的种植与生长过程中，需要大量的肥料提供营养，在提升葡萄质量的同时，成本随之上升，这影响着农户之间的竞争与后续的鲜果销售。在施用肥料的选取上，随着国家政策导向与消费者偏好的变化，越来越多的农户开始在种植过程中引入有机肥，市场需求不断扩大。研究表明，有机形式的耕作可以有效提升葡萄的品质[11,12]，这为葡萄带来了更强的市场竞争力。在政策导向上，为遏制以往过量施用化肥的行为，政府对有机肥的施用进行了大量宣传，同时已在部分地区实施有机肥的购置补贴政策，鼓励农户增加有机肥的使用，推动现代农业向可持续农业转型。

在本节中，以鲜食葡萄为代表的农产品供应链网络由两个农户、两个葡萄零售商、两个需求市场（$M=N=K=2$）组成，如图 9-2 所示。农户们种植的异质鲜食葡萄由两家当地零售商分别购买，并共同销往两个需求市场。

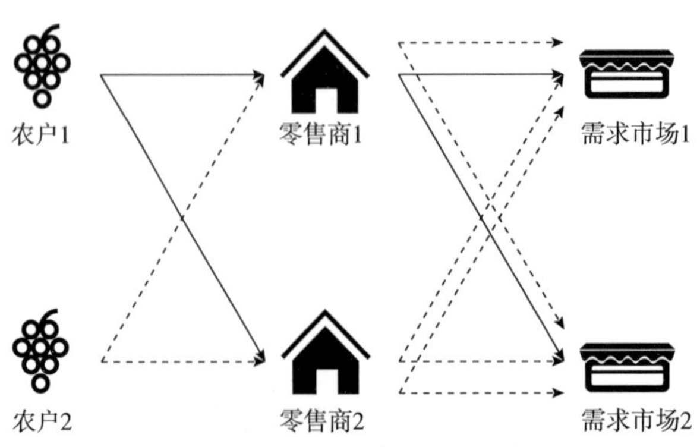

图 9-2　鲜食葡萄供应链网络结构

根据江苏省有机肥与化肥的价格，以及 Liu 等[13] 进行的涉及有机肥替代化肥的实验，对模型中涉及的参数进行以下设定：化肥价格 $P_c=4000$ 元/吨，化肥用量 $L_c=0.2$ 吨，有机肥价格 $P_o=860$ 元/吨，有机肥用量 $L_o=1$ 吨，化肥碳排量 $E_c=3.85$ 吨，有机肥固碳量 $E_o=12.35$ 吨。设定质量要求 $\underline{e}=0.1\tau$，建立消费者质量要求与质量偏好之间的正相关关系，即需求市场越高的质量偏好也将伴随着越高的质量要求。

根据图 9-2 网络结构，制定各层级相关函数如下：

（1）农户的生产成本，是关于 Q_i 与 e_i 的函数（$\times10^2$ 元）：

$$f_1=(2+e_1)(Q_1G_1(e_1))^2+Q_1G_1(e_1) \tag{9-32}$$

$$f_2=(2+0.5\times e_2)(Q_2G_2(e_2))^2+Q_2G_2(e_2) \tag{9-33}$$

为研究有机肥对鲜果种植和经营的影响，设定式（9-32）、式（9-33）为不同农户的生产成本 f_i，其中，增加有机肥替代率时的成本因农民而异。在上述设定下，农户 1 有着比农户 2 更高的质量改善成本，以反映两者之间竞争关系。

（2）农户的产量乘数，是关于 e_i 的函数。根据周喜荣等[14] 对“红地球”葡萄进行的有机肥与化肥配施田间试验的数据，通过多项式拟合的方式计算农户的产量乘数 $G_i(e_i)$，将离散数据连续化。其中，试验地概况与实验步骤见文献[14] 与有机肥替代化肥比例有关的葡萄产量数据，如表 9-3 所示。

表 9-3　有机肥替代比例—产量数据

处理（替代比例）	产量（吨/公顷）	产量比（以纯化肥场景为基数）
100%化肥	32.71±0.59	1.00
20%有机肥+80%化肥	35.02±0.08	1.07
40%有机肥+60%化肥	38.26±0.44	1.17
60%有机肥+40%化肥	41.37±0.06	1.26
80%有机肥+20%化肥	36.67±0.04	1.12
100%有机肥	33.06±0.15	1.01

设定截距为 1，对数据进行多项式拟合操作，结果为：

二次多项式：$y=-0.7642x^2+0.7836x+1(R^2=0.8284)$

三次多项式：$y=-0.8355x^3+0.4346x^2+0.3977x+1(R^2=0.8947)$

四次多项式：$y=3.928x^4-8.6265x^3+5.1379x^2-0.4315x+1(R^2=0.9607)$

其中，多项式次数≥4 时，$G_i(e_i)$ 在［0，1］内为非凸函数，不符合要求。因此，选取拟合优度更高的三次多项式为产量乘数（见图 9-3），该函数体现出，随着有机肥替代化肥比例的提升，葡萄产量将先提升然后减少，则产量函数可表示为式（9-34）：

$$G_i(e_i) = -0.8355e_i^3+0.4346e_i^2+0.3977e_i+1 \tag{9-34}$$

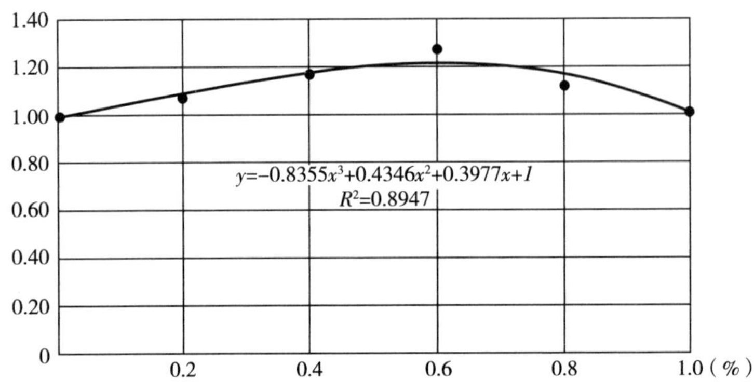

图 9-3　产量乘数拟合

（3）农户与零售商之间的交易成本，是关于 q_{ij} 的函数（$\times10^2$ 元）：

$$c_{ij}(q_{ij}) = q_{ij}^{\ 2}+q_{ij},\ \forall i=1,2;\ j=1,2 \tag{9-35}$$

（4）零售商与需求市场之间的交易成本，是关于 q_{jk}^i 的函数（$\times10^2$ 元）：

$$c_{jk}^i(q_{jk}^i) = 2q_{jk}^{i\ 2}+q_{jk}^i,\ \forall i=1,2;\ j=1,2;\ k=1,2 \tag{9-36}$$

（5）需求市场的需求函数，是关于 $p_k=(p_k^1,\ \cdots,\ p_k^M)$ 与 e_i 的函数（吨）：

$$d_k^i = 20-p_k^i+0.5\times p_k^{3-i}+\tau\times e_i,\ \forall i=1,2 \tag{9-37}$$

在需求函数的设定上，考虑消费者对鲜果农产品的需求与鲜果自身价格呈负相关，并与农产品的质量和竞争对手的价格呈正相关[15]。

二、政府补贴对农产品供应链均衡决策的影响

在本节中，对政府补贴（在模型中用 r 表示）进行灵敏度分析，以观察其对农产品供应链网络均衡状态与各节点决策的影响。政策上对有机肥料施用的补贴，将显著地影响农户的种植决策[16]。据农业农村部报道，目前对有机肥的施用补贴为每吨 150~480 元[17]。数值实验中将补贴值 r 以 86 元（10%有机肥价格）为步长在 0~860 元/吨调整。部分均衡交易结果如表 9-4 所示。

如表 9-4 所示，在政府补贴 r 不断提升的过程中，农户 1 的产量 Q_1 与交易量 q_{1j} 呈先下降再上升的趋势，农户 2 的产量 Q_2 与交易量 q_{2j} 则持续提升，交易价格 p_{ij} 均呈波动变化趋势，整体变动幅度不大。

表 9-4 不同政府补贴下各决策均衡解（t=0， =0）

单位：交易量：吨；价格：元/吨

决策	政府补贴 r					
	0	172（20%）	344（40%）	516（60%）	688（80%）	860
农户 Q_1	4.14	3.50	3.28	3.25	3.91	4.10
农户 Q_2	3.43	3.39	3.45	3.80	4.44	4.66
农户 q_{1j}	2.07	1.98	1.97	1.97	1.95	2.04
农户 q_{2j}	2.02	2.05	2.08	2.12	2.22	2.32
农户 p_{1j}	3071.11	3107.79	3101.53	3095.69	3101.65	3062.62
农户 p_{2j}	3084.57	3084.44	3070.73	3054.5	3030.77	2988.27
零售商 q_{jk}^1	1.04	0.99	0.98	0.98	0.97	1.02
零售商 q_{jk}^2	1.01	1.03	1.04	1.06	1.11	1.16
需求市场 p_k^1	3585.75	3599.03	3595.56	3590.24	3591.62	3571.66
需求市场 p_k^2	3589.10	3594.49	3587.86	3579.94	3573.90	3553.08

与交易均衡结果有所区别，图 9-4 中各方与供应链的利润持续增长。政府补贴相当于外部直接的资金注入，带来利润增长是必然结果。更值得关注的是，图 9-4（b）中随着补贴标准的不断提升，供应链总利润与政府补贴总额虽然都在增长，但其增速有差异。通过观察两者之间差额呈现出的下降趋势，可以推断在高补贴情况下，农产品供应链的实际盈利能力不断下降。当补贴大于 774 元/吨（有机肥价格的 80%，补贴总额与差值的交点）时，补贴总额甚至高于供应链的实际利润，此时出现补贴过量的问题，应对补贴值选取进行更深入的考量。

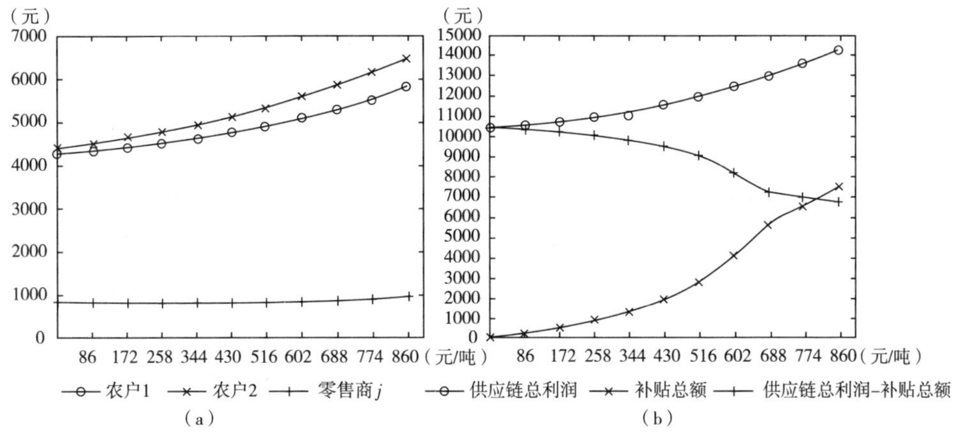

图 9-4 不同政府补贴下不同节点与供应链的利润、总补贴以及供应链与补贴差值

图 9-5 中，选取不同的质量偏好 τ 代表不同的市场需求量和品质接纳度，以观察不同市场下供应链纯利润的变化。在 τ 值提升过程中，逐渐平稳的下降率表明，旺盛的市场需求减缓了盈利能力的下降趋势，可以减少供应链对政府补贴的过度依赖。

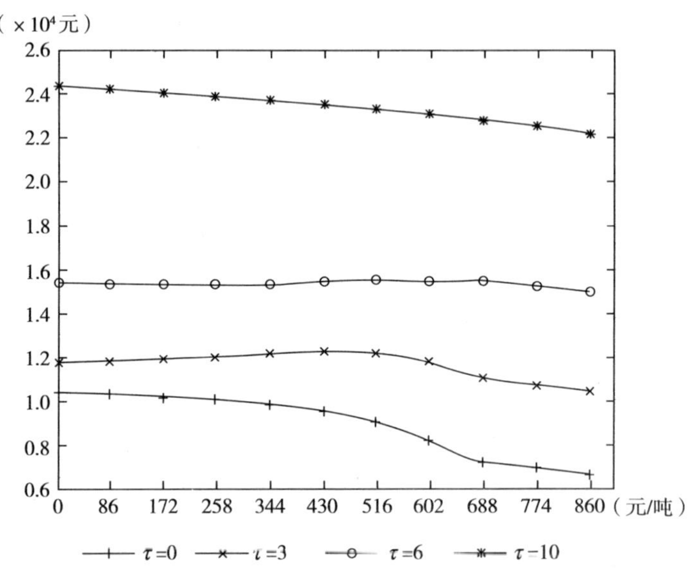

图 9-5 不同质量偏好与政府补贴下供应链与补贴总额差值

如图 9-6（a）所示，随着政府补贴的提升，农户的成本均在不断下降，但由表 9-4 中均衡结果可知产量等数据并未下降，而图 9-7（a）中最优有机肥替代化肥的比例随着补贴不断上升直至纯有机种植。也就是说，维持产量与提升品质所带来的巨额成本是被政府补贴所逐渐覆盖的。当补贴 r 低时，由于较高的提升质量成本，农户 1 不得不选择较低的替代比例与较大的产量来维持利润，这导致其在初期，总成本要高于农户 2；随着补贴值的增加，由于农户 2 能够以更低的单位生产成本种植出数量更多、品质更高的葡萄，将以其竞争优势占领更大的葡萄鲜果市场，因此农民 2 的总成本较高来源于较高的品质（中等补贴）与较大的种植数量（中高等补贴），结合利润图 9-4（a）可知，农户 2 获得的有机肥补贴要远高于农户 1。如果以收益率（=利润/总收入）衡量农户经营情况，补贴的增加将通过降低农民的种植成本的方式显著提高收益率，这使得农户能够以较高的利润率进行种植和经营，如图 9-6（b）所示。

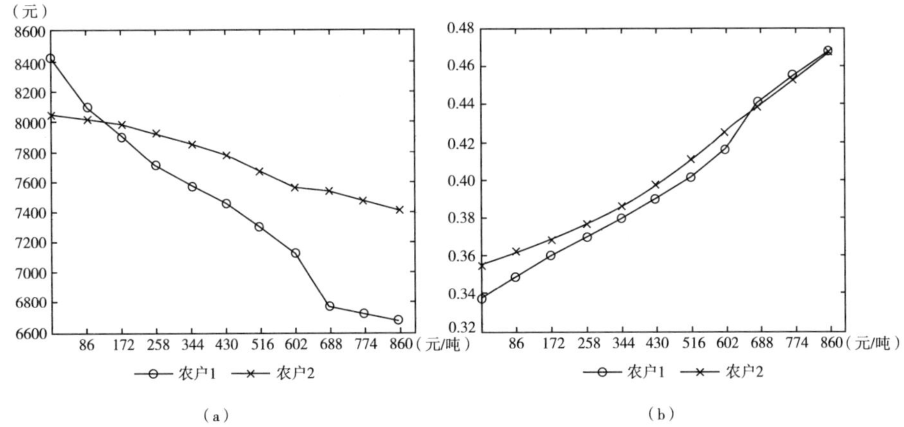

图 9-6　不同政府补贴下农户的总成本和利润率

当补贴 r 达到 602 元/吨，具有成本优势的农户 2 首先实现有机生产；当补贴 r 达到 688 元/吨时，农民们将种植全有机肥料。结合前文市场价格的波动情况和图 9-7（a）可以得出，政府补贴一方面可以有效促进有机肥替代化肥比例的提升，另一方面可以有效地防止农产品价格上涨，使其更容易被市场所接受，消费者以其可接受的价格享用满足他们期望的高质量农产品，而提高质量所带来的大部分价格上涨实际上由补贴所支付。与替代比例提升的情况相似，图 9-7（b）中固碳量随着补贴提高呈上升趋势，当农户因补贴而提高替代比例时增长明显，进入纯有机生产后增速放缓，此时固碳量提升主要来自种植量的变化。

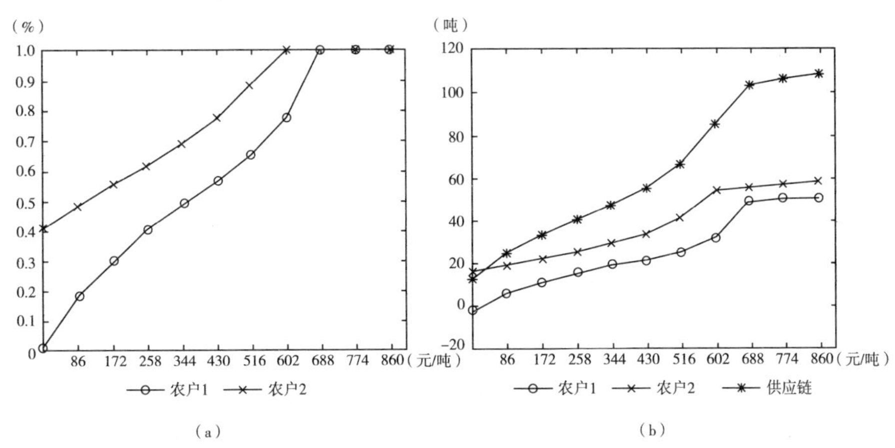

图 9-7　不同政府补贴下农户最优替代比例与固碳量

政府补贴的目标是促进有机肥料在农业生产过程中使用，以增加土壤碳固存、发挥农业碳汇的作用。作为一项“黄箱”政策，它将对农产品市场产生直接的扭曲影响。补贴效用越高，单位补贴对环境的影响越明显，对市场的影响越小，这是补贴政策的一项目标。计算补贴效用=固碳量差值/利润差值，结果如图 9-8 所示。

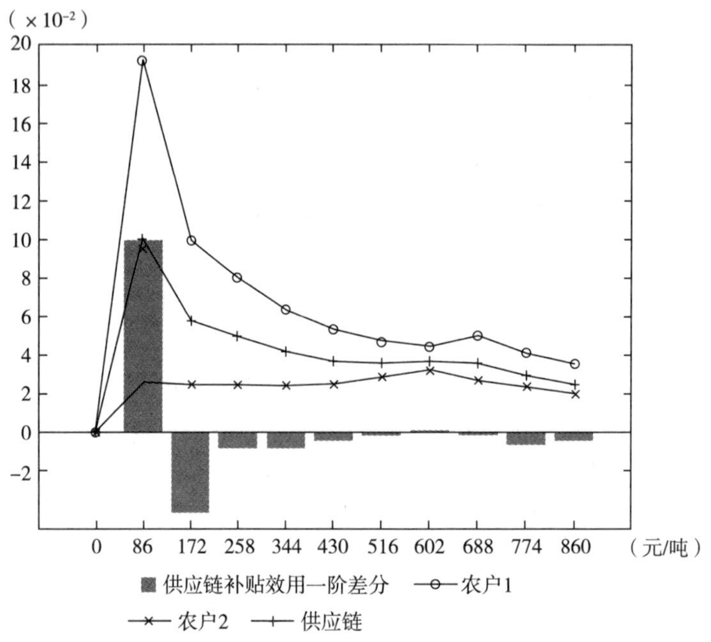

图 9-8 不同政府补贴下农户与供应链补贴效用

图 9-8 中直方图展示了供应链补贴效用的一阶差分，它反映政府补贴增加对补贴效用的影响，整体上看，较低的补贴具有较高的效用。结合图 9-7，前期的提升能带来替代率的提升，固碳量随之上涨；随着补贴达到阈值，替代率没有增长的空间，固碳量的增长速度减慢，相反，它使图 9-4 中利润快速增长，这与补贴的目标不符。在本节参数设置背景下，如果只考虑效用最大化，$r=86$ 元/吨是最佳补贴值，但这显然并非补贴的目的。综合考虑图 9-7 中替代率和固碳量的增加，建议将补贴增加至 602~688 元/吨（有机肥价格的 70%~80%），以最大限度地发挥政策效果。

政府补贴可以大大降低有机肥料的成本，增加农户的利润和有机肥替代率，提高消费者购买的农产品的质量。考虑到可持续农业的长远发展，政府避免过度补贴造成的依赖和过度负担，曾经新能源汽车补贴的取消，给整个产业带来的负面影响[18] 值得警惕。在补贴政策的实施过程中，选取适当的补贴范围十分重要，既要促进可持续农业的发展，又要防止过度补贴导致农户的依赖性。政策扶持是可持续农业发展的一大关键，它可以引导农户从传统生产模式逐步向绿色种植生产行为转变，同时能控制优质农产品的价格，培养消费习惯，推动全产业链的长期发展。

三、社会责任对农产品供应链均衡决策的影响

本节将研究环境效益权重（在模型中以 t 表示）对鲜果农产品供应链均衡状态与各节点决策的影响。不同的施肥决策影响着农业土壤的质量与安全，出于对社会责任的考虑，农户也将环境效益纳入决策目标中。考虑实际的补贴值和一般的市场需求，设置 $r=344$ 元/吨，$\tau=0$。以碳交易价格[19] 为参考，令环境效益权重 t 以 5 为步长在 0~30 调整，部分均衡交易结果如表 9-5 所示。

表 9-5 不同环境效益权重下各决策均衡解（r=344， =0）

单位：交易量：吨；价格：元/吨

决策	环境效益权重 t						
	0	5	10	15	20	25	30
农户 Q_1	3.28	3.25	3.24	3.25	3.32	3.87	3.94
农户 Q_2	3.45	3.52	3.64	3.90	4.31	4.40	4.48
农户 q_{1j}	1.97	1.97	1.97	1.96	1.96	1.93	1.96
农户 q_{2j}	2.08	2.10	2.11	2.12	2.15	2.19	2.23
农户 p_{1j}	3101.53	3100.96	3099.31	3096.46	3100.47	3109.59	3095.54
农户 p_{2j}	3070.73	3066.08	3060.45	3053.61	3050.04	3039.42	3024.12
零售商 q_{jk}^1	0.98	0.98	0.98	0.98	0.98	0.97	0.98
零售商 q_{jk}^2	1.04	1.05	1.06	1.06	1.08	1.10	1.12
需求市场 p_k^1	3595.56	3594.65	3592.87	3589.80	3592.94	3595.65	3588.44
需求市场 p_k^2	3587.86	3585.93	3583.16	3579.09	3580.33	3578.11	3570.59

如表 9-5 所示，随着环境效益权重 t 的增加，整体上交易量增加，价格略有下降。各方的经济利润和综合利润如图 9-9 所示，两类利润呈现出相反的趋势。

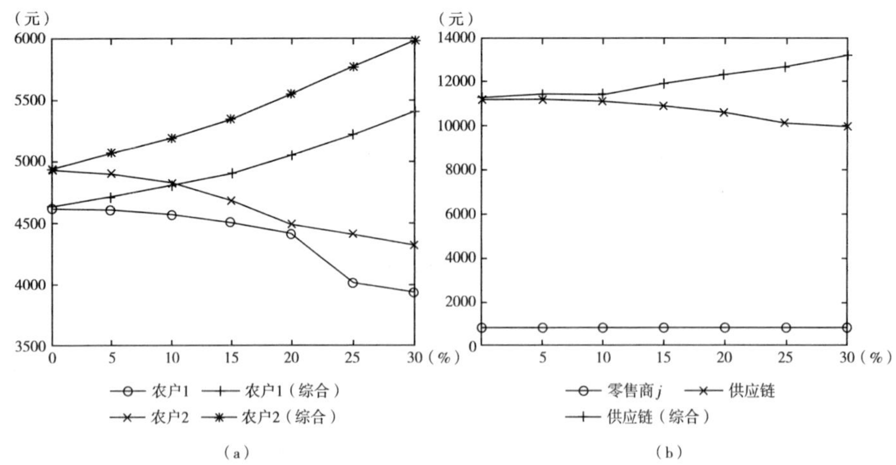

图 9-9　不同环境效益权重下不同节点和供应链的经济利润与综合利润

农户环境效益权重提升时，农户与供应链的综合利润迅速上升，经济利润则持续下降，对零售商利润几乎无影响。以农户 1 为例，其综合利润从 4626. 91 元增加到 5400. 90 元，而经济利润下降到 3940. 99 元。两类利润的差值之所以不断增加，主要是因为农户对环境的重视程度越高，环境效益占总体目标的比例越高，农户可以为这一部分由固碳量所表示的环境效益而放弃一部分经济利益。

图 9-10 中成本的变化可以用来解释图 9-9 中的综合利润与经济利润差值的变化。成本上升使得图 9-10（b）中的两类利润率趋势与图 9-9 相同。与农户 1 相比，农户 2 更高的产量和综合利润导致其经济成本更高，综合经济利润率持续

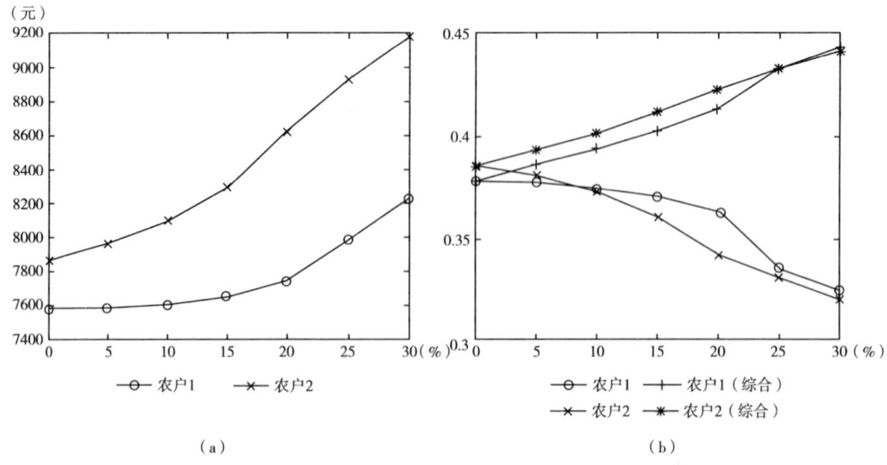

图 9-10　不同环境效益权重下农户总成本与两种利润率

上涨的同时，经济表现越来越差。这就意味着，农民将为其绿色生产所带来的环境效益，付出额外的成本，拥有的社会责任也是一种经济负担。

图 9-11（a）中所展示的替代比例的增加是成本变化的主要原因，农户为追求越来越重要的环境效益，逐渐提高有机肥替代化肥的比例，同时扩大了产量，图 9-11（b）中的固碳量必然显著增加，综合效益由此获得明显的提升。随着环境效益权重 t 的增加，固碳量会更有力地影响农户的决策，从而导致较高的替代比率。

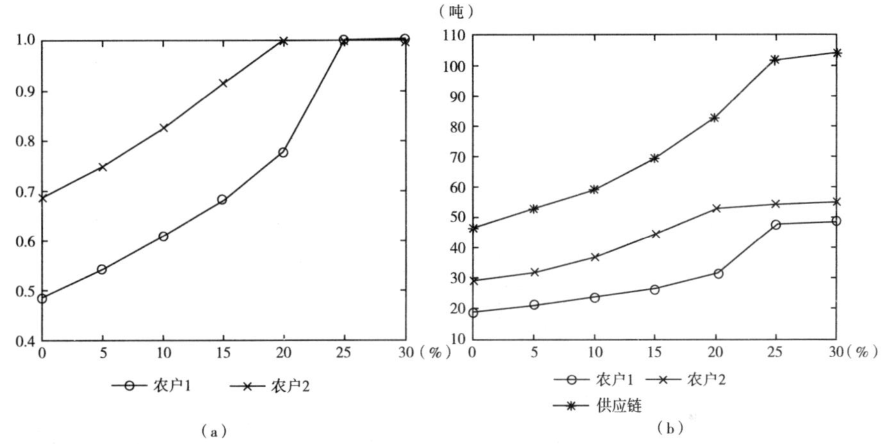

图 9-11　不同环境效益权重下的农户最优替代比例与固碳量

社会责任对农产品供应链网络的影响反映在农户为绿色生产行为付出的额外费用上，以使用更高比例的有机肥来固定更多的碳。向绿色生产过渡必然给农民带来一定的压力，从而影响其经济表现。与经济利润相反，农户对环境效益的社会责任越大，种植行为的碳汇作用就越明显，对农业的可持续发展越有利。目前，仅有极少数地区会考虑对固碳量进行经济补偿，在具体实施上有一定的困难。仅依靠农业生产者的社会责任感来发挥绿色农业是不现实的，因此，对绿色种植技术的环境贡献进行核算和补偿可以作为有机肥补贴的辅助措施以促进有机肥的广泛应用。

四、质量偏好对农产品供应链均衡决策的影响

本节将研究需求市场的质量偏好（τ）对鲜果农产品供应链均衡状态与各节点决策的影响。需求市场作为鲜果农产品的消费者，其质量偏好将从需求端直接影响鲜果生产者的决策，拉动生产者提升有机肥的使用与提升鲜果品质。考虑实际的补贴值和经济利润，设定 $r=344$ 元/吨，$t=0$。质量偏好以 1 为步长，在 0 与

10之间进行调整（见表9-6）。

表9-6　不同质量偏好下各决策均衡解（$r=344$，$t=0$）

单位：交易量：吨；价格：元/吨

决策	质量偏好 τ					
	0	2	4	6	8	10
农户 Q_1	3.28	3.54	3.79	3.91	4.45	5.75
农户 Q_2	3.45	3.71	3.94	4.26	4.95	6.53
农户 q_{1j}	1.97	2.11	2.24	2.38	2.60	2.86
农户 q_{2j}	2.08	2.24	2.39	2.59	2.89	3.25
农户 p_{1j}	3101.53	3253.36	3389.18	3665.27	4120.52	4727.13
农户 p_{2j}	3070.73	3246.85	3410.54	3623.48	4042.81	4622.99
零售商 q_{jk}^1	0.98	1.06	1.12	1.19	1.30	1.43
零售商 q_{jk}^2	1.04	1.12	1.20	1.29	1.45	1.63
需求市场 p_k^1	3595.56	3775.54	3937.08	4240.99	4740.34	5400.05
需求市场 p_k^2	3587.86	3795.77	3989.21	4240.86	4720.92	5374.01

如表9-6所示，质量偏好τ的增加对网络均衡结果有明显的影响，葡萄鲜果交易量q和价格p均呈现出大幅增长的趋势，且越高的质量偏好增长带来的增幅越明显，但与农户2相比，农户在各项指标上还有所差距。各主体利润情况如图9-12所示。

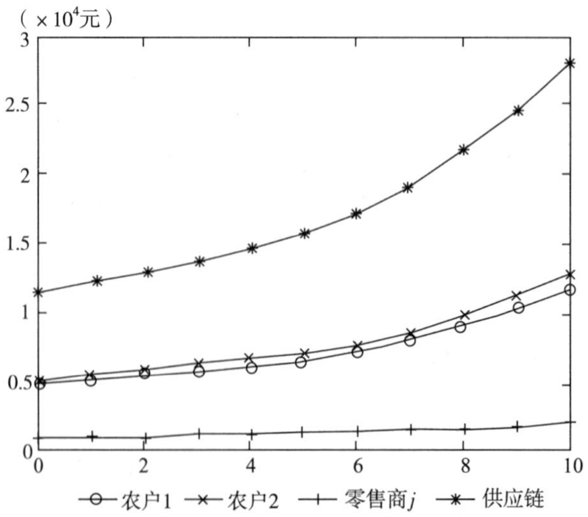

图9-12　不同质量偏好下不同节点与供应链利润

在交易量与价格不断提升的同时，图 9-12 中各方与供应链利润随之不断增长，其中零售商涨幅较小，与之相比农户要更明显。质量偏好的提升，一方面要求农户提供更优质的鲜果农产品，另一方面也推动了市场价格与交易量的提升以维持供需平衡，虽然图 9-13 中农户的成本也在大趋势下相应增长，但更快速的利润增长推动着利润率的上升。其中，农户 2 因交易量较大，其成本始终要高于农户 1，但当偏好 $\tau>6$ 时，其利润率要略低于农户 1，实际上也是高产量带来的高种植成本占比导致的。

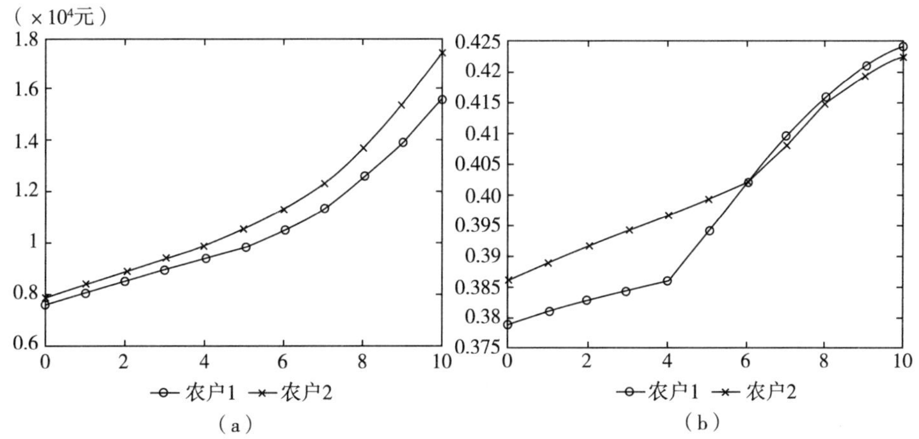

图 9-13 不同质量偏好下农户总成本与利润率

与交易量、利润等的趋势相反，图 9-14（a）中，有机肥替代化肥的最优比例出现先降再升的情况。通过坐标轴数值可以发现，当鲜果农产品质量可以满足客户的要求时，偏好 τ 的增加仅体现在表 9-4 中的交易量上，而不是增加图 9-14（a）中的替代率。在满足要求的前提下，面对市场需求大增的情况，农户将适当减少替代比例以削减成本，并能够以更高的价格出售更多的产品。当质量偏好达到一定阈值时，农户不得不提升替代比例以满足市场要求。以农户 1 为例，随着质量偏好增加到 $\tau>4$，农户必须增加替代率以满足客户的质量要求，否则其农产品将不被市场所接受，顾客将转而购买农户 2 的农产品。如图 9-14（b）所示，当 $\tau\leqslant4$ 时，质量偏好的提高几乎不会增加土壤固碳量。当 $\tau\geqslant5$ 时，其增加将带来固碳量的迅速提升，可以更好地引导农户进行绿色种植，发展可持续农业。

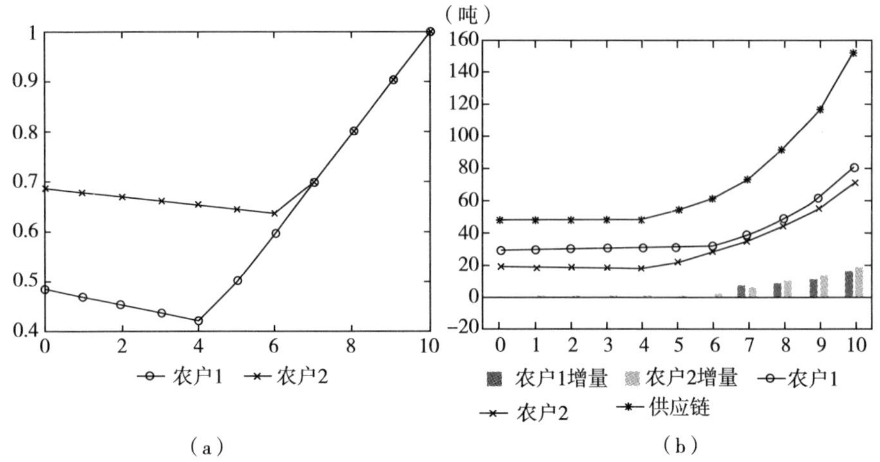

图 9-14　不同质量偏好下的最优替代比例与固碳量

消费者的高品质偏好对增加农民替代比例的决策具有强大的推动作用，而低品质偏好仅影响交易量和价格。市场的驱动力源于优质农产品对消费者的吸引力，这迫使农民以更高的质量目标进行农业种植。随着经济的发展和社会的进步，人们越来越偏爱健康安全的绿色农产品，消费者们对农产品的高质量要求将促进有机农产品产业链的健康发展。

五、案例结果分析

前文，分别论述了政府补贴、社会责任、质量偏好对农户决策和鲜果农产品供应链的影响。为促进农业生产中有机肥的使用，发展绿色可持续的生态农业，总结以下三点建议：

对于政府而言，与发达国家相比，当前的补贴在范围、额度上还略有不足，增加补贴可以有效缓解农业生产者的资金压力，改善中国农业有机肥的使用情况。此外，农业绿色贷款可以提供更轻松的运营环境，这有助于农户采用更多保护环境的绿色种植技术，在提高自身竞争力的基础上也能保障环境的可持续发展。政府有必要对鲜果质量的可追溯性与相关信息进行公开监督，该措施便于消费者更放心地区分和购买高质量的农产品。此外，严格的质量分级标准可以降低消费者对农产品的选择成本，培养稳定的市场需求。

对于农户来说，提高农产品质量有利于其获得更高的市场竞争地位，但农户应根据消费者的质量偏好、内部竞争、生产成本、市场供求等情况，对生产种植和管理做出更好的决策。案例中两个农户之间各项数据的比较凸显了成本和技术优势在竞争中的重要性，农户会因为成本与技术优势更容易获得更高的市场份额

和利润。积极参加政府或相关部门提供的农业技术培训，更有利于农户在农业的发展中抓住机会，向绿色农业转型。

对于消费者而言，需求端对鲜果的高质量偏好能有效拉动生产端的有机种植生产，对可持续农业的发展十分重要。稳定旺盛的市场需求能真正促进整个鲜果产业链与可持续农业的发展。

第四节　本章小结

本章以鲜果农产品为研究对象，先对鲜果供应链中农户生产行为决策与层级交易的关系进行描述，分析有机肥替代化肥这一关键农业生产行为对鲜果农产品供应链网络的影响，并在建模前对关键性的模型假设与涉及的符号变量进行解释说明。在此基础上，建立了一个考虑有机肥替代化肥的鲜果供应链网络均衡模型。与一般的农产品供应链网络模型相比，该模型同时以农业生产种植过程中的经济利润与环境效益为目标，将肥料使用对种植鲜果产量与环境的影响纳入模型中，并且流通过程中的鲜果以同种异质产品进行竞争，需求市场端同时考虑价格与质量对鲜果农产品的需求进行调整。通过自适应投影预测校正算法对模型进行求解，以鲜食葡萄供应链网络进行数值案例分析，验证了所构建模型的可行性以及算法的有效性，并根据数值结果，分析了有机肥使用的补贴政策、农户的社会责任以及消费者的质量偏好对鲜果农产品供应链网络均衡状态的影响。结果表明，政府补贴、社会责任与质量偏好的提升均能有效促进有机肥在鲜果种植中的应用，可提升供应链网络整体效益。在数值结果分析的基础上，对政府、农户和消费者提出相应的管理性建议。本章研究内容仅针对农户的种植决策进行分析，考虑到现代农业的多样化发展，如何在种养结合模式下进行鲜果种植与禽畜养殖的联合决策，有效利用养殖端废物，在供应链网络结构下进行分析，会在下一章进行更深入的讨论。

参考文献

[1] Jiang Y P, Li K R, Chen S F et al. A sustainable agricultural supply chain considering substituting organic manure for chemical fertilizer [J] . Sustainable Pro-

duction and Consumption, 2022 (29): 432-446.

[2] Liu H T, Li J, Li X, et al. Mitigating greenhouse gas emissions through replacement of chemical fertilizer with organic manure in a temperate farmland [J]. Science Bulletin, 2015, 60 (6): 598-606.

[3] Mohamad R S, Verrastro V, Cardone G, et al. Optimization of organic and conventional olive agricultural practices from a Life Cycle Assessment and Life Cycle Costing perspectives [J] . Journal of Cleaner Production, 2014 (70): 78-89.

[4] Nagurney A, Matsypura D. Global supply chain network dynamics with multicriteria decision-making under risk and uncertainty [J] . Transportation Research Part E: Logistics and Transportation Review, 2005, 41 (6): 585-612.

[5] 徐静. 政府补贴下考虑消费者行为的闭环供应链网络均衡决策 [D] . 江苏大学, 2019.

[6] Nagurney A, Dong J, Zhang D. A supply chain network equilibrium model [J] . Transportation Research Part E: Logistics and Transportation Review, 2002, 38 (5): 281-303.

[7] Qiang Q. The closed-loop supply chain network with competition and design for remanufactureability [J] . Journal of Cleaner Production, 2015 (105): 348-356.

[8] 李昌兵, 杨宇, 何亚辉. 基于企业社会责任的闭环供应链超网络均衡模型 [J] . 统计与决策, 2017 (5): 172-177.

[9] Facchinei F, Pang J S. Finite-Dimensional Variational Inequalities and Complementarity Problems [M] . New York: Springer, 2003.

[10] Fu X L, He B S. Self-adaptive projection-based prediction-correction method for constrained variational inequalities [J] . Frontiers of Mathematics in China, 2010, 5 (1): 3-21.

[11] Zahedipour P, Asghari M, Abdollahi B, et al. A comparative study on quality attributes and physiological responses of organic and conventionally grown table grapes during cold storage [J] . Scientia Horticulturae, 2019 (247): 86-95.

[12] Xu W N, Liu B, Wang C, et al. Organic cultivation of grape affects yeast succession and wine sensory quality during spontaneous fermentation [J] . LWT- Food Science and Technology, 2020 (120): 7-14.

[13] Liu H T, Li J, Li X, et al. Mitigating greenhouse gas emissions through replacement of chemical fertilizer with organic manure in a temperate farmland [J]. Science Bulletin, 2015, 60 (6): 598-606.

[14] 周喜荣, 张丽萍, 孙权, 等. 有机肥与化肥配施对果园土壤肥力及鲜

食葡萄产量与品质的影响［J］．河南农业大学学报，2019，53（6）：861-868.

［15］Han X Y，Liu X. Equilibrium decisions for multi-firms considering consumer quality preference［J］. International Journal of Production Economics，2020（227）：107688.

［16］Chen Y H，Wen X W，Wang B，et al. Agricultural pollution and regulation：How to subsidize agriculture?［J］. Journal of Cleaner Production，2017（164）：258-264.

［17］中华人民共和国农业农村部．对十三届全国人大二次会议第1048号建议的答复［EB/OL］．［2019-09-16］. http：//www. moa. gov. cn/govpublic/ZZYGLS/201909/t20190916_6327939. htm.

［18］Kong D Y，Xia Q H，Xue Y X，et al. Effects of multi policies on electric vehicle diffusion under subsidy policy abolishment in China：A multi-actor perspective［J］. Applied Energy，2020，266：114887.

［19］中国碳交易网．碳市场行情［EB/OL］．［2021-03-23］. http：//www. tanjiaoyi. com.

第十章　种养结合模式下考虑养殖废物利用的农产品供应链网络均衡研究

本章在第九章的基础上，结合农业生产模式对鲜果供应链的影响，进一步研究种养结合模式的实施对鲜果供应链网络的影响[1]。农户施肥决策与种养规模、网络交易有着密切的耦合关系，本章以种养结合模式下的鲜果供应链为研究对象，建立考虑养殖废弃物利用的鲜果供应链网络均衡模型，重点研究种养两端影响作用和该模式下鲜果供应链各主体决策问题。通过对种养关系、供应链网络各主体经营目标和确定性市场需求的分析，构建鲜果供应链各主体的目标函数，并通过变分不等式理论转化为供应链网络均衡模型。利用自适应投影预测校正算法验证了该模型的可行性，在第九章中鲜食葡萄供应链网络的基础上综合考虑种养协调性，引入肉鸡作为养殖端农产品纳入网络结构中进行数值案例分析，分别从种养两端出发，分析了鲜果、肉鸡需求变动对于农户生产决策与供应链网络均衡状态的影响，并根据数值结果提出相关管理建议。

第一节　考虑养殖废物利用的鲜果供应链网络均衡模型

一、问题提出

畜禽粪污资源化利用是农业废弃物处理的一项重点工作。传统农业中，养殖产生的畜禽粪便及养殖废弃物严重污染环境，而种养主体分离使得养殖废物难以就近还田，种养不匹配的问题普遍存在，粪污废弃物难以实现有效的利用。实际上，如果能将养殖废物通过处理并应用于生产种植活动中，在减轻污染的同时也可以有效降低农户生产成本。种养结合模式下种植端与养殖端各自的产销过程本身都是一条完整的供应链，且养殖端产生的粪污废弃物又可以成为种植端的肥料来源[2]，因此，两条供应链之间互相影响。当两条供应链处于分离状态时，各自进行独立的生产决策规划；实施种养结合模式时，鲜果种植端考虑有机肥的自给与购入，进行生产计划决策；禽畜养殖端正常产销时，会考虑将其粪污废物通过发酵、腐熟等流程转化为有机肥，提供给种植端进行利用。零售商作为中间商，购入这两类农产品并销售至需求市场；具有确定性需求的市场根据其鲜果品质偏好与对两类农产品的需求情况进行购买。在交易过程中，每个层级内部的多个竞争者以及多个层级构成一个种养结合模式下考虑养殖废弃物利用的农产品供应链网络，其结构如图 10-1 所示。

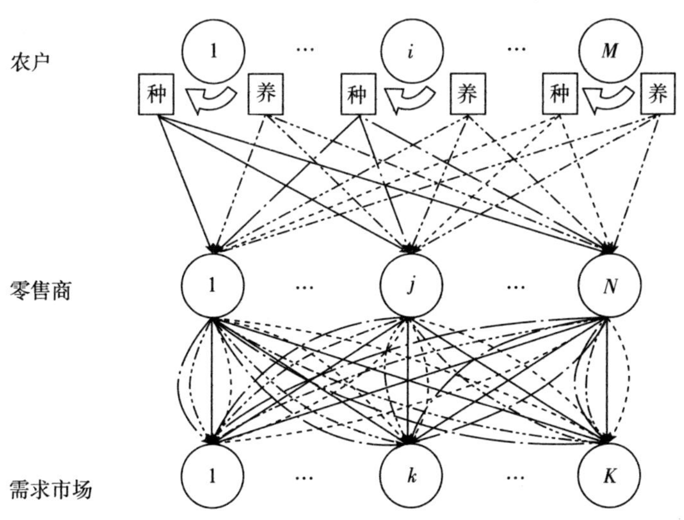

图 10-1 考虑养殖废物利用的农产品供应链网络

在图 10-1 中，由上至下三个层级分别为农户—零售商—需求市场。与图 9-1 主要有两个区别：①该供应链网络不考虑有机肥补贴的影响；②在种养结合模式下，养殖端农产品均以实线表示交易过程，且各农户生产的品质一致，这与种植端有品质差异的鲜果不同。第一层级中，种、养两者间的箭头表示粪污废物作为有机肥提供给种植端的行为。每一位农户均可以将这两类产品销售至下一层级的零售商；同样地，每一位零售商也会将购入的产品销售至具有确定性需求的市场。每个层级都将面临层级内部对交易产品的竞争，以及层级间交易价格与数量的博弈。

在此背景下，构建如图 10-1 所示的三层农产品供应链网络，种、养两类农产品分别在农户与零售商、零售商与需求市场之间进行交易，各节点均追求效益的最大化，供应链网络的均衡状态同时受三个层级中各节点经营目标的影响。本章将研究在种养结合模式下，考虑养殖端为种植端提供自给有机肥带来的影响，通过如图 10-1 所示复杂网络结构来确定农产品供应链中各主体的最优决策，其中，农户的种植端生产决策和种养两端的协调决策应被重点关注。

二、问题假设

在第九章已有假设的基础上，对假设条件进行补充以适应于本章模型。

（1）假设以同等氮含量进行转换后，农户养殖端由粪污废物处理提供的有机肥效用与市场购得的一致，不考虑其差异性。

（2）假设当农户养殖端所产生的有机肥超出其自身使用量时，可以以不超过市场有机肥的价格售出，也视为利润的一部分。

（3）不同农户养殖的禽畜农产品质量保持一致，不考虑其差异性。

三、相关参数及变量设置

根据供应链网络结构特征，生产端的农户将鲜果与禽畜两类农产品直接销售至零售商，零售商将鲜果农产品销售至需求市场。本章考虑由 M 个农户、N 个零售商与 K 个需求市场所组成的供应链网络，网络模型中涉及的符号，包括参数、变量与函数等，说明如表 10-1 所示：

表 10-1　鲜果供应链网络均衡模型符号说明

节点	定义
i	表示第 i 个农户，$i=1$，…，M，其中 M 为农户总数
j	表示第 j 个零售商，$j=1$，…，N，其中 N 为零售商总数
k	表示第 k 个需求市场，$k=1$，…，K，其中 K 为需求市场总数
决策变量	
Q_i	表示农户 i 的鲜果产量（纯化肥种植情况下），且所有 Q_i 形成 M 维矩阵 Q
q_{ij}	表示农户 i 与零售商 j 的鲜果农产品交易量，且所有 q_{ij} 形成 MN 维矩阵 Q^1
e_i	表示农户 i 决策的使用有机肥替代化肥的比例，$e_i \in [0,\ 1]$，且所有的 e_i 形成 M 维矩阵 e
b_{ij}	表示农户 i 与零售商 j 之间的禽畜农产品交易量，且所有的 b_{ij} 形成 MN 维向量 B^1
q_{jk}^i	表示零售商 j 与需求市场 k 之间交易的农户 i 的鲜果农产品，且所有的 q_{jk}^i 形成 MNK 维矩阵 Q^2
b_{jk}	零售商 j 与需求市场 k 之间的养殖农产品交易量，所有的 b_{jk} 形成 NK 维向量 B^2
p_k^i	零售市场 k 愿意为农户 i 的鲜果农产品支付的价格，每个需求市场 k 愿意为所有农户支付的价格形成 M 维矩阵 $p_k=(p_k^1,\ \cdots,\ p_k^M)$，所有 p_k 形成 KM 维矩阵 p

续表

节点	定义
pb_k	需求市场 k 愿意为养殖农产品支付的价格，所有的支付价格 pb_k 形成 K 维向量 pb
内生变量	
p_{ij}	农户 i 向零售商 j 出售的鲜果农产品的价格
pb_{ij}	农户 i 出售其禽畜农产品至零售商 j 的价格
p_{jk}^{i}	零售商 j 向需求市场 k 出售的农户 i 的鲜果农产品的价格
pb_{jk}	零售商 j 出售禽畜农产品至需求市场 k 的价格
参数符号	
P_c	单位化肥量的价格
L_c	单位鲜果农产品化肥用量（纯化肥）
P_o	单位有机肥量的价格
P_s	农户出售自产有机肥的单位价格
L_o	单位鲜果农产品有机肥用量（纯有机肥）
z	单位肥料运输成本
h	单位养殖产品的粪便废物产量
s	粪污废弃物与有机肥的转化比。
E_c	单位鲜果农产品使用单位量化肥时的碳排放量
E_o	单位鲜果农产品使用单位量有机肥时的土壤固碳量
D_b	禽畜农产品在每个需求市场的潜在需求规模
t	农户的环境效益权重，即社会责任感
τ	需求市场对鲜果农产品的质量偏好
$\underline{e}$	需求市场对鲜果农产品的质量要求，与其质量偏好相关
函数符号	
G_i（e_i）	有机肥代替化肥生产鲜果农产品的产量影响乘数
f_i（Q_i，e_i）	农户 i 的鲜果农产品种植成本
fb_i（b_{ij}）	农户 i 的养殖农产品生产成本
fo_i（b_{ij}）	农户 i 的粪污废物转化为有机肥的成本
c_{ij}（q_{ij}）	农户 i 与零售商 j 之间的鲜果农产品交易成本
cb_{ij}（b_{ij}）	农户 i 与零售商 j 之间的养殖农产品交易成本
c_{jk}^{i}（q_{jk}^{i}）	零售商 j 与需求市场 k 之间的关于农民 i 的鲜果农产品的交易成本
cb_{jk}（b_{jk}）	零售商 j 与需求市场 k 之间的养殖农产品的交易成本
d_k^{i}（p_k，e_i）	需求市场 k 对农民 i 的鲜果农产品的需求
db_k（pb）	需求市场 k 对禽畜农产品的需求

四、农户最优决策分析及均衡模型的建立

农户出售其生产的鲜果与禽畜两类农产品，主要是对种养两端生产决策进行规划。为了获得更高的综合效益，农户一方面追求自身利润最大化，另一方面考虑养殖过程中粪污废物的利用和有机种植带来的环境效益。在决策过程中，由于有机肥的来源既可以由养殖端提供，也可以由市场直接购入，因此每个农户将会出现有机肥的完全自给与缺失两种情况。

定义 I 为所有农户组成的集合，则 $card(I)=M$，$card$ 为集合内元素个数。设集合 I 中能完成有机肥自给的农户 i_A 组成集合 I_A，$card(I_A)=M_A$，则 $i_A=1$，…，M_A；不能自给的农户 i_B 组成集合 I_B，$card(I_B)=M_B$，则 $i_B=1$，…，M_B。其中，$0\leqslant M_A$，$M_B\leqslant M$，且 $M_A+M_B=M$。在存在 M 名农户时，共存在 2^M 个组合，实际计算时将对各组合情况进行对比选择最优的情况。

（一）对于能够完成自给的农户 i_A

养殖端通过处理粪污废物所得的有机肥均能覆盖种植端的用量，则农户还可以将多余的部分售出，此过程中需要承担额外的处理成本。假设农户各项成本均为连续可微的凸函数，则同时考虑经济利润与环境效益的目标函数可表示为式（10-1）：

$$\max \sum_{j=1}^{N}(p_{i_Aj}q_{i_Aj}+pb_{i_Aj}b_{i_Aj})+(P_s-z)\left(\sum_{j=1}^{N}b_{i_Aj}hs-e_{i_A}L_oQ_{i_A}\right)-$$
$$f_{i_A}(Q_{i_A},e_{i_A})-(1-e_{i_A})(P_{i_A}+z)L_cQ_i-fb_{i_A}(b_{i_Aj})-fo_{i_A}(b_{i_Aj})-$$
$$\sum_{j=1}^{N}(c_{i_Aj}(q_{i_Aj})+cb_{i_Aj}(b_{i_Aj}))+t(E_oe_{i_A}L_oQ_{i_A}-E_c(1-e_{i_A})L_cQ_{i_A}) \quad (10\text{-}1)$$

$$\text{s.t.} \sum_{j=1}^{N}q_{i_Aj}\leqslant Q_{i_A}G_{i_A}(e_{i_A}) \quad (10\text{-}2)$$

$$\underline{e}\leqslant e_{i_A} \quad (10\text{-}3)$$

$$\sum_{j=1}^{N}b_{i_Aj}hs-e_{i_A}L_oQ_{i_A}\geqslant 0 \quad (10\text{-}4)$$

$$Q_{i_A},\ q_{i_Aj},\ e_{i_A},\ b_{i_Aj}\geqslant 0,\ j=1,\ \cdots,\ N \quad (10\text{-}5)$$

式中，第一项表示农户 i 与所有零售商交易的鲜果与禽畜产品收入，第二项表示将多出的有机肥售出的利润，第三项表示鲜果种植成本，第四项表示化肥购入成本，第五项表示禽畜养殖成本，第六项表示粪污废物的发酵腐熟处理成本，第七项表示与零售商之间的交易成本，第八项表示环境效益，由有机肥施用固碳量减去化肥施用的碳排放量。约束条件式（10-2）为交易量约束，出售的鲜果总量不大于其产量。约束条件式（10-3）为质量约束，交易的鲜果质量高于市场要求。约束条件式（10-4）为自给条件约束，表示农户 i_A 养殖行为产生的有机肥量大于种植所需的量。约束条件式（10-5）为决策变量的非负约束，表示

种植、养殖与交易行为是存在的。

（二）对于不能完成自给需要额外购入有机肥的农户 i_B

与能够自给的农户 i_A 的区别在于，农户 i_B 均需要额外购买有机肥以满足种植端的需求，即养殖端处理粪污废物所得的有机肥不能覆盖种植端的用量。则农户 i_B 的目标函数可表示为式（10-6）：

$$\max \sum_{j=1}^{N}(p_{i_Bj}q_{ij}+pb_{i_Bj}b_{i_Bj})+(P_o+z)\left(\sum_{j=1}^{N}b_{i_Bj}hs-e_{i_B}L_oQ_{i_B}\right)- f_{i_B}(Q_{i_B},e_{i_B})-(1-e_{i_B})(P_c+z)L_cQ_{i_B}-fb_{i_B}(b_{i_Bj})-fo_{i_B}(b_{i_Bj})- \sum_{j=1}^{N}(c_{i_Bj}(q_{i_Bj})+cb_{i_Bj}(b_{i_Bj}))+t(E_oe_{i_B}L_oQ_{i_B}-E_c(1-e_{i_B})L_cQ_{i_B}) \tag{10-6}$$

$$\text{s. t. } \sum_{j=1}^{N}q_{i_Bj}\leqslant Q_{i_B}G_{i_B}(e_{i_B}) \tag{10-7}$$

$$\underline{e}\leqslant e_{i_B} \tag{10-8}$$

$$\sum_{j=1}^{N}b_{i_Bj}hs-e_{i_B}L_oQ_{i_B}\leqslant 0 \tag{10-9}$$

$$Q_{i_B},\ q_{i_Bj},\ e_{i_B},\ b_{i_Bj}\geqslant 0,\ j=1,\ \cdots,\ N \tag{10-10}$$

农户 i_B 与 i_A 的区别在于，由于不能完成有机肥的自给，式（10-6）第二项由原本的利润来源变为成本支出，同时约束条件式（10-9）表示农户 i_B 养殖产生的有机肥量不大于种植所需的量。其余条件均与农户 i_A 保持一致。

考虑到第一层级中各农户均追求其综合效益最大化而进行非合作竞争，可将综合目标式（10-1）和式（10-6）下的农户最优决策行为转化为变分不等式，即确定（Q_i^*，$q_{ij}{}^*$，e_i^*，$b_{ij}{}^*$，μ_i^*，θ_i^*，σ_i^*）$\in\Omega^1$，将两种情况下农户保持一致的部分决策仍然用原决策变量表示，以满足式（10-11）：

$$\sum_{i=1}^{M}\left[\frac{\partial f_i(Q_i^*,e_i^*)}{\partial Q_i}+(1-e_i^*)(P_c+z)L_c-t(E_oe_i^*L_o-E_cL_c+E_ce_i^*L_c)-\mu_i^*G_i(e_i^*)\right]\times(Q_i-Q_i^*)+\sum_{i_A=1}^{M_A}[e_{i_A}^*(P_s-z)L_o+\sigma_{i_A}^*e_{i_A}^*L_o]\times(Q_{i_A}-Q_{i_A}^*)+$$

$$\sum_{i_B=1}^{M_B}[e_{i_B}^*(P_o+z)L_o-\sigma_{i_B}^*e_{i_B}^*L_o]\times(Q_{i_B}-Q_{i_B}^*)+$$

$$\sum_{i=1}^{M}\sum_{j=1}^{N}\left[\frac{\partial c_{ij}(q_{ij}^*)}{\partial q_{ij}}-p_{ij}+\mu_i^*\right]\times(q_{ij}-q_{ij}{}^*)+\sum_{i=1}^{M}\left(\frac{\partial f_i(Q_i^*,e_i^*)}{\partial e_i}-(P_c+z)L_cQ_i^*-tE_cL_cQ_i^*-tE_oL_oQ_i^*-\mu_i^*Q_i^*\frac{\partial G_i(e_i^*)}{\partial e_i}-\theta_i^*\right)\times$$

$$(e_i-e_i^*)+\sum_{i_A=1}^{M_A}((P_o-z)L_oQ_{i_A}^*+\sigma_{i_A}^*L_oQ_{i_A}^*)\times(e_{i_A}-e_{i_A}{}^*)+$$

$$\sum_{i_B=1}^{M_B}((P_o+z)L_oQ_{i_B}^*-\sigma_{i_B}^*L_oQ_{i_B}^*)\times(e_{i_B}-e_{i_B}{}^*)+$$

$$\sum_{i=1}^{M}\sum_{j=1}^{N}\left[\frac{\partial fb_i(b_{ij})}{\partial b_{ij}}+\frac{\partial cb_{ij}(b_{ij})}{\partial b_{ij}}+\frac{\partial fo_i(b_{ij})}{\partial b_{ij}}-pb_{ij}\right]\times(b_{ij}-b_{ij}{}^{*})+$$
$$\sum_{i_A=1}^{M_A}\sum_{j=1}^{N}[-(P_s-z)hs-\sigma_{i_A}^{*}hs]\times(b_{i_Aj}-b_{i_Aj}{}^{*})+$$
$$\sum_{i_B=1}^{M_B}\sum_{j=1}^{N}[-(P+z)hs+\sigma_{i_B}^{*}hs]\times(b_{i_Bj}-b_{i_Bj}{}^{*})+$$
$$\sum_{i=1}^{M}(Q_i^{*}G_i(e_i^{*})-\sum_{j=1}^{N}q_{ij}^{*})\times(\mu_i-\mu_i^{*})+\sum_{i=1}^{M}(e_i^{*}-\underline{e})\times(\theta_i-\theta_i^{*})+$$
$$\sum_{i_A=1}^{M_A}\left(\sum_{j=1}^{N}b_{i_Aj}^{*}hs-e_{i_A}^{*}L_oQ_{i_A}^{*}\right)\times(\sigma_{i_A}-\sigma_{i_A}^{*})+$$
$$\sum_{i_B=1}^{M_B}\left(\sum_{j=1}^{N}b_{i_Bj}^{*}hs-e_{i_B}^{*}L_oQ_{i_B}^{*}\right)\times(\sigma_{i_B}-\sigma_{i_B}^{*})\geqslant 0$$
$$\forall(Q_i,\ q_{ij},\ e_i,\ b_{ij},\ \mu_i,\ \theta_i,\ \sigma_i)\in\Omega^1,\ \Omega^1=R_+^{M+MN}\times R_{[0,\ 1]}^{M}\times R_+^{MN+M+M+M}\tag{10-11}$$

式（10-11）中，M 维列向量 $\mu_i=(\mu_1,\ \mu_2,\ \cdots,\ \mu_i)^T$，$\theta_i=(\theta_1,\ \theta_2,\ \cdots,\ \theta_i)^T$ 与 $\sigma_i=(\sigma_1,\ \sigma_2,\ \cdots,\ \sigma_i)^T$ 为农户 i 关于式（10-2）和式（10-7）、式（10-3）和式（10-8）、式（10-4）和式（10-9）三组约束条件成立的拉格朗日乘子。以关于 Q_i 的前三项为例，第一项为农户 i_A、i_B 决策的共同项，即一致部分，实际计算时，将根据不同集合分别与后两项进行合并，关于 e_i、b_{ij} 的项与前三项的处理相同。

农户层级均衡状态下内生价格 p_{ij} 如式（10-12）所示：

$$p_{ij}=\frac{\partial c_{ij}(q_{ij}^{*})}{\partial q_{ij}}-p_{ij}+\mu_i^{*}\tag{10-12}$$

式中，μ_i^{*} 见式（10-13）：

$$\mu_{i_A}^{*}=\Bigg(\frac{\partial f_{i_A}(Q_{i_A}^{*},\ e_{i_A}^{*})}{\partial Q_{i_A}}+(1-e_{i_A}^{*})(P_c+z)L_c+e_{i_A}^{*}(P_s-z)L_o-$$
$$t(E_oe_{i_A}^{*}L_o-E_cL_c+E_ce_{i_A}^{*}L_c)+\sigma_{i_A}^{*}e_{i_A}^{*}L_o\Bigg)/G_{i_A}(e_{i_A}^{*})$$
$$\mu_{i_B}^{*}=\Bigg(\frac{\partial f_{i_B}(Q_{i_B}^{*},\ e_{i_B}^{*})}{\partial Q_{i_B}}+(1-e_{i_B}^{*})(P_c+z)L_c+e_{i_B}^{*}(P_o+z)L_o-$$
$$t(E_oe_{i_B}^{*}L_o-E_cL_c+E_ce_{i_B}^{*}L_c)-\sigma_{i_B}^{*}e_{i_B}^{*}L_o\Bigg)/G_{i_A}(e_{i_A}^{*})\tag{10-13}$$

内生价格 pb_{ij} 见式（10-14）：

$$pb_{i_Aj}=\frac{\partial fb_{i_A}(b_{i_Aj})}{\partial b_{i_Aj}}+\frac{\partial cb_{i_Aj}(b_{i_Aj})}{\partial b_{i_Aj}}+\frac{\partial fo_{i_A}(b_{i_Aj})}{\partial b_{i_Aj}}-pb_{i_Aj}-(P_s-z)hs-\sigma_{i_A}^{*}hs$$
$$pb_{i_Bj}=\frac{\partial fb_{i_B}(b_{i_Bj})}{\partial b_{i_Bj}}+\frac{\partial cb_{i_Bj}(b_{i_Bj})}{\partial b_{i_Bj}}+\frac{\partial fo_{i_B}(b_{i_Bj})}{\partial b_{i_Bj}}-pb_{i_Bj}-(P_o+z)hs+\sigma_{i_B}^{*}hs\tag{10-14}$$

五、零售市场最优决策分析及均衡模型的建立

如图 10-1 所示，零售商处于供应链网络的中间层级，从上级购入异质的鲜果与同质的禽畜农产品，并分别向下级各个需求市场出售。零售商主要以出售两类农产品为收入，以进货成本与交易成本为支出，假设鲜果零售商的各项成本函数均为连续可微的凸函数，则零售商 j 的利润目标函数为：

$$\max \sum_{i=1}^{M} \sum_{k=1}^{K} p_{jk}^{i} q_{jk}^{i} + pb_{jk} b_{jk} - c_{jk}^{i}(q_{jk}^{i}) - cb_{jk}(b_{jk}) - \sum_{i=1}^{M} p_{ij} q_{ij} - \sum_{i=1}^{M} pb_{ij} b_{ij} \tag{10-15}$$

$$\text{s.t.} \sum_{k=1}^{K} q_{jk}^{i} \leqslant q_{ij}, \ i=1, \ \cdots, \ M \tag{10-16}$$

$$\sum_{k=1}^{K} b_{jk} \leqslant \sum_{i=1}^{M} b_{ij}, \ i=1, \ \cdots, \ M \tag{10-17}$$

$$q_{ij}, \ q_{jk}^{i}, \ b_{ij}, \ b_{jk} \geqslant 0, \ i=1, \ \cdots, \ M; \ k=1, \ \cdots, \ K \tag{10-18}$$

如式（10-15）所示，对于零售商 j 来说，其利润组成为鲜果农产品与禽畜农产品销售收入之和，减去销售过程中与需求市场的两类农产品交易成本和购入成本。约束条件式（10-16）表示对于零售商 j，其向需求市场售出的农户 i 的鲜果总量，都不大于其向农户 i 购入的鲜果量。约束条件式（10-17）表示对于零售商 j，其向需求市场售出来自所有农户的禽畜总量，都不大于其向农户 i 购入的禽畜总量，该约束条件式（10-16）的差异体现在该类农产品是否具有质量差异上。约束条件式（10-18）为零售商决策变量的非负约束，表明其购买与出售的交易行为是实际存在的。

利用 MN 维向量 φ_{ij} 与 K 维向量 w_j 作为拉格朗日乘子，将约束条件式（10-16）、式（10-17）并入利润目标函数中，可将鲜果零售商的利润目标函数转化为变分不等式，即确定（q_{ij}，q_{jk}^{i}，b_{ij}，b_{jk}，φ_{ij}，w_j）$\in \Omega^2$，以满足式（10-19）：

$$\sum_{i=1}^{M} \sum_{j=1}^{N} (p_{ij} - \varphi_{ij}^{*}) \times (q_{ij} - q_{ij}^{*}) + \sum_{i=1}^{M} \sum_{j=1}^{N} \sum_{k=1}^{K} \left[\frac{\partial c_{jk}^{i}(q_{jk}^{i*})}{\partial q_{jk}^{i}} - p_{jk}^{i} + \varphi_{ij}^{*} \right] \times$$

$$(q_{jk}^{i} - q_{jk}^{i*}) + \sum_{i=1}^{M} \sum_{j=1}^{N} \left[q_{ij}^{*} - \sum_{k=1}^{K} q_{jk}^{i*} \right] \times (\varphi_{ij} - \varphi_{ij}^{*}) + \sum_{i=1}^{M}$$

$$\sum_{j=1}^{N} (pb_{ij} - w_j^{*}) \times (b_{ij} - b_{ij}^{*}) + \sum_{j=1}^{N} \sum_{k=1}^{K} \left[\frac{\partial cb_{jk}(b_{jk}^{*})}{\partial b_{jk}} - pb_{jk} + w_j^{*} \right] \times$$

$$(b_{jk} - b_{jk}^{*}) + \sum_{j=1}^{N} \left[\sum_{i=1}^{M} b_{ij}^{*} - \sum_{k=1}^{K} b_{jk}^{*} \right] \times (w_j - w_j^{*}) \geqslant 0$$

$$\forall (q_{ij}, \ q_{jk}^{i}, \ b_{ij}, \ b_{jk}, \ \varphi_{ij}, \ w_j) \in \Omega^2, \ \Omega^2 = R_{+}^{MN+MNK+MN+NK+MN+N} \tag{10-19}$$

由式（10-19）可知，当零售商层级最优决策处于均衡状态下时，关于鲜果农产品交易的前三项经济意义与式（9-16）相同；第四项表示若零售商与农户的禽畜类农产品交易行为发生，b_{ij}^{*} 为正，则零售商的购入价格与农户的供给价

格 pb_{ij} 相等；第五项表明若零售商向需求市场出售禽畜农产品，b_{jk}^{*} 为正，则零售商的销售价格为其禽畜农产品交易成本$\frac{\partial cb_{jk}(b_{jk}^{*})}{\partial b_{jk}^{*}}$与农户的供给价格 pb_{ij} 相等；第六项表明，若拉格朗日乘子 $w_j^{\,*}$ 为正，则流量守恒约束成立，零售商所有购入的禽畜农产品均被全部清空售出。

农户层级均衡状态下内生价格 p_{jk}^{i}、pb_{jk} 见式（10-20）：

$$\begin{cases} p_{jk}^{i}=\dfrac{\partial c_{jk}^{i}(q_{jk}^{i*})}{\partial q_{jk}^{i*}}+\varphi_{ij}^{*} \\ pb_{jk}=\dfrac{\partial cb_{jk}(b_{jk}^{*})}{\partial b_{jk}^{*}}+w_{j}^{*} \end{cases} \tag{10-20}$$

六、需求市场最优决策分析及均衡模型的建立

如图 10-1 所示，需求市场位于供应链网络的第三层级，根据自身对两类产品的需求函数进行需求价格决策。其中，鲜果农产品的需求量受到其品质、自身与竞争产品价格的影响，禽畜农产品的需求量受到其自身价格影响[3]。根据 Wardrop 用户均衡理论，结合空间价格均衡理论对需求市场最优决策进行建模[4,5]，如式（10-21）、式(10-22)、式（10-23）、式（10-24）所示：

鲜果农产品：

$$p_{jk}^{i}\begin{cases} =p_{k}^{i*}, & q_{jk}^{i*}>0 \\ \geqslant p_{k}^{i*}, & q_{jk}^{i*}=0 \end{cases} \tag{10-21}$$

$$d_{k}^{i}(p_{k}^{*},\ e_{i}^{*})\begin{cases} =\sum_{j=1}^{N}q_{jk}^{i*}, & p_{k}^{i*}>0 \\ \leqslant \sum_{j=1}^{N}q_{jk}^{i*}, & p_{k}^{i*}=0 \end{cases} \tag{10-22}$$

禽畜农产品：

$$pb_{jk}\begin{cases} =pb_{k}^{*}, & b_{jk}^{*}>0 \\ \geqslant pb_{k}^{*}, & b_{jk}^{i*}=0 \end{cases} \tag{10-23}$$

$$db_{k}(pb_{k}^{*})\begin{cases} =\sum_{j=1}^{N}b_{jk}^{*}, & pb_{k}^{*}>0 \\ \leqslant \sum_{j=1}^{N}b_{jk}^{*}, & pb_{k}^{*}=0 \end{cases} \tag{10-24}$$

关于鲜果农产品的式（10-21）、式（10-22）与式（9-18）、式（9-19）相同。关于禽畜农产品的式（10-23）表示当 $b_{jk}^{*}>0$ 时，即需求市场与零售商之间发生交易行为时，需求市场愿意支付的价格必然不小于零售商的出售价格，否则交易行为无法发生，即 $b_{jk}^{i*}=0$；式（10-24）表示，当需求价格为正，即 $pb_{k}^{*}>0$ 时，才能达到供需均衡状态，发生交易，否则供需不匹配，无法达到均衡状

态，将不发生交易。将需求市场的最优决策行为转化为变分不等式，即确定$(q_{jk}^{i}, b_{jk}^{*}, p_{k}^{i}, pb_{k}^{*}) \in \Omega^3$，以满足式（10-25）：

$$\sum_{i=1}^{M}\sum_{j=1}^{N}\sum_{k=1}^{K}(p_{jk}^{i} - p_{k}^{i*}) \times (q_{jk}^{i} - q_{jk}^{i*}) +$$
$$\sum_{i=1}^{M}\sum_{k=1}^{K}\left(\sum_{j=1}^{N}q_{jk}^{i*} - d_{k}^{i}(p_{k}^{*}, e_{i}^{*})\right) \times (p_{k}^{i} - p_{k}^{i*}) +$$
$$\sum_{j=1}^{N}\sum_{k=1}^{K}(pb_{jk} - pb_{k}^{*}) \times (b_{jk} - b_{jk}^{*}) +$$
$$\sum_{k=1}^{K}\left(\sum_{j=1}^{N}b_{jk}^{*} - db_{k}(pb_{k}^{*})\right) \times (pb_{k} - pb_{k}^{*}) \geqslant 0$$
$$\forall (q_{jk}^{i}, b_{jk}, p_{k}^{i}, pb_{k}) \in \Omega^3,\ \Omega^3 = R_{+}^{MNK+NK+MK+K} \tag{10-25}$$

七、供应链网络均衡模型的建立

当农户、零售商与需求市场均做出最优决策时，整个供应链网络处于均衡状态，此时种、养两类农产品在各层级交易中满足出售—购入的流量守恒与价格一致，则考虑养殖废物利用的农产品供应链网络均衡模型可通过整合式（10-11）、式（10-19）和式（10-25）构建，则整体供应链网络的均衡条件可表示为，确定均衡解$X^* = (Q^*, Q^{1*}, e^*, B^{1*}, Q^{2*}, B^{2*}, p^*, pb^*, \mu_i^*, \theta_i^*, \sigma_i^*, \varphi_{ij}^*, \omega_j^*)$，以满足式（10-26）：

$$\sum_{i=1}^{M}\left[\frac{\partial f_i(Q_i^*, e_i^*)}{\partial Q_i} + (1 - e_i^*)(P_c + z)L_c - t(E_o e_i^* L_o - E_c L_c + E_c e_i^* L_c) -\right.$$
$$\left.\mu_i^* G_i(e_i^*)\right] \times (Q_i - Q_i^*) + \sum_{i_A=1}^{M_A}[e_{i_A}^*(P_s - z)L_o + \sigma_{i_A}^* e_{i_A}^* L_o] \times (Q_{i_A} - Q_{i_A}^*) +$$
$$\sum_{i_B=1}^{M_B}[e_{i_B}^*(P_o + z)L_o - \sigma_{i_B}^* e_{i_B}^* L_o] \times (Q_{i_B} - Q_{i_B}^*) +$$
$$\sum_{i=1}^{M}\sum_{j=1}^{N}\left[\frac{\partial c_{ij}(q_{ij}^*)}{\partial q_{ij}} + \mu_i^* - \varphi_{ij}^*\right] \times (q_{ij} - q_{ij}^*) + \sum_{i=1}^{M}\left(\frac{\partial f_i(Q_i^*, e_i^*)}{\partial e_i} -\right.$$
$$\left.(P_c + z)L_c Q_i^* - tE_c L_c Q_i^* - tE_o L_o Q_i^* - \mu_i^* Q_i^* \frac{\partial G_i(e_i^*)}{\partial e_i} - \theta_i^*\right) \times$$
$$(e_i - e_i^*) + \sum_{i_A=1}^{M_A}((P_s - z)L_o Q_{i_A}^* + \sigma_{i_A}^* L_o Q_{i_A}^*) \times (e_{i_A} - e_{i_A}^*) +$$
$$\sum_{i_B=1}^{M_B}((P_o + z)L_o Q_{i_B}^* - \sigma_{i_B}^* L_o Q_{i_B}^*) \times (e_{i_B} - e_{i_B}^*) +$$
$$\sum_{i=1}^{M}\sum_{j=1}^{N}\left[\frac{\partial fb_i(b_{ij}^*)}{\partial b_{ij}} + \frac{\partial cb_{ij}(b_{ij}^*)}{\partial b_{ij}} + \frac{\partial fo_i(b_{ij}^*)}{\partial b_{ij}}\right] \times (b_{ij} - b_{ij}^*) +$$
$$\sum_{i_A=1}^{M_A}\sum_{j=1}^{N}[-(P_s - z)hs - \sigma_{i_A}^* hs] \times (b_{i_A j} - b_{i_A j}^*) +$$
$$\sum_{i_B=1}^{M_B}\sum_{j=1}^{N}[-(P_o + z)hs + \sigma_{i_B}^* hs] \times (b_{i_B j} - b_{i_B j}^*) +$$

$$
\begin{aligned}
&\sum_{i=1}^{M}\sum_{j=1}^{N}\sum_{k=1}^{K}\left[\frac{\partial c_{jk}^{i}(q_{jk}^{i*})}{\partial q_{jk}^{i}}-p_{k}^{i*}+\varphi_{ij}^{*}\right]\times(q_{jk}^{i}-q_{jk}^{i*})+\\
&\sum_{j=1}^{N}\sum_{k=1}^{K}\left[\frac{\partial cb_{jk}(b_{jk}^{*})}{\partial b_{jk}}-pb_{k}^{*}+w_{j}^{*}\right]\times(b_{jk}-b_{jk}^{*})+\\
&\sum_{i=1}^{M}\sum_{k=1}^{K}\left(\sum_{j=1}^{N}q_{jk}^{i*}-d_{k}^{i}(p_{k}^{*},e_{i}^{*})\right)\times(p_{k}^{i}-p_{k}^{i*})+\\
&\sum_{k=1}^{K}\left(\sum_{j=1}^{N}b_{jk}^{*}-db_{k}(pb_{k}^{*})\right)\times(pb_{k}-pb_{k}^{*})+\\
&\sum_{i=1}^{M}\left(Q_{i}^{*}G_{i}(e_{i}^{*})-\sum_{j=1}^{N}q_{ij}^{*}\right)\times(\mu_{i}-\mu_{i}^{*})+\sum_{i=1}^{M}(e_{i}^{*}-\underline{e})\times(\theta_{i}-\theta_{i}^{*})+\\
&\sum_{i_A=1}^{M_A}\left(\sum_{j=1}^{N}b_{i_A j}hs-e_{i_A}L_{o}Q_{i_A}\right)\times(\sigma_{i_A}-\sigma_{i_A}^{*})+\\
&\sum_{i_B=1}^{M_B}\left(\sum_{j=1}^{N}b_{i_B j}hs-e_{i_B}L_{o}Q_{i_B}\right)\times(\sigma_{i_B}-\sigma_{i_B}^{*})+\\
&\sum_{i=1}^{M}\sum_{j=1}^{N}\left[q_{ij}^{*}-\sum_{k=1}^{K}q_{jk}^{i*}\right]\times(\varphi_{ij}-\varphi_{ij}^{*})+\\
&\sum_{j=1}^{N}\left[\sum_{i=1}^{M}b_{ij}^{*}-\sum_{k=1}^{K}b_{jk}^{*}\right]\times(w_{j}-w_{j}^{*})\geqslant 0\\
&\forall(Q,Q^{1},e,B^{1},Q^{2},B^{2},p,pb,\mu_{i},\theta_{i},\sigma_{i},\varphi_{ij},\omega_{j})\in\Omega,\\
&\Omega=\Omega^{1}\times\Omega^{2}\times\Omega^{3}
\end{aligned}
\tag{10-26}
$$

第二节 基于自适应投影预测校正算法的供应链网络均衡模型求解

一、考虑养殖废物利用的鲜果供应链网络均衡模型标准形式

根据求解要求，将式（10-26）化为变分不等式标准形式[6]，如式（10-27）所示，即确定 $X^{*}\in\Omega$，满足式（10-27）：

$$\langle F(X^{*})^{T},(X-X^{*})\rangle\geqslant 0,\ \forall X\in\Omega \tag{10-27}$$

首先将均衡解 X 分为决策变量与拉格朗日乘子两部分，如式（10-28）所示：

$$
\begin{cases}
X_1:=(Q_i,q_{ij},e_i,b_{ij},q_{jk}^{i},b_{jk},p_{k}^{i},pb_k)_{i\in M,j\in N,k\in K}\\
X_2:=(\mu_i,\theta_i,\sigma_i,\varphi_{ij},\omega_j)_{i\in M,j\in N}\\
X:=(X_1,X_2)
\end{cases}
\tag{10-28}
$$

然后将单调算子 $F(X)$ 分为决策变量梯度系数矩阵 $f(X)$ 与约束条件矩阵 $g(X_1)$ 两部分，如式（10-29）所示：

$$F(X)=\left(\frac{f(X)}{g(X_1)}\right) \tag{10-29}$$

其中，组成部分见式（10-30）：

$$\begin{cases} f(X):=(f_i^1, f_{ij}^1, f_i^2, f_{ij}^2, f_{jk}^i, f_{jk}, f_k^i, f_k)_{i\in M, j\in N, k\in K} \\ g(X_1):=(g_i^1, g_i^2, g_i^3, g_{ij}, g_j)_{i\in M, j\in N} \end{cases} \tag{10-30}$$

根据式（10-26），$F(X)$ 中各具体组成部分如式（10-31）所示：

$f_i^1:=(f_{i_A}^1, f_{i_B}^1)$，其中

$$f_{i_A}^1:=\frac{\partial f_{i_A}(Q_{i_A}, e_{i_A})}{\partial Q_{i_A}}+(1-e_{i_A})(P_c+z)L_c-t(E_oe_{i_A}L_o-E_cL_c+E_ce_{i_A}L_c)+ e_{i_A}(P_s-z)L_o-\mu_{i_A}G_{i_A}(e_{i_A})+\sigma_{i_A}e_{i_A}L_o$$

$$f_{i_B}^1:=\frac{\partial f_{i_B}(Q_{i_B}, e_{i_B})}{\partial Q_{i_B}}+(1-e_{i_B})(P_c+z)L_c-t(E_oe_{i_B}L_o-E_cL_c+E_ce_{i_B}L_c)+ e_{i_B}(P_o+z)L_o-\mu_{i_B}G_{i_B}(e_{i_B})-\sigma_{i_B}e_{i_B}L_o$$

$$f_{ij}^1:=\frac{\partial c_{ij}(q_{ij})}{\partial q_{ij}}+\mu_i-\varphi_{ij}$$

$f_i^2:=(f_{i_A}^2, f_{i_B}^2)$

$$\text{其中}, f_{i_A}^2:=\frac{\partial f_{i_A}(Q_{i_A}, e_{i_A})}{\partial e_{i_A}}-(P_c+z)L_cQ_{i_A}+(P_s-z)L_oQ_{i_A}-tE_cL_cQ_{i_A}- tE_oL_oQ_{i_A}-\mu_{i_A}Q_{i_A}\frac{\partial G_{i_A}(e_{i_A})}{\partial e_{i_A}}-\theta_{i_A}+\sigma_{i_A}L_oQ_{i_A}$$

$$f_{i_B}^2:=\frac{\partial f_{i_B}(Q_{i_B}, e_{i_B})}{\partial e_{i_B}}-(P_c+z)L_cQ_{i_B}+(P_o+z)L_oQ_{i_B}-tE_cL_cQ_{i_B}- tE_oL_oQ_{i_B}-\mu_{i_B}Q_{i_B}\frac{\partial G_{i_B}(e_{i_B})}{\partial e_{i_B}}-\theta_{i_B}-\sigma_{i_B}L_oQ_{i_B}$$

$f_{ij}^2:=(f_{i_Aj}^2, f_{i_Bj}^2)$

$$\text{其中}, f_{i_Aj}^2:=\frac{\partial fb_{i_A}(b_{i_Aj})}{\partial b_{i_Aj}}+\frac{\partial cb_{i_Aj}(b_{i_Aj})}{\partial b_{i_Aj}}+\frac{\partial fo_{i_A}(b_{i_Aj})}{\partial b_{i_Aj}}-(P_s-z)hs-\sigma_{i_A}hs$$

$$f_{i_Bj}^2:=\frac{\partial fb_{i_B}(b_{i_Bj})}{\partial b_{i_Bj}}+\frac{\partial cb_{i_Bj}(b_{i_Bj})}{\partial b_{i_Bj}}+\frac{\partial fo_{i_B}(b_{i_Bj})}{\partial b_{i_Bj}}-(P_o+z)hs+\sigma_{i_B}hs$$

$$f_{jk}^{i}:=\frac{\partial c_{jk}^{i}(q_{jk}^{i})}{\partial q_{jk}^{i}}-p_{k}^{i}+\varphi_{ij}$$

$$f_{jk}:=\frac{\partial cb_{jk}(b_{jk})}{\partial b_{jk}}-pb_{k}+w_{j}$$

$$f_{k}^{i}:=\sum_{j=1}^{N}q_{jk}^{i}-d_{k}^{i}(p_{k},\ e_{i})$$

$$f_{k}:=\sum_{j=1}^{N}b_{jk}-db_{k}(pb_{k})$$

$$g_{i}^{1}:=Q_{i}G_{i}(e_{i})-\sum_{j=1}^{N}q_{ij}$$

$$g_{i}^{2}:=e_{i}-\underline{e}$$

$$g_{i}^{3}:=(g_{i_A}^{3},\ g_{i_B}^{3})$$

其中，$g_{i_A}^{3}:=\sum_{j=1}^{N}b_{i_Aj}hs-e_{i_A}L_oQ_{i_A}$

$$g_{i_B}^{3}:=\sum_{j=1}^{N}b_{i_Bj}hs-e_{i_B}L_oQ_{i_B}$$

$$g_{ij}:=q_{ij}-\sum_{k=1}^{K}q_{jk}$$

$$g_{j}:=\sum_{i=1}^{M}b_{ij}-\sum_{k=1}^{K}b_{jk} \tag{10-31}$$

至此，可将式（10-26）转化为变分不等式标准形式（10-27）。

二、自适应投影预测校正算法实现过程

根据前文对 SPPCA 步骤[7] 具体的分析，结合本章中考虑养殖废物利用的农产品供应链网络均衡模型，可将式（10-26）以 SPPCA 进行计算，其具体实现过程伪代码如表 10-2 所示。

表 10-2　供应链网络均衡模型（10-26）SPPCA 算法求解伪代码

Algorithm Specific implementation procedure of SPPCA

Initialization：

$\beta_0>0$；$v_0>0$；$(Q_i^0,\ q_{ij}^0,\ e_i^o,\ b_{ij}^0,\ q_{jk}^{i0},\ b_{jk}^0,\ p_k^{i0},\ pb_k^0,\ \mu_i^o,\ \theta_i^o,\ \sigma_i^o,\ \varphi_{ij}^o,\ \omega_i^o)_{i\in M,j\in N,k\in K}$；$\epsilon>0$

for $t=0\rightarrow$ Max Iteration Number **do**

Marker：

Prediction step：produce the predictor，i. e.

$$\tilde{\mu}_i^t=\Pi_+\left[\mu_i^t-\frac{\beta_t}{v_t}g_i^1(Q_i^t,\ q_{ij}^t,\ e_i^t)\right]$$

$$\tilde{\theta}_i^t=\Pi_+\left[\theta_i^t-\frac{\beta_t}{v_t}g_i^2(e_i^t)\right]$$

续表

Algorithm Specific implementation procedure of SPPCA

$$\widetilde{\sigma}_{i_A}^t=\Pi_+\left[\sigma_{i_A}^t-\frac{\beta_t}{v_t}g_{i_A}^3(e_{i_A}^t,\ b_{i_Aj}^t)\right]$$

$$\widetilde{\sigma}_{i_B}^t=\Pi_+\left[\sigma_{i_B}^t-\frac{\beta_t}{v_t}g_{i_B}^3(e_{i_B}^t,\ b_{i_Bj}^t)\right]$$

$$\widetilde{\varphi}_{ij}^t=\Pi_+\left[\varphi_{ij}^t-\frac{\beta_t}{v_t}g_{ij}(q_{ij}^t,\ q_{jk}^{it})\right]$$

$$\widetilde{\omega}_j^t=\Pi_+\left[\omega_j^t-\frac{\beta_t}{v_t}g_j(b_{ij}^t,\ b_{jk}^t)\right]$$

$$\widetilde{Q}_{i_A}^t=\Pi_+[Q_{i_A}^t-\beta_t f_{i_A}^1(Q_{i_A}^t,\ e_{i_A}^t,\ \widetilde{\mu}_{i_A}^t,\ \widetilde{\sigma}_{i_A}^t)]$$

$$\widetilde{Q}_{i_B}^t=\Pi_+[Q_{i_B}^t-\beta_t f_{i_B}^1(Q_{i_B}^t,\ e_{i_B}^t,\ \widetilde{\mu}_{i_B}^t,\ \widetilde{\sigma}_{i_B}^t)]$$

$$\widetilde{q}_{ij}^t=\Pi_+[q_{ij}^t-\beta_t f_{ij}^1(q_{ij}^t,\ \widetilde{\mu}_i^t,\ \widetilde{\varphi}_{ij}^t)]$$

$$\widetilde{e}_{i_A}^t=\Pi_+[e_{i_A}^t-\beta_t f_{i_A}^2(Q_{i_A}^t,\ e_{i_A}^t,\ \widetilde{\mu}_{i_A}^t,\ \widetilde{\theta}_{i_A}^t,\ \widetilde{\sigma}_{i_A}^t)]$$

$$\widetilde{e}_{i_B}^t=\Pi_+[e_{i_B}^t-\beta_t f_{i_B}^2(Q_{i_B}^t,\ e_{i_B}^t,\ \widetilde{\mu}_{i_B}^t,\ \widetilde{\theta}_{i_B}^t,\ \widetilde{\sigma}_{i_B}^t)]$$

$$\widetilde{b}_{i_Aj}^t=\Pi_+[b_{i_Aj}^t-\beta_t f_{i_Aj}^2(b_{i_Aj}^t,\ \widetilde{\sigma}_{i_A}^t)]$$

$$\widetilde{b}_{i_Bj}^t=\Pi_+[b_{i_Bj}^t-\beta_t f_{i_Bj}^2(b_{i_Bj}^t,\ \widetilde{\sigma}_{i_B}^t)]$$

$$\widetilde{q}_{jk}^{it}=\Pi_+[q_{jk}^{it}-\beta_t f_{jk}^i(q_{jk}^{it},\ p_k^{it},\ \widetilde{\varphi}_{ij}^t)]$$

$$\widetilde{b}_{jk}^t=\Pi_+[b_{jk}^t-\beta_t f_{jk}(b_{jk}^t,\ pb_k^t,\ \widetilde{\omega}_j^t)]$$

$$\widetilde{p}_k^{it}=\Pi_+[p_k^{it}-\beta_t f_k^i(q_{jk}^{it},\ p_k^{it})]$$

$$\widetilde{pb}_k^t=\Pi_+[pb_k^t-\beta_t f_k(b_{jk}^t,\ pb_k^t)]$$

$$dQ_i^t=Q_i^t-\widetilde{Q}_i^t$$

$$dq_{ij}^t=q_{ij}^t-\widetilde{q}_{ij}^t$$

$$de_i^t=e_i^t-\widetilde{e}_i^t$$

$$db_{ij}^t=b_{ij}^t-\widetilde{b}_{ij}^t$$

$$dq_{jk}^{it}=q_{jk}^{it}-\widetilde{q}_{jk}^{it}$$

$$db_{jk}^t=b_{jk}^t-\widetilde{b}_{jk}^t$$

$$dp_k^{it}=p_k^{it}-\widetilde{p}_k^{it}$$

$$dpb_k^t=pb_k^t-\widetilde{pb}_k^t$$

$$d\mu_i^t=\mu_i^t-\widetilde{\mu}_i^t$$

续表

Algorithm Specific implementation procedure of SPPCA

$d\theta_i^t = \theta_i^t - \tilde{\theta}_i^t$

$d\sigma_i^t = \sigma_i^t - \tilde{\sigma}_i^t$

$d\varphi_{ij}^t = \varphi_{ij}^t - \tilde{\varphi}_{ij}^t$

$d\omega_j^t = \omega_j^t - \tilde{\omega}_j^t$

$$dF_i^{1t} = \beta_t\left(\frac{\partial f_i(\tilde{Q}_i^t, \tilde{e}_i^t)}{\partial Q_i} - \frac{\partial f_i(Q_i^t, e_i^t)}{\partial Q_i}\right)$$

$$dF_{ij}^{1t} = \beta_t\left(\frac{\partial c_{ij}(\tilde{q}_{ij}^t)}{\partial q_{ij}} - \frac{\partial c_{ij}(q_{ij}^t)}{\partial q_{ij}}\right)$$

$$dF_i^{2t} = \beta_t\left(\frac{\partial f_i(\tilde{Q}_i^t, \tilde{e}_i^t)}{\partial e_i} - \frac{\partial f_i(Q_i^t, e_i^t)}{\partial e_i}\right)$$

$$dF_{ij}^{2t} = \beta_t\left(\left(\frac{\partial fb_i(\tilde{b}_{ij}^t)}{\partial b_{ij}} - \frac{\partial fb_i(b_{ij}^t)}{\partial b_{ij}}\right) + \left(\frac{\partial cb_{ij}(\tilde{b}_{ij}^t)}{\partial b_{ij}} - \frac{\partial cb_{ij}(b_{ij}^t)}{\partial b_{ij}}\right) + \left(\frac{\partial fo_i(\tilde{b}_{ij}^t)}{\partial b_{ij}} - \frac{\partial fo_i(b_{ij}^t)}{\partial b_{ij}}\right)\right)$$

$$dF_{jk}^{it} = \beta_t\left(\frac{\partial c_{jk}^i(\tilde{q}_{jk}^{it})}{\partial q_{jk}^i} - \frac{\partial c_{jk}^i(q_{jk}^{it})}{\partial q_{jk}^i} - (\tilde{p}_k^{it} - p_k^{it})\right)$$

$$dF_{jk}^t = \beta_t\left(\frac{\partial cb_{jk}(\tilde{b}_{jk}^t)}{\partial b_{jk}} - \frac{\partial cb_{jk}(b_{jk}^t)}{\partial b_{jk}} - (\tilde{p}_k^{it} - p_k^{it})\right)$$

$dF_k^{it} = \beta_t(\tilde{q}_{jk}^{it} - q_{jk}^{it} - (d_k^i(\tilde{p}_k^t, \tilde{e}_i^t) - d_k^i(p_k^t, e_i^t)))$

$dF_k^t = \beta_t(\tilde{b}_{jk}^t - b_{jk}^t - (d_k^i(\tilde{pb}_k^t, \tilde{e}_i^t) - d_k^i(pb_k^t, e_i^t)))$

$$dG\mu_i^t = \beta_t\left(\tilde{Q}_i^t G_i(\tilde{e}_i^t) - Q_i^t G_i(e_i^t) - \left(\sum_{j=1}^N \tilde{q}_{ij}^t - q_{ij}^t\right)\right)$$

$dG\theta_i^t = \beta_t(\tilde{e}_i^t - e_i^t)$

$$dG\sigma_i^t = \beta_t\left(\sum_{j=1}^N \tilde{b}_{ij}^t hs - \sum_{j=1}^N b_{ij}^t hs\right)$$

$$dG\varphi_{ij}^t = \beta_t\left(\tilde{q}_{ij}^t - q_{ij}^t - \left(\sum_{k=1}^K \tilde{q}_{jk}^{it} - q_{jk}^{it}\right)\right)$$

$$dG\omega_j^t = \beta_t\left(\sum_{i=1}^M \tilde{b}_{ij}^t - b_{ij}^t - \left(\sum_{k=1}^K \tilde{q}_{jk}^{i\ t} - q_{jk}^{i\ t}\right)\right)$$

Choose an appropriate β_t in the prediction step, i. e.

续表

Algorithm Specific implementation procedure of SPPCA

$$dist_1^t = \sum_{i\in M}((dF_i^{1t})^2 + (dF_i^{2t})^2) + \sum_{i\in M}\sum_{j\in N}(dF_{ij}^{1t} + dF_{ij}^{2t})^2 + \sum_{i\in M}\sum_{j\in N}\sum_{k\in K}(dF_{jk}^{it})^2 + \sum_{j\in N}\sum_{k\in K}(dF_{jk}^{t})^2 + \sum_{i\in M}\sum_{k\in K}(dF_k^{it})^2 + \sum_{k\in K}(dF_k^t)^2$$

$$dist_2^t = \sum_{i\in M}((dG\mu_i^t)^2 + (dG\theta_i^t)^2 + (dG\sigma_i^t)^2) + \sum_{i\in M}\sum_{j\in N}(dG\varphi_{ij}^t)^2 + \sum_{j\in N}(dG\omega_j^t)^2$$

$$dist_3^t = \sum_{i\in M}((dQ_i^t)^2 + (de_i^t)^2) + \sum_{i\in M}\sum_{j\in N}((dq_{ij}^t)^2 + (db_{ij}^t)^2) + \sum_{i\in M}\sum_{j\in N}\sum_{k\in K}(dq_{jk}^{it})^2 + \sum_{j\in N}\sum_{k\in K}(db_{jk}^t)^2 + \sum_{i\in M}\sum_{k\in K}(dp_k^{it})^2 + \sum_{k\in K}(dpb_k^t)^2$$

$$dist_4^t = \sum_{i\in M}((\mu_i^t)^2 + (d\theta_i^t)^2 + (d\sigma_i^t)^2) + \sum_{i\in M}\sum_{j\in N}(d\varphi_{ij}^t)^2 + \sum_{j\in N}(d\omega_j^t)^2$$

$$r_{1t} := dist_1^t + v_t^{-1} dist_2^t;\quad r_{2t} := dist_3^t + v_t dist_4^t$$

$$r_t := \sqrt{\frac{r_{1t}}{r_{2t}}}$$

if $r_t > 0.95$ **then**

$\beta_t = \beta_t \times 0.8/r_t$, go to the **Marker**

end if

if $dist_3^t + dist_4^t \leqslant \epsilon$ **then**

The incumbent solution is optimal. Exit

end if

Adjust β for the next iteration, i. e.

$$\beta_{t+1} = \begin{cases}\beta_t \times 0.7/r_t, & r_t \leqslant 0.5\\ \beta_t, & \text{otherwise}\end{cases}$$

$$\alpha_{1t} = \sum_{i\in M}(dQ_i^t + dF_i^{1t})dQ_i^t + \sum_{i\in M}(de_i^t + dF_i^{2t})de_i^t + \sum_{i\in M}\sum_{j\in N}(dq_{ij}^t + dF_{ij}^{1t})dq_{ij}^t + \sum_{i\in M}\sum_{j\in N}(db_{ij}^t + dF_{ij}^{2t})db_{ij}^t + \sum_{i\in M}\sum_{j\in N}\sum_{k\in K}(dq_{jk}^{it} + dF_{jk}^{it})dq_{jk}^{it} + \sum_{j\in N}\sum_{k\in K}(db_{jk}^t + dF_{jk}^t)db_{jk}^t + \sum_{i\in M}\sum_{k\in K}(dp_k^{it} + dF_k^{it}) + \sum_{k\in K}(dpb_k^t + dF_k^t)dpb_k^t + \sum_{i\in M}(d\mu_i^t + dG\mu_i^t)d\mu_i^t + \sum_{i\in M}(d\theta_i^t + dG\theta_i^t)d\mu_i^t + \sum_{i\in M}(d\sigma_i^t + dG\sigma_i^t)d\sigma_i^t + \sum_{i\in M}\sum_{j\in N}(d\varphi_{ij}^t + dG\varphi_{ij}^t)d\varphi_{ij}^t + \sum_{j\in N}(dw_j^t + dGw_j^t)dw_j^t$$

续表

Algorithm Specific implementation procedure of SPPCA

$$\alpha_{2t} = \sum_{i\in M}((dQ_i^t + dF_i^{1t})^2 + (de_i^t + dF_i^{2t})^2) + \sum_{i\in M}\sum_{j\in N}((dq_{ij}^t + dF_{ij}^{1t})^2 + (db_{ij}^t + dF_{ij}^{2t})^2) + \sum_{i\in M}\sum_{j\in N}\sum_{k\in K}(dq_{jk}^{it} + dF_{jk}^{it})^2 + \sum_{j\in N}\sum_{k\in K}(db_{jk}^t + dF_{jk}^t)^2 + \sum_{i\in M}\sum_{k\in K}(dp_k^{it} + dF_k^{it})^2 + \sum_{k\in K}(dpb_k^t + dF_k^t)^2 + \sum_{i\in M}(d\mu_i^t + dG\mu_i^t)^2 + \sum_{i\in M}(d\theta_i^t + dG\theta_i^t)^2 + \sum_{i\in M}(d\sigma_i^t + dG\sigma_i^t)^2 + \sum_{i\in M}\sum_{j\in N}(d\varphi_{ij}^t + dG\varphi_{ij}^t)^2 + \sum_{j\in N}(dw_j^t + dGw_j^t)^2$$

$$\alpha_t = \frac{\alpha_{1t}}{\alpha_{2t}} \times 1.95 \times \beta_t$$

Correction step: calculate the corrector, i. e.

$$Q_{i_A}^{t+1} = \Pi_+[Q_{i_A}^t - \alpha_t(\widetilde{Q}_{i_A}^t - \beta_t f_{i_A}^1(\widetilde{Q}_{i_A}^t, \widetilde{e}_{i_A}^t, \widetilde{\mu}_{i_A}^t, \widetilde{\sigma}_{i_A}^t))]$$

$$Q_{i_B}^{t+1} = \Pi_+[Q_{i_B}^t - \alpha_t(\widetilde{Q}_{i_B}^t - \beta_t f_{i_B}^1(\widetilde{Q}_{i_B}^t, \widetilde{e}_{i_B}^t, \widetilde{\mu}_{i_B}^t, \widetilde{\sigma}_{i_B}^t))]$$

$$q_{ij}^{t+1} = \Pi_+[q_{ij}^t - \alpha_t f_{ij}^1(\widetilde{q}_{ij}^t, \widetilde{\mu}_i^t, \widetilde{\varphi}_{ij}^t)]$$

$$e_{i_A}^{t+1} = \Pi_+[e_{i_A}^t - \alpha_t f_{i_A}^2(\widetilde{Q}_{i_A}^t, \widetilde{e}_{i_A}^t, \widetilde{\mu}_{i_A}^t, \widetilde{\theta}_{i_A}^t, \widetilde{\sigma}_{i_A}^t)]$$

$$e_{i_B}^{t+1} = \Pi_+[e_{i_B}^t - \alpha_t f_{i_B}^2(\widetilde{Q}_{i_B}^t, \widetilde{e}_{i_B}^t, \widetilde{\mu}_{i_B}^t, \widetilde{\theta}_{i_B}^t, \widetilde{\sigma}_{i_B}^t)]$$

$$b_{i_Aj}^{t+1} = \Pi_+[b_{i_Aj}^t - \alpha_t f_{i_Aj}^2(\widetilde{b}_{i_Aj}^t, \widetilde{\sigma}_{i_A}^t)]$$

$$b_{i_Bj}^{t+1} = \Pi_+[b_{i_Bj}^t - \alpha_t f_{i_Bj}^2(\widetilde{b}_{i_Bj}^t, \widetilde{\sigma}_{i_B}^t)]$$

$$q_{jk}^{it+1} = \Pi_+[q_{jk}^{it} - \alpha_t f_{jk}^i(\widetilde{q}_{jk}^{it}, \widetilde{p}_k^{it}, \widetilde{\varphi}_{ij}^t)]$$

$$b_{jk}^{t+1} = \Pi_+[b_{jk}^t - \alpha_t f_{jk}(\widetilde{b}_{jk}^t, \widetilde{pb}_k^t, \widetilde{\omega}_j^t)]$$

$$p_k^{it+1} = \Pi_+[p_k^{it} - \alpha_t f_{jk}^i(\widetilde{q}_{jk}^{it}, \widetilde{p}_k^{it}, \widetilde{\varphi}_{ij}^t)]$$

$$pb_k^{t+1} = \Pi_+[pb_k^t - \alpha_t f_k^i(\widetilde{q}_{jk}^{it}, \widetilde{pb}_k^{it})]$$

$$\mu_i^{t+1} = \Pi_+\left[\mu_i^t - \frac{\alpha_t}{v_t} g_i^1(\widetilde{Q}_i^t, \widetilde{q}_{ij}^t, \widetilde{e}_i^t)\right]$$

$$\theta_i^{t+1} = \Pi_+\left[\theta_i^t - \frac{\alpha_t}{v_t} g_i^2(\widetilde{e}_i^t)\right]$$

$$\sigma_{i_A}^{t+1} = \Pi_+\left[\sigma_{i_A}^t - \frac{\alpha_t}{v_t} g_{i_A}^3(\widetilde{e}_{i_A}^t, \widetilde{b}_{i_Aj}^t)\right]$$

$$\sigma_{i_B}^{t+1} = \Pi_+\left[\sigma_{i_B}^t - \frac{\alpha_t}{v_t} g_{i_B}^3(\widetilde{e}_{i_B}^t, \widetilde{b}_{i_Bj}^t)\right]$$

$$\varphi_{ij}^{t+1} = \Pi_+\left[\varphi_{ij}^t - \frac{\alpha_t}{v_t} g_{ij}(\widetilde{q}_{ij}^t, \widetilde{q}_{jk}^{it})\right]$$

续表

Algorithm Specific implementation procedure of SPPCA

$$\omega_j^{t+1}=\Pi_+\left[\omega_j^t-\frac{\alpha_t}{v_t}g_j(\widetilde{b}_{ij}^t,\ \widetilde{b}_{jk}^t)\right]$$

Adjust v for the next iteration, i. e.

$$v_{t+1}\begin{cases}v_t\times 0.5, & \sqrt{dist_1^t}>4\times(\sqrt{dist_2^t}/\sqrt{v_t})\\ v_t/0.5, & \sqrt{dist_2^t}/\sqrt{v_t}>4\times\sqrt{dist_1^t}\\ v_t, & \text{otherwise}\end{cases}$$

end for, return the incumbent solution and optimal objective value

第三节 数值案例结果分析

本节以鲜食葡萄种植与肉鸡养殖结合的案例对种养结合模式下考虑养殖废物利用的农产品供应链网络均衡模型进行分析。本节的具体安排为：首先，介绍案例背景、养殖端参数与函数的具体数值设定；其次，针对养殖端潜在需求开展灵敏度分析，将具体分析各层主体在均衡状态下的决策数据，种养两端互相影响的机制，并计算各方利润与环境效益以评估该供应链网络，验证模型的可行性；再次，针对鲜果质量偏好开展灵敏度分析；最后，对前面的数值结果进行总结并提出相应的管理学见解。

本节中所有数值模拟实验的参数设置为：$\beta_0=10$，$v_0=5$，$epsilon=10^{-4}$。所有计算均在 MTALAB R2018b 上运行，其电脑配置为 AMD Ryzen 5 3550H CPU@ 2. 10GHz 处理器，内存为 16GB RAM，操作系统为 Windows 10。

一、案例背景和函数设定

在国家的大力提倡与支持下，种养结合逐渐成为一种新型的生态农业模式。近年来，种养结合模式纷纷涌现，比如桑基鱼塘、鱼稻共生、鸡菜结合等。农户们结合自身的种植条件与环境特点，选取合适的模式进行农业生产，既带来增收的效果，又有效地降低了环境污染，节约肥水资源，促进生态农业的稳定发展。在第九章第三节案例基础上，增设养殖肉鸡农产品环节。在肉鸡养殖过程中，一方面，以肉鸡的产销形式盈利；另一方面，采用适当的处理方法，将鸡粪转化为有机肥，以提供给种植端的葡萄施用，并在不足时购入，盈余时售出。在此基础上，构建种养结合模式下考虑养殖废物利用的农产品供应链网络。

在本节中，供应链网络由两个农户、两个农产品零售商与两个需求市场（$M=N=K=2$）组成，如图 10-2 所示。农户们种植的异质鲜食葡萄与同质肉鸡农产品由两家农产品零售商分别购买，并共同销往两个需求市场。此时，农产品供应链网络及均衡模型存在四种情况，分别是：①有机肥均自给；②农户 1 自给，农户 2 部分自给；③农户 1 部分自给，农户 2 自给；④有机肥均部分自给。实际计算中对四种情况分别进行计算，选取最优结果为均衡决策。

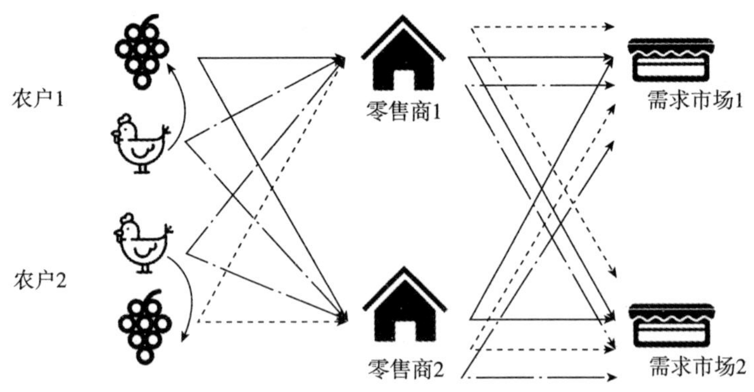

图 10-2　考虑养殖废物利用的农产品供应链网络结构

模型中仍使用到的参数有[8]：化肥价格 $P_c=4000$ 元/吨，化肥用量 $L_c=0.2$ 吨，有机肥价格 $P_o=860$ 元/吨，有机肥用量 $L_o=1$ 吨，化肥碳排量 $E_c=3.85$ 吨，有机肥固碳量 $E_o=12.35$。

根据实际农业生产与各项产销数据，设定模型新增参数为：农户自产有机肥出售价格 $P_s=516$ 元/吨（$60\%\times P_o$）；单位肥料运输成本 $z=20$ 元/吨；肉鸡产品的粪污废物产量 $h=3$ 吨，计算方式按照每只 2 千克的肉鸡，年粪便产量为 55 千克[9]，以 40 天出栏期为一批，则 $h=55\text{ 千克}\times\frac{1000\text{ 千克}}{2\text{ 千克}}\times\frac{40}{365}\approx3$ 吨；粪污废物与有机肥的转化比 $s=0.15$，数据计算方式为含水量 85%的 1 吨湿鸡粪经烘干至 50%含水量，然后加料腐熟发酵后约得 0.15 吨有机肥。

种植端葡萄产销各项函数：生产成本 $f_i(Q_i, e_i)$、农户—零售商交易成本 $c_{ij}(q_{ij})$、零售商—需求市场 $c_{jk}^i(q_{jk}^i)$、葡萄市场需求 $d_k^i(p_k, e_i)$，产量乘数 $G_i(e_i)$ 同第九章第三节，本节中不进行调整，根据图 10-2 结构，对养殖端各项函数做出如下设定：

（1）农户的养殖成本，是关于 b_{ij} 的函数（$\times10^2$ 元）：

$$fb_i=3b_i^2+2b_i \tag{10-32}$$

其中，$b_i=\sum_{j=1}^{2}b_{ij}$，$\forall i=1, 2; j=1, 2$　(10-33)

（2）农户的粪污废物处理成本，是关于 b_{ij} 的函数（$\times10^2$ 元）：

$$fo_i=30hb_i, \quad \forall i=1, 2 \tag{10-34}$$

（3）农户与零售商的肉鸡交易成本，是关于 b_{ij} 的函数（$\times10^2$ 元）：

$$cb_{ij}=2b_{ij}^{\ 2}+b_{ij}, \quad \forall i=1, 2; j=1, 2 \tag{10-35}$$

（4）零售商与需求市场的肉鸡交易成本，是关于 b_{ij} 的函数（$\times10^2$ 元）：

$$cb_{jk}=2b_{jk}^{\ 2}+2b_{jk}, \quad \forall j=1, 2; k=1, 2 \tag{10-36}$$

（5）需求市场对肉鸡农产品的需求量，是关于 pb_k 的函数：

$$db_k=D_b-0.5pb_k, \quad \forall k=1, 2 \tag{10-37}$$

二、肉鸡市场潜在需求对农产品供应链均衡决策的影响

在本节中，对市场中关于肉鸡的潜在需求（在需求函数中用 D_b 表示）进行灵敏度分析，以观察其对农产品供应链网络均衡状态与各节点决策的影响。种养结合模式下，种养两端相互影响，养殖端肉鸡的市场需求变化带来的粪污废物量的波动，必然影响其种植端鲜食葡萄的各项生产决策。本节数值实验设定潜在市场需求 D_b 以 10 为步长，在 20～70 进行调整，本节中图 10-1～图 10-6 均以 $t=0$，$\tau=0$ 进行计算。部分均衡交易结果如表 10-3 所示。

表 10-3　不同肉鸡潜在市场需求下各决策均衡解（$t=0$，$=0$）

单位：交易量：吨；价格：元/吨

决策	肉鸡潜在市场需求 D_b					
	20	30	40	50	60	70
农户 Q_1	3.28	3.43	3.86	4.66	5.49	6.32
农户 Q_2	3.42	3.64	4.08	4.81	5.66	6.51
农户 q_{1j}	1.99	1.98	1.95	2.32	2.74	3.15
农户 q_{2j}	2.07	2.13	2.15	2.40	2.82	3.25
农户 p_{1j}	3095.10	3094.48	3104.93	2965.55	2799.78	2633.95
农户 p_{2j}	3072.88	3054.87	3049.58	2946.29	2777.10	2607.86
农户 b_{1j}	2.07	3.14	4.26	5.18	6.10	7.02
农户 b_{2j}	2.17	3.22	4.30	5.34	6.29	7.24
农户 pb_{1j}	1743.16	2744.03	3853.86	4476.31	5062.42	5648.56

续表

决策	肉鸡潜在市场需求 D_b					
	20	30	40	50	60	70
农户 pb_{2j}	1954.36	2896.17	3937.79	4798.29	5441.52	6084.81
零售商 q_{jk}^1	1.00	0.99	0.97	1.16	1.37	1.57
零售商 q_{jk}^2	1.04	1.07	1.08	1.20	1.41	1.62
零售商 b_{jk}	2.12	3.18	4.28	5.26	6.20	7.13
需求市场 p_k^1	3593.71	3591.35	3594.45	3530.38	3447.08	3363.74
需求市场 p_k^2	3588.15	3581.46	3580.63	3525.56	3441.41	3357.22
需求市场 pb_k	3148.01	4721.92	6277.69	7895.03	9521.24	11147.74

如表 10-3 数据所示，在种养结合的模式下，随着市场对于养殖端肉鸡农产品潜在需求的增加，农户肉鸡养殖量 b_{ij} 迅速增长，市场交易价格 pb_{ik} 快速攀升；与此同时，种植端的葡萄产量 Q_i 也在上升，涨幅与肉鸡相比偏小，但与肉鸡不同的是，葡萄的市场交易价格 p_k^i 呈下降趋势。受此影响的替代比例变化如图 10-3 所示。

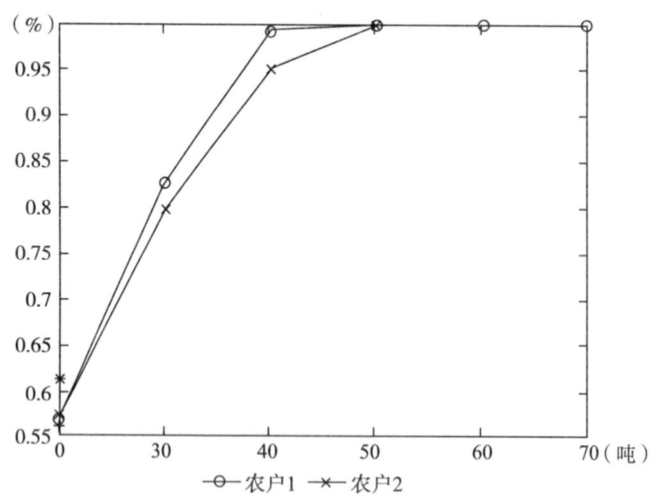

图 10-3　不同肉鸡潜在需求下种植端农户最优替代比例

图 10-3 中，种植端的最优有机肥替代化肥比例 e_i 随着 D_b 的提升而不断提升，这是由于随着养殖端肉鸡产量迅速提升，粪污废物大量产生，处理后能为种植端提供大量的肥料来源，这导致表 10-3 中葡萄产量快速提升，而种植成本的下降导致葡萄实际交易价格的下降。图 10-3 中，当 $D_b \in [20, 50]$ 时，相比于

农户 1，具有成本优势的农户 2 会以较低的替代比例进行生产，这与第九章出现的趋势有所区别，但其在市场不存在偏好的情况下通过较低比例与较大产量进行生产，占据了更大的市场，这也是竞争优势的一种体现。

表 10-4 是不同 D_b 下两位农户实际的产肥量与用肥量数据，产端的数值必然随养殖量上升不断增长，但有两点值得注意：第一，最优决策下的用肥量等于其产肥量，说明廉价的用肥成本，使农户可以通过提升替代比例与种植量来消耗自给的有机肥以获取更高的利润；第二，农户 2 较低的质量提升成本，导致其前期的替代比例略低于农户 1，但其实际用肥量都更大，这使农户 2 养殖端的肉鸡产量也要高于农户 1，这两点体现种养两端存在相互影响的作用。

表 10-4　不同肉鸡潜在需求下农户产肥量与用肥量　　单位：吨

农户	肉鸡潜在需求 D_b					
	20	30	40	50	60	70
农户 1 产肥	1.8620	2.8297	3.8316	4.6630	5.4905	6.3181
农户 1 用肥	1.8620	2.8297	3.8316	4.6630	5.4905	6.3181
农户 2 产肥	1.9571	2.8982	3.8694	4.8079	5.6611	6.5144
农户 2 用肥	1.9571	2.8982	3.8694	4.8079	5.6611	6.5144

各节点与供应链利润如图 10-4 所示，随着肉鸡潜在需求的增加，对于每一方来说都是有利的，其利润均呈增长趋势。由于消费者市场对肉鸡农产品的直接

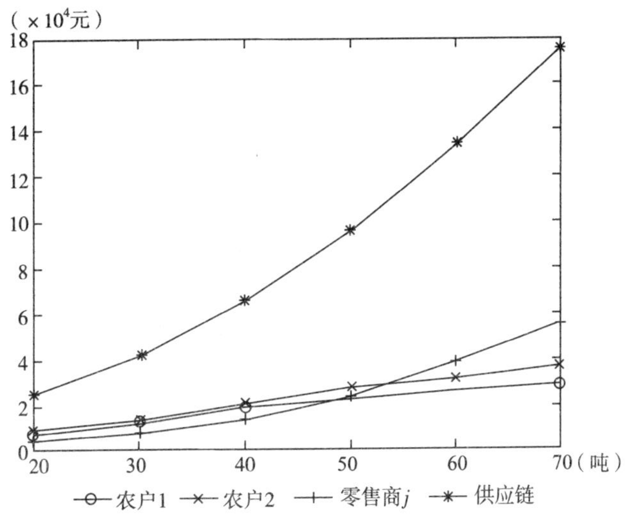

图 10-4　不同肉鸡潜在需求下各个节点与供应链的利润

需求增长，与之交易的零售商从中获利更大，增长速度更快。前期两位农户的利润差异比较小，随着 D_b 的提升，差异逐渐扩大，其差异主要源于种植端的成本优势，这使农户 2 需要为迎合种植端有机肥需求而生产偏多的肉鸡，导致其养殖端利润略低于农户 1，但种植端竞争优势会使农户 2 利润增长迅速，整体利润也更高。

如图 10-5（a）所示，随着肉鸡潜在需求的上升，两位农户的成本相应上升且十分接近；通过图 10-5（b）与图 10-3 的结合，可以发现，当农户通过养殖端自给有机肥来提升有机肥替代比例时，利润率呈上升趋势（$D_b \in [20,\ 40]$），但当养殖规模较大时，成本增长更为明显，且图 10-4 中的利润的增长速率显然要低于成本，因此后期利润率不断下降。利润率的下降是扩大生产规模的必然结果，同时也是追求最大化利润过程中必然发生的。

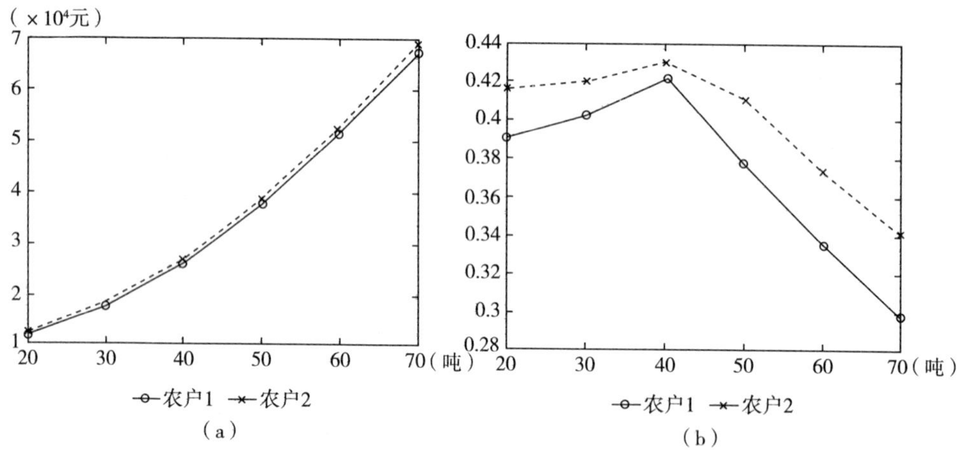

图 10-5　不同肉鸡潜在需求下农户的总成本和利润率

如图 10-6 所示，农户与供应链总固碳量以比较稳定的速度上升，每 10 吨的肉鸡潜在需求增长带来的固碳量增长约为 20 吨。从农户个体看，前期农户 1 替代比例高但产量低，农户 2 则相反，替代比例低但产量大，两者固碳量几乎相等；后期当农户均进入纯有机生产后，农户 2 的固碳量略微超过农户 1，主要来自产量差异。固碳量作为环境效益的体现，也是本章农户目标函数的一部分，因此，本节也对不同环境效益权重进行对比，在同样的肉鸡潜在需求变化下，探讨环境效益权重 $t=0$、10、20 和 30 四种情况下固碳量变化情况，结果如图 10-7 所示。

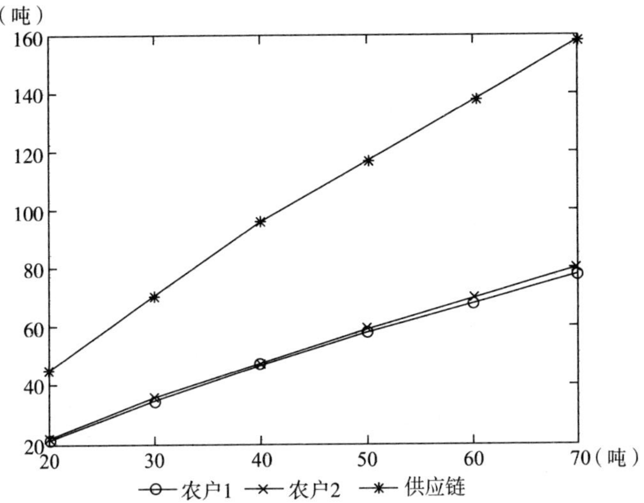

图 10-6　不同肉鸡潜在需求下农户与供应链固碳量

如图 10-7 所示，此时环境效益权重 t 的变化对固碳量几乎没有影响，图中仅能看到 $t=30$ 时的折线略高于其他折线，这与第九章第三节中的数值结果有所区别。造成这一现象的原因主要是，在种养结合模式下，当养殖端为种植端提供大量有机肥后，种植端已经能够以比较高的替代比例进行葡萄的种植生产，并且在利润表现上也比较好，此时固碳量所带来的环境效益占比很小，对均衡决策的影响不明显，而第九章第三节中主要依靠替代比例的提升与产量扩大来增加环境效益在总目标中的比重。

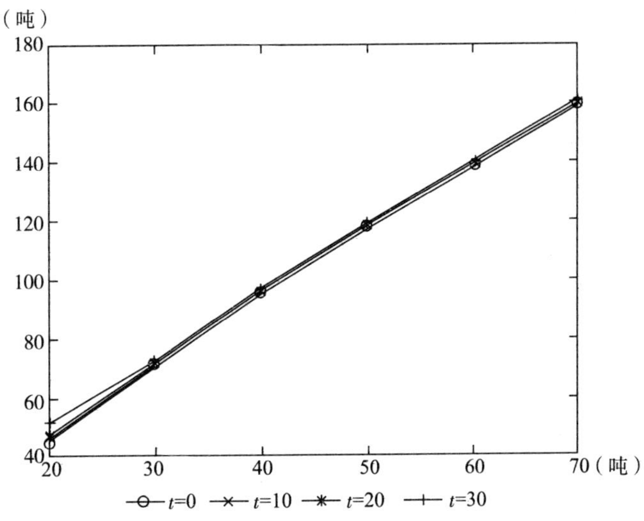

图 10-7　不同环境效益权重与肉鸡潜在需求下供应链固碳量

肉鸡市场潜在需求对农产品供应链均衡决策的影响主要表现在，通过养殖端的产量增长，为种植端提供更多的有机肥，降低了鲜果种植的单位成本，使鲜食葡萄能够以更高的品质、更低的价格、更大的数量销往后续层级，从而获取更多的利润。与此同时，即使农户不考虑环境效益，在种养结合模式下，经济利润的提升也会带动环境的改善。

三、质量偏好对农产品供应链均衡决策的影响

本节将研究需求市场的鲜果质量偏好（在模型中以 τ 表示）在种养结合模式下如何影响供应链均衡状态与各节点决策的影响。在未考虑养殖废物利用的供应链网络中，质量偏好仅从供需与品质的角度影响鲜食葡萄产销，当考虑养殖及粪污废物处理行为时，种、养端之间如何进行决策协调以实现其最大化利润更值得研究。本节中设定 $t=0$，$D_b=20$。质量偏好 τ 以 1 为步长，在 0 与 10 之间进行调整。部分均衡交易结果如表 10-5 所示：

表 10-5 不同质量偏好下各决策均衡解（$t=0$，$D_b=2$）

单位：交易量：吨；价格：元/吨

决策	质量偏好 τ					
	0	2	4	6	8	10
农户 Q_1	3.28	3.53	3.75	3.73	4.21	5.36
农户 Q_2	3.42	3.66	3.88	4.06	4.69	6.09
农户 q_{1j}	1.99	2.13	2.26	2.27	2.46	2.67
农户 q_{2j}	2.07	2.21	2.34	2.46	2.74	3.04
农户 p_{1j}	3095.10	3251.31	3388.21	3700.21	4176.84	4805.89
农户 p_{2j}	3072.88	3230.64	3369.63	3647.87	4103.21	4708.72
农户 b_{1j}	2.07	2.07	2.07	2.22	2.22	2.22
农户 b_{2j}	2.17	2.18	2.19	2.22	2.22	2.22
农户 pb_{1j}	1743.16	1743.85	1742.75	2122.84	2122.69	2122.48
农户 pb_{2j}	1954.36	1973.29	1987.79	2122.84	2122.69	2122.48
零售商 q_{jk}^1	1.00	1.07	1.13	1.13	1.23	1.34
零售商 q_{jk}^2	1.04	1.11	1.17	1.23	1.37	1.52

续表

决策	质量偏好 τ					
	0	2	4	6	8	10
零售商 b_{jk}	2.12	2.13	2.13	2.22	2.22	2.22
需求市场 p_k^1	3593.71	3777.89	3939.83	4253.57	4769.21	5440.43
需求市场 p_k^2	3588.16	3773.66	3937.61	4240.49	4750.81	5416.15
需求市场 pb_k	3148.01	3145.78	3144.52	3111.41	3111.23	3110.83

如表 10-5 所示，随着市场对葡萄鲜果质量偏好的增加，种植端交易量与价格均快速上升，受此影响的养殖端则前期交易量与价格略有提升，到达一定数值后保持稳定不再发生变化。

根据图 10-8 所示的最优替代比例变化情况看，第一，在整体趋势上与图 9-14 保持一致，都是随着质量偏好的提升先降再升，即质量偏好的提升，在农户的产品能满足质量要求的前提下，往往会降低品质，提升产量以追求更高的利润；而当 τ 值达到阈值时，农户将以质量要求为有机肥替代化肥的比例作为下限进行生产，同时调增产量与交易量。第二，与图 9-14 相比，图 10-8 农户间的前期替代比例差异比较小，这是因为前期产量接近且已有来自养殖端提供的肥料，农户均将以此为参照设定替代比例和规划产量以充分利用，网络均衡状态下农户自产、用肥量如表 10-6 所示。

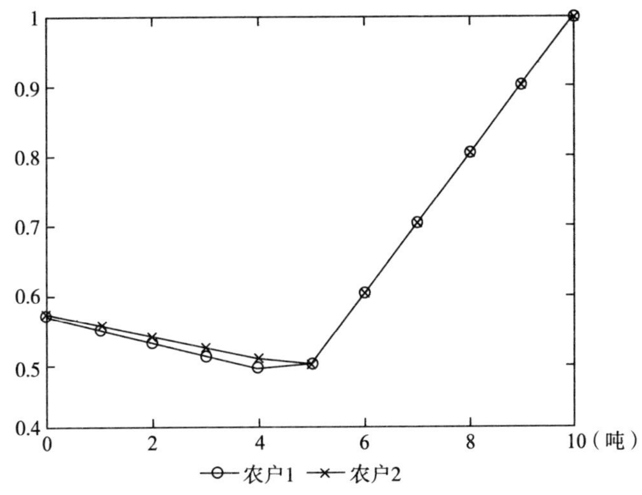

图 10-8 不同质量偏好下的最优替代比例

表 10-6　不同质量偏好下农户产肥量与用肥量　　单位：吨

农户	质量偏好 τ						
	0	2	4	5	6	8	10
农户 1 产肥	1.8620	1.8607	1.8592	1.8979	1.9985	1.9985	1.9985
农户 1 用肥	1.8620	1.8607	1.8592	1.9835	2.2395	3.3709	5.3615
农户 2 产肥	1.9571	1.9640	1.9695	1.9833	1.9985	1.9985	1.9985
农户 2 用肥	1.9571	1.9640	1.9695	1.9833	2.4334	3.7490	6.0926

如表 10-6 所示，$\tau \leqslant 4$ 时，两位农户均能自给有机肥，因为有机肥替代比例有所下降，实际用肥量并未增加；$\tau=5$ 和 $\tau=6$ 时，农户原最优决策下种植端的替代比例已无法满足质量要求，不得不提升替代比例，用肥量有所提升，而养殖端也因此提升养殖量以提供更多的有机肥进行种植；$\tau \geqslant 6$ 时，即使有机肥需求不断增加，养殖端已无法再提升产量，因为此时增加肉鸡养殖带来的成本效益已超出有机肥的直接购入成本，农户由完全自给转变为用尽养殖端提供的有机肥后，转而从市场购入以满足需求。

如图 10-9 所示，随着质量偏好的增长，零售商利润在 $\tau=6$ 处有一段下降，其余基本保持不变，整体利润不断上升。零售商利润出现下降的情况，主要是因为在下降点处购入的养殖肉鸡价格比较高，而市场价格增长较小。此外，农户利润随偏好增长不断提升，主要原因在于：当养殖端可以通过提升肉鸡产量为种植

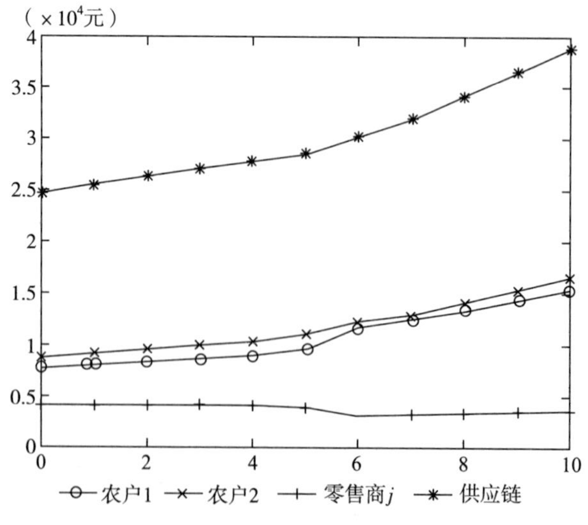

图 10-9　不同质量偏好下各个节点与供应链的利润

端提供有机肥时，农户牺牲养殖端的一部分利润，通过扩大肉鸡产量为种植端提供更多的有机肥，用以获得种植端更高的利润；当肉鸡产量提升至满足最大化利润下的最高产量时，养殖端决策与利润维持不变，即提升肉鸡产量带来的损失已超过有机肥的成本，此后即使质量偏好提升，也不再变动。鲜果种植端的利润必然随着价格与产量不断提升，此时对比成本与利润率情况，如图 10-10 所示。

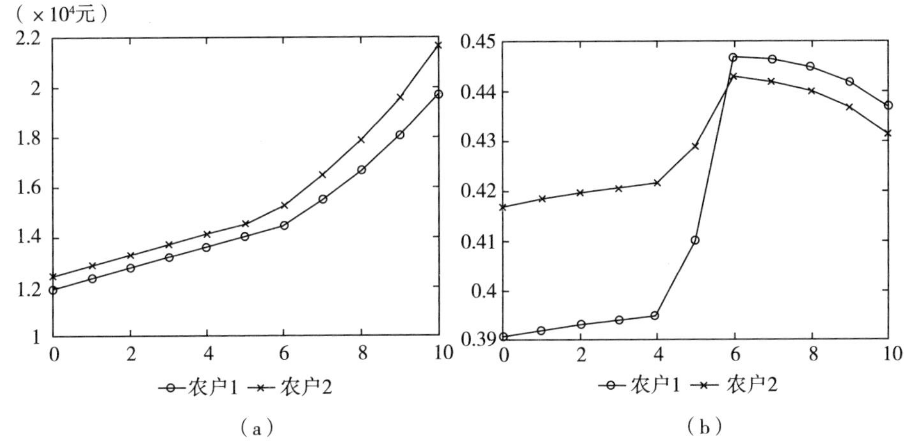

图 10-10　不同质量偏好下农户的总成本和利润率

图 10-10（a）中，成本虽然不断增长，但却明显可以分为两段，以 $\tau=6$ 为界，左边增长较慢，右边提升迅速。对比图 9-13（a），趋势相同但涨幅有所区别。具体数值上，$\tau\leqslant 6$ 时，图 10-10（a）农户 1 成本增长 2593.88 元，农户 2 增长 2876.04 元；图 9-13（a）中农户 1 成本增长 2832.81 元，农户 2 增长 3343.13 元，考虑到产量差异情况与第九章第三节中补贴的发放，种养结合模式下要小于仅鲜果种植模式下，其中差异的一部分在于自给有机肥降低的成本上。后半段 $\tau\geqslant 6$ 时，图 10-10（a）农户 1 成本增长 5282.08 元，农户 2 增长 6354.64 元；图 9-13（a）中农户 1 成本增长 5176.04 元，农户 2 增长 6177.87 元，在差值上要比前半段小，即养殖端不再增加有机肥供给量，种植端转向市场购买部分有机肥时，成本增长情况与仅鲜果种植模式趋于一致。图 10-10（b）的趋势也较好地体现了这一点，早期通过有机肥的自给，降低种植端的肥料成本，使得总体利润率出现上升趋势，当 $\tau\geqslant 6$ 时，养殖端无法再额外提供有机肥，农户不得不提升替代比例以满足市场需求，从市场购入价格相对较高的有机肥进行生产，导致整体利润率有所下降，但仍然要高于图 9-13（b）的表现。

图 10-11 中的固碳量变化情况与前文各项均衡决策符合，质量偏好提升前

期，替代比例下降但交易量增加，固碳量保持稳定，出现微小的下降趋势，养殖端产量不变；质量偏好提升中期，用肥量提升，养殖端产量增加，固碳量略有上涨；质量偏好提升后期，随着市场质量要求的提高，农户提升替代比例，交易量随着市场需求的扩大而增加，固碳量迎来快速上涨，但养殖端已无法通过提升产量来扩大自给有机肥量。

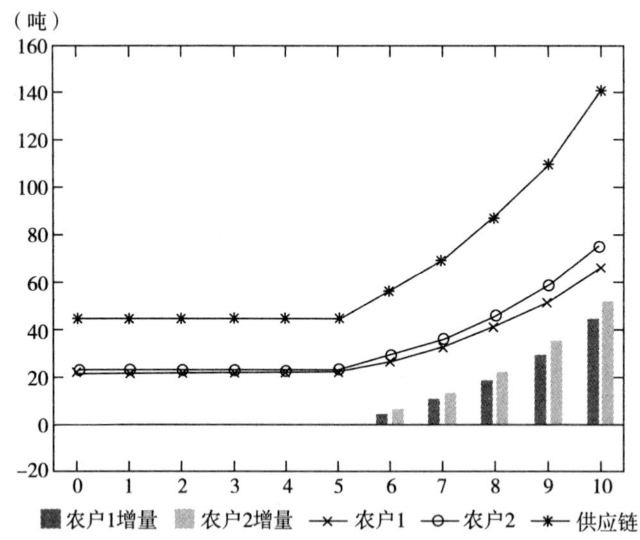

图 10-11　不同质量偏好下农户与供应链固碳量

质量偏好提升对种养结合模式下考虑养殖废物利用的农产品供应链网络的影响具有双重性。对于种植端的葡萄供应链的影响，主要是高质量偏好下能有效提升种植过程中有机肥替代化肥的比例与产量，经济效益提升的同时，环境效益随之增长。在种养结合模式下分析该节数值结果可以发现，肉鸡养殖的粪污废物通过处理提供给种植端，能够有效地降低肥料成本，且种植端用肥量提升时，养殖端也能调节产量提升有机肥供给，但随着肉鸡产量的提升，边际养殖成本上升，当提升的利润无法弥补成本上升时，养殖端决策将保持稳定，不再发生变化。

四、案例结果分析

本节分别从养殖端的市场潜在需求变化与种植端的需求市场鲜果质量偏好出发，论述了种养结合模式下两类需求变化对农户决策与供应链网络均衡状态的影响，总结出三点内容：

从供应链整体的角度看，种养结合模式通过促进种植业和养殖业的有机结合，节省肥料成本，提升经济利润。与传统的种植业、养殖业相分离的模式相比，提升利润更加显著，也保障了环境效益，解决了处理禽畜粪尿废物的问题，同时带来固碳量的增大与土壤质量的改善。种养结合模式下，即使不考虑相关补贴与社会责任，从经济的角度也能够引导农民调整生产结构，由单一向多元化发展，促进生态农业持续、稳定发展。

从农户个体的角度看，农户在实际经营过程中，应因地制宜地根据地方特色与农业资源选取合适的种养结合模式，本章以葡萄与肉鸡养殖相结合作为案例，实际上模式多种多样。在此基础上，要根据对应的市场情况选取合适的种养规模，在考虑到有机肥部分或完全自给的情况下进行匹配，追求最大化利润。

从政府的角度看，虽然本章模型中不涉及政府补贴，但在实际的种养结合模式经营中，对于种养模式的选取，粪污废物的脱水、腐熟与发酵等，仍需要政府在经济、技术、政策等多方面进行支持。与此同时，本章未提及养殖废弃物处理主体。具体而言，政府应在粪污产生量达标的地区培育粪肥还田服务组织，扶持一批企业、专业化服务组织等市场主体提供粪肥收集、处理、施用服务。应开展粪肥就地消纳、就近还田补奖试点；积极应用新技术，努力构建基于粪肥流向全程可追溯的补贴发放与管理机制，并且宣传推广成效好、机制创新力度大的试点县，模板化推广至更大范围，以鼓励农户进行种养结合的实践。

第四节　本章小结

本章以种养结合模式下农产品供应链为研究对象，对农户在种植与养殖两端的生产决策行为与各层级之间的交易关系进行了描述，分析了养殖端为种植端提供有机肥的行为对鲜果农产品供应链网络的影响，并在建模前对关键性的模型假设与涉及的符号变量进行了解释说明。在此基础上，建立了考虑养殖废物利用的农产品供应链网络均衡模型。与一般的供应链网络模型相比，该模型将两条有关联的供应链纳入同一网络进行分析，考虑了相互之间的影响作用。通过自适应投影预测校正算法对该模型进行求解，以鲜食葡萄种植与肉鸡养殖结合的种养结合模式进行数值案例分析，并根据数值结果，分析了种养两端的肉鸡市场潜在需求与葡萄鲜果质量偏好对农户生产决策及供应链网络均衡状态的影响，根据数值结果也提出相应的管理见解。数值结果表明，种养结合模式能够有效降低农业化肥的使用，提升有机种植比例，提高农产品的产量，改善农产品的质量，在确保环境效益的同时能稳定提升农业收入，对发展生态型农业有着重要意义。

参考文献

[1] 李坤如．可持续农业背景下考虑农户施肥决策的鲜果供应链网络均衡研究［D］．南京农业大学，2021.

[2] 中华人民共和国中央人民政府．国务院办公厅关于加快推进畜禽养殖废弃物资源化利用的意见［EB/OL］．http：//www. gov. cn/zhengce/content/2017-06/12/content_5201790. htm.

[3] Han X Y，Liu X. Equilibrium decisions for multi-firms considering consumer quality preference［J］．International Journal of Production Economics，2020（227）：107688.

[4] Qiang Q. The closed-loop supply chain network with competition and design for remanufactureability［J］．Journal of Cleaner Production，2015（105）：348-356.

[5] Nagurney A，Dong J，Zhang D. A supply chain network equilibrium model［J］．Transportation Research Part E：Logistics and Transportation Review，2002，38（5）：281-303.

[6] Facchinei F，Pang J S. Finite-Dimensional Variational Inequalities and Complementarity Problems［M］．New York：Springer，2003.

[7] Fu X L，He B S. Self-adaptive projection-based prediction-correction method for constrained variational inequalities［J］．Front Math China，2010，5（1）：3-21.

[8] Liu H，Li J，Li X，et al. Mitigating greenhouse gas emissions through replacement of chemical fertilizer with organic manure in a temperate farmland［J］. Science Bulletin，2015，60（6）：598-606.

[9] 杨玉敏．规模化养鸡场粪污处理与利用［J］．畜牧兽医科技信息，2019（1）：15.